교육불평등과 지역불균형

교육 불평등과 지역 불균형

교육인재정책에 길을 묻다

류장수 지음

산지니

　　류장수 부경대학교 교수님이 『교육불평등과 지역불균형』이라는 책을 펴냈습니다. 류 교수님은 우종원 일본 호세이대학 교수님의 소개로 알게 되었는데, 노동경제학과 교육경제학을 전공한 학자로서 한국직업능력연구원장, 교육부의 대학구조개혁위원장, 고용노동부의 최저임금위원장을 역임한 것을 알게 되었습니다.

　　이 책은 저자가 지난 30년 동안 교육과 인재정책 개발 및 실행에 참여하면서 경험했던 사실과 생각을 정리한 것입니다. 교육인재정책이 교육불평등 문제를 어떻게 해결하려 했고 앞으로 어떻게 해야 하는지, 지역발전의 중핵역할을 해야 할 지방대학이 얼마나 추락했는지, 지방인재의 유출 현황과 대책을 다루고 있습니다. 특히 저자는 공공기관 지방이전을 속도감 있게 추진하고, 기업도 지방인재 양성에 나서야 하며, 매력 있는 지방만들기 프로젝트도 병행해야 함을 강조합니다. 정책 경험과 향후 방안을 동시에 제시하고 있는데, 지역균형발전과 지방대학 우선 지원을 주장해온 저로서도 공감하는 바가 많았습니다. 지역균형발전 정책의 수립 및 실행에 많은 도움을 주리라 생각합니다. 관심 있는 분들의 일독을 권합니다.

_문형배(카이스트 초빙석학교수, 전 헌법재판소장 권한대행)

불평등과 불균형이 심화된 우리 사회에서 지방의 삶은 더욱 고단해지고 사회 통합의 길은 점차 멀어지고 있습니다. 저자는 지역 불균형과 교육불평등이라는 두 핵심 과제의 실태를 날카롭게 분석하며, 우리가 나아가야 할 정책적 해법을 명확히 제시합니다.

무엇보다 돋보이는 점은 이론적 담론을 넘어 지난 30년간 정책 현장에서 직접 발로 뛰며 체득한 생생하고 구체적인 기록을 담고 있다는 사실입니다. 정책이 왜 필요했는지, 어떠한 고뇌와 과정을 거쳐 완성되었는지를 가감 없이 보여주는 이 기록은 정책 입안자들에게 더없이 소중한 지침서가 될 것입니다. 류장수 교수가 평생을 바쳐 길어 올린 혜안은 불평등의 늪을 건너 상생의 미래를 꿈꾸는 모든 이들에게 좋은 길잡이가 되리라 봅니다.

지역의 자립과 균형 발전을 바라는 분들에게 기쁜 마음으로 추천합니다.

_김경수(전 대통령 직속 지방시대위원회 위원장)

교육의 미래와 지역의 희망을 일깨우는 나침반

교육의 불평등은 개인의 기회를 가르고, 그 파장은 결국 지역의 내일을 갈라놓습니다. 류장수 교수님의 『교육불평등과 지역불균형』은 이 위기의 뿌리를 짚어낸 귀한 나침반입니다. 숫자와 현장의 목소리를 엮어 "무엇을 바꿔야 하는가"를 설득력 있게 보여주고 있습니다.

특히 이 책은 교육격차가 지역의 산업, 일자리, 인구 구조로 이어지는 고리를 치밀하게 풀어내면서, 학문적 성취를 넘어 정책과 실행을 움직이는 실천적 제언으로 가득합니다. 문장마다 사람을 향한 따뜻한 시선과 지역을 살리는 책임감이 깊이 배어 있습니다. 지역의 경쟁력은 '모두의 가능성' 위에서 완성된다는 믿음이 우리에게 큰 울림을 줍니다.

기업인과 정책결정자 등 모든 분들께 이 책이 변화의 출발점이 되길 기대합니다. 교육과 지역이 함께 성장하는 선순환의 길이 활짝 열리길 바라는 마음을 담아, '된다! 된다! 잘된다! 더 잘된다!'는 초긍정적 행복에너지를 함께 전해드립니다.

_양재생(부산상공회의소 회장)

"교육불평등과 지역불균형"은 우리 사회가 당면한 가장 중대한 문제입니다. 이를 넘어서지 않고서는 진짜 선진국이 되지 못할 뿐 아니라 지방의 소멸 나아가 인구감소로 인한 사회 자체의 소멸을 막기 힘들기 때문입니다.

그렇지만 교육과 지역은 우리만이 아니라 이웃 나라 일본도 안고 있는 문제입니다. 이 문제를 두고 류장수 교수님과 오랜 기간 생각을 나누어 왔습니다. 지방 국립대학이 존재감을 유지하고 있고 지방 중심도시인 오사카, 나고야 등이 상대적으로 건재한 점에서는 일본이 우리보다 낫습니다. 하지만 문제를 해결하기 위해 속도감 있게 정책을 입안, 실행하는 점에서는 우리가 더 낫습니다. 류 교수님은 그 노력의 중심에 서서 진정 어린 제언과 실천을 거듭해 왔습니다. 지역의 관점에서 지역의 비전을 제시하고 이를 실효성 있는 정책으로 체계화한 이 책의 내용을 관계자와 더불어 시민사회가 널리 공유하길 바라는 마음 간절합니다.

_우종원(호세이대학교 교수, 전 일본사회정책학회 회장)

제주공항에 내리자마자 서울로 돌아가야 했던 적이 있다. 교육부총리 정책보좌관으로 광화문 정부청사에서 근무하던 2007년 늦여름 금요일이었다. 정책보좌관으로 서울에 온 이후 처음으로 하루 휴가를 내고 제주로 향했다. 부산에서 같이 활동하던 분들과 워크숍을 하기 위해서였다. 그런데 제주공항에 내려 휴대폰을 보니 부재중 전화가 수없이 와 있었다. 교육부에서 늘 긴장 속에서 지내다 보니 바로 뭔가 큰일이 터졌구나라는 생각이 들었다. 그 직감은 맞았다. 빨리 교육부로 들어와야겠다는 긴급연락이었다.

노무현 대통령이 특목고 운영이 파행적으로 되고 있으니 대책을 마련하라는 지시를 교육부에 내렸다고 했다. 특목고가 설립 목적대로 운영되지 않고 입시 기관화되었다는 판단을 한 것 같았다. '만나자 이별'이라고 제주공항에서 부산 동료들을 만나자마자 '서울로 갈 일이 생겼다'고 말하고 급히 서울행 비행기를 탔다. 이후 교육부에서는 몇 달간 특목고 대책 마련을 위해 당시 서남수 차관의 주재로 거의 매일 아침회의를 개최했다.

2007년 2월부터 시작된 나의 교육행정공무원 생활은 교수 때와 차원이 달랐다. 경험해 보니 시간과 일의 자율성에서 두 직업은 양극단에 있는 것 같다. 노동 강도와 긴장도 역시 비교하기 어려울 정도였다. 그럴 것 같아 정책보좌관 자리 의사를 물어 왔을 때 주저했는데 막상 일해 보니 예상을 뛰어넘었다. 그런 만큼 얻은 것도 많았다. 교육부에서는 중요한 정책을 결정할 때 부총리 주재로 '정책간담회'를 개최한다. 모든 정책간담회에 참석하는 정책보좌관은 물론 차관, 실장, 그리고 담당 국과장 등이 참여한다. 최근 시점으로 얘기한다면 의대 정원 문제, 디지털 AI 교과서 도입 문제, 늘봄 정책 등이 정책간담회의 필수 주제이다. 바빴던 만큼 정책을 많이 배우고 경험할 수 있었다.

윤석열 정부는 취학 연령 조정 문제로 큰 혼란을 겪었고 그 책임으로 당시 사회부총리 겸 교육부 장관이 취임 36일 만에 사퇴하는 상황도 있었다. 내가 정책보좌관으로 있을 때 초중등 학생들의 입학 시기를 3월에서 9월로 옮기는 문제를 정책간담회에서 다룬 적이 있다. 얻는 것보다 잃는 것이 더 많아 추진하지 않기로 결정했다. 윤 정부의 취학 연령 조정 문제도 내부적으로 더 정밀하게 검토했다면 혼란을 일으키지 않고 정리되었을 것이라는 생각이 든다. 전문성과 함께 논의의 개방성이 중요하다. 그리고 정권과 관계없이 전문성과 경험의 결과가 잘 이어졌으면 좋았을 거라는 생각을 지울 수 없다.

교육부에서 근무하는 동안 대학입시제도, 고등학교 유형, 로스쿨 제도 도입 등 매우 많은 정책 경험을 했다. 고생한 만큼 보람도 컸던 생활이었다. 노동경제학과 교육경제학을 전공한 지 30년이 넘었다. 응용경제학을 하는 입장에서 연구와 함께 그 결과를 현실에 적용하는 일은 매우 중요하다. 그런 점에서 '돈 주고도 할 수 없는' 다양한 정책 경험을 할 수 있었던 건 행운이었다.

나는 주로 교육인재영역과 노동영역에서 정책 경험을 했다. 대통령 자문기구였던 노사관계개혁위원회와 교육인적자원정책위원회 전문위원으로 일할 때도 인력분야를 맡았다. 지역인적자원개발에도 관심이 많아 대통령 직속 국가균형발전위원회 위원, 교육부 지방대·전문대발전위원장, 부산 지역인적자원개발위원회 선임위원으로 일하기도 했다. 교육부의 대학구조개혁위원장과 고용노동부의 최저임금위원장을 맡았을 때는 특히 고민을 많이 했다. 파노라마를 돌려 보니 참 많은 정책 경험을 했고 매 순간 긴장하지 않은 적이 없었다.

2020년 12월부터 2023년 12월까지 정확히 3년간 국책연구기관인 한국직업능력연구원장으로 일했다. 2023년 중반에 윤석열 정부는 다음 해 R&D(Research and Development) 예산 대폭 삭감 조치를 취했다. 연구기관장으로서 폭탄이 떨어지는 과정을 직접 겪었다. 2024년 연구기관 예산안이 정해졌다고 생각한 지 이미 몇 달 지났을 때였다. 예산당국은 그 주 토요일 오후까지 몇 달 전 정해진 예산안보다 무조건 30% 삭감된 예산안을 제출하라고 했다. 과학기술연구기관은 물론이고 경제인문사회연구기관에도 이 내용이 통보되었다. 나는 우리 연구원 예산팀장에게 삭감하지 말고 처음 예산안 그대로 다시 제출하라고 지시했다. 최종적으로 한국직업능력연구원의 2024년 예산은 약 20% 삭감되었다.

물적자본과 달리 인력은 양성하는 데 장기간 소요된다는 특징이 있다는 주장을 한 알프래드 마셜의 얘기를 노동경제학 강의 첫 주마다 해왔다. 인력양성정책은 한 번 잘못되면 원래로 교정하는 데 상당한 기간이 소요된다. R&D 예산 삭감으로 연구인력 양성과 활용이 어렵게 되고 그 결과가 연구계는 물론이고 향후 한국경제에 치명적 악영향을 미칠 것이라는 걸 정말 몰랐을까. 절차, 시기, 내용 모든 면에서 이해되지 않는 조치였다. 겪고 싶지 않은 일이지만 어쩔 수 없이 이런 경험까지 하게 됐다.

한국직업능력연구원장직을 마무리하고 2023년 12월 말에 학교로 돌아왔다. 지난 30여 년 동안 정책에 참여하더라도 대부분은 비상근이라 부산을 온전히 떠난 적은 거의 없었다. 그런데 한국직업능력연구원장직은 상근직이다 보니 3년 동안 부산을 떠나 세종에서 지냈다. 임기 후반기 때엔 하루라도 빨리 부산으로 가고 싶었다. 후임 원장 결정이 늦어져 몇 달 더 있을 수 있었지만 3년 임기가 마치는 날에 이임식을 하고 바로 부산으로 왔다.

언젠가는 30여 년간의 교육과 인재정책 개발 및 실행에 참여하면서 경험했던 사실들과 생각을 정리하고 싶었다. 욕심을 좀 낸다면 경험을 바탕으로 향후 방향도 제안하고 싶었다. 생각이 많으니 시작하기가 쉽지 않았다. 용기가 필요했다.

우리 사회는 많은 난제를 지니고 있다. 저출생과 고령화, 경쟁의 격화, 세대간 갈등, 불평등의 심화 등 많은 난제 속에 우리는 격동의 시기에 살고 있다. 교육인재정책으로 많은 것을 해결할 수는 없지만 중요한 몇 가지는 해결할 수 있고 해결해야 한다는 생각이다. 이 점 때문에 그동안 30년을 교육인재정책에 몰입한 것이 아닌가 싶다. 이런 신념이 없었다면 논쟁도 많고 스트레스도 상당한 이 문제에 오랫동안 매달리지 않았을 것이다.

교육인재정책은 교육과 훈련을 통해 개인의 역량을 높이고 경제생활 수준을 향상시키는 것을 중요한 과제로 삼고 있다. 동시에 교육의 불평등과 지역의 불균형을 완화, 해소하는 역할도 해야 한다. 지금과 같이 교육불평등과 지역불균형이 심할 뿐만 아니라 확대되는 상황에서는 특히 그렇다. 이 두 문제는 수도권 일극주의, 수도권에서의 부동산 과열, 경제불평등, 사교육비 증가, 지방청년의 수도권 유출, 지방소멸이라는 문제들과 직접 관련되어 있다. 그런 점에서 교육불평등과 지역불균형 문제를 해결하는 것이 매우 중요하다. 물론 이 난제를 해결하기 위해서는 종합적인 정책이 중요하겠지만, 교육인재정책이 핵심적인 역할을 할 수 있다는 것이 나의 판단이다. 나의 교육인재정책 경험의 많은 부분도 교육불평등과 지역불균형에 관한 것이다.

이 책은 교육인재정책이 교육불평등과 지역불균형 완화 및 해소에 어떠한 역할을 했고 앞으로 무엇을 해야 할 것인가에 초점을 맞추었다. 책의 구성은 다음과 같다.

서장 '교육인재정책과 함께한 30년'에서는 1990년대 초중반부터 지금까지 내가 경험한 교육 및 인재정책에 관한 이야기들을 파노라마식으로 정리할 것이다. 과거는 잊어야 하는 것이 아니라 교훈으로 삼아야 한다는 심정으로 지난 30년의 주요 경험을 하나하나 돌이켜봤다. 파노라마의 각 장면을 이후 장에서 자세히 살펴본다.

제1장 '교육의 불평등, 지역의 불균형'에서는 두 문제가 지금 얼마나 심각한 상황에 있는지를 보여준다. 교육불평등 영역에서는 우리가 '5세 고시'와 '7세 고시'의 시대에 살고 있으며, 부모의 사회경제적 배경이 자녀의 교육 기회에 직접 영향을 미치고 있다는 점을 본다. 지역불균형 영역에서는 경제력과 인력의 수도권 집중현상을 주요 지표를 통해 본다. 좋은 일자리가 수도권에 몰려 있다는 점도 확인된다. 내용적인 측면에서 이 장은 이후 장들의 서문 성격을 지닌다.

제2장부터 제4장까지는 교육인재정책이 교육불평등 문제를 어떻게 해결하려 했고 앞으로 무엇을 해야 하는지를 보여준다. 제5장부터 제8장까지는 지역불균형 문제를 완화, 해소하기 위한 나의 교육인재정책 경험과 향후 방향을 본다. 한편 제9장은 교육인재정책의 핵심 대상인 청년층에 초점을 맞추었다. 이제 청년은 고용취약계층으로서 불평등을 맞고 있는 층이라는 점이 강조된다.

제2장에서는 '대학입시제도로서의 3불정책과 내신등급제'를 살펴본다. 2007년 교육부총리 정책보좌관 시절에 정책현장에서 경험한 내용, 의미, 생각이 서술된다. 2007년에 있었던 교육부와 일부 대학 간의 3불정책과 공교육 정상화를 둘러싼 충돌과 합의과정이 사실적으로 기술된다. 이것은 향후 정책방안을 마련할 때 도움을 줄 수 있을 것이다.

제3장 '정권 교체와 고교 체제의 변화: 수월성과 형평성 간의 균형 잡기'에서는 특목고 운영방식에 대한 노무현 대통령의 우려 내용으로 시작된다. 노무현 정부부터 윤석열 정부까지 고교 체제 변화 내용도 정리되어 있다. 정권에 따라 고교 체제에 대한 입장이

얼마나 다른지를 확인할 수 있다.

제4장 '국가인적자원위원회를 다시 살려야'에서는 김대중 대통령과 노무현 대통령이 인적자원의 중요성과 전담 기구 설치를 위해 얼마나 공을 들였는지가 정리되어 있다. 그러나 이후 정부에서는 전담 기구인 국가인적자원위원회를 전혀 개최하지 않는 등 무력화시킨 사실도 본다. 향후 방안에 대한 나의 생각이 제시된다.

제5장 '지역균형발전과 인적자원개발의 상관관계'는 김대중 정부의 교육인적자원정책위원회에 관한 내용이다. 내 경험과 김대중 대통령에게 발표한 '지역균형발전을 위한 인적자원개발체제 구축'에 관한 내용이 소개된다. 노무현 대통령 후보의 공공기관 지방 이전 공약이 발표되는 시점이기도 하다. 그리고 고용노동부의 지역인적자원개발위원회의 탄생 배경과 10년간의 흐름에 대한 내용도 설명한다. 그 과정에서 있었던 에피소드, 쟁점, 그리고 문제점도 본다. 특히 초기의 우려가 현재 나타나고 있어 지역인적자원개발위원회 재구조화 추진을 제안한다. 성과는 성과대로, 한계는 한계대로 받아들이는 것이 필요한 시점이다.

제6장 '지방대학이 살아야 지역도 국가도 산다'에서는 지방대학의 위기와 대안을 본다. 지역발전의 중핵 역할을 해야 하는 지방대학이 그동안 얼마나 추락해 왔는지 입학성적 비교 등을 통해 보여준다. 이를 위해 1976년과 2025년 수도권 대학과 지방대학 간 대학입학성적이 활용된다. 놀라운 수치를 볼 수 있다. 지방대학정책의 역사와 향후 대응방안도 본다. 지방대·전문대 발전위원장 때의 경험과 2013년에 제안한 '세계적 수준의 지방대학 만들기' 내용, '서울대 10개 만들기'에 대한 평가도 있다.

제7장 'OECD의 지역대학 프로젝트: 지역발전을 위한 대학의 역할'은 OECD 프로젝트에 참여한 나의 경험과 관련된 내용이다. OECD가 추진한 국제프로젝트에는 12개 국가, 14개 지역이 참여했다. 한국에서는 부산이 참여했는데, OECD 평가팀이 부산 지역의 대학들에 한 제언도 기록되어 있다. 이 국제 프로젝트 진행방식을 우리나라 지역에 적용할 것도 제안된다.

제8장 '지방인재의 유출, 해법은'에서는 지방인재의 수도권 유출 실태부터 본다. 지방에서 고등학교를 졸업한 후 수도권 대학으로 이동하는 규모(1차 유출), 지방대를 졸업한 후 수도권 직장으로 이동하는 규모(2차 유출)를 보여준다. 지역소멸지수를 통해 지방소멸이 급속히 진행되고 있다는 점도 확인된다. 지방에 좋은 일자리가 많아야 된다는 점, 매력 있는 지방 만들기를 위해 다양한 대책들도 필요하다는 점이 강조된다.

제9장 '청년은 이제 고용취약계층, 특단의 한시 대책도 필요하다'는 청년층의 힘든 상황에 대한 설명으로 시작된다. 이제는 사회 전체 계층 중에서도 불평등의 한가운데에 놓여 있는 청년층에게 시행되어야 하는 인력 및 고용정책에 대한 제안을 볼 수 있다.

차례

1부 교육불평등이 우리에게 남긴 것들과 해결해야 할 정책과제들

교육인재정책과 함께한 30년

1993년 발표된 나의 박사논문 제목은 「한국노동시장의 숙련별 분단구조」였다. 1980년대 말부터 박사학위논문을 쓰기 전까지는 당시 주목받기 시작했던 과학기술혁명이 노동에 미치는 영향에 집중하여 학습했다. 현 시점에서 이 제목을 적는다면, 'AI가 노동에 미치는 영향'이라고 할 수 있다. 박사학위 논문의 주제는 그 연장선상에 있었다. 한국노동시장은 1차 노동시장(좋은 노동시장)과 2차 노동시장(좋지 않은 노동시장)으로 분단되어 있고, 분단의 결과 숙련 향상이 제대로 되고 있지 않다는 것이 박사학위논문의 핵심이었다. 노동시장의 이중구조가 매우 강력해서 2차 노동시장에서 경험을 쌓아도 1차 노동시장으로 이동하기 어렵다는 것을 이론적, 실증적으로 검증한 글이었다.

1995년 부경대학교로 온 직후에도 노동자의 숙련 문제에 관심이 많았다. 몇 편의 글도 이 주제에 관한 것이었다. 같은 학과에서 근무했고 이후 문재인 정부의 초대 경제수석으로 일했던 홍장표 교수와 공동 발표한 논문 「한국과 일본의 자동차산업 노동자의 숙련형성 시스템에 관한 비교연구」도 그중 하나였다. 현대자동차 노동자와 토요타자동차 노동자 간의 숙련 수준과 형성시스템에 관한 연구였다. 노동자의 숙련에 관한 나의 관심은 지금 연구에서도 늘 한 축을 차지하고 있다. 인적자원개발, 인력정책, 교육정책 등 내가 쓴 글의 세부 주제는 다르지만 모두 숙련이라는 뿌리에 근간을 둔 것이었다.

1995년부터 교수 생활을 했으니, 지금까지 약 30년 동안 대학 교수로 일했다. 내 전공은 이론경제학이 아니라 응용경제학의 한 분야인 노동경제학, 교육경제학이다. 그렇기에 현장 경험이 중요하고, 연구 결과를 정책에 적용하는 것이 큰 의미가 있다. 지금 시점에서 보면 이 분야 연구를 해 오면서 정책에 직접 참여하고, 현장에서 정책이 작동되는 걸 직접 경험한 것은 행운임에 틀림없다. 더구나 부산이라는 지역, 지방에서 연구하고 교육하며 지역정책은 물론이고 중앙정책 개발에도 참여할 수 있었던 건 더없는 행운이었다.

대통령 위원회에서의 경험

대통령 기구에서 근무한 경험을 시간 순서로 생각해 보니, 제일 먼저 참여했던 대통령 기구는 노사관계개혁위원회였다. 이후 명칭이 노사정위원회, 경제사회발전노사정위원회로 변경되었고 현재 공식 명칭은 '대통령 소속 경제사회노동위원회'로 되어 있다. 노사관계개혁위원회(1996.5~1998.2)는 김영삼 정부에서 만들어진, 사실상 우리나라 최초의 노사정 사회적 대화 기구라고 할 수 있다. 이

기구가 만들어지는 데에는 당시 청와대 박세일 수석의 역할이 매우 컸다. 박세일 수석, 진념 노동부장관, 배무기 노사관계개혁위원회 상임위원이 주기적으로 만나 노동문제 해법을 찾기 위해 함께 고민했던 것은 지금 시점에서도 배울 만하다.

나는 1997년부터 약 1년간 공익 전문위원으로 참여했다. 지금의 경제사회노동위원회 전문위원들은 상근직이 일반적이다. 그러나 당시 공익 전문위원들은 모두 비상근직이라 대학이나 연구기관에서 겸직하는 형태였다. 나는 인력과 직업훈련 분야를 전담하였다. 비상근직이지만 해당 분야 정책 의제 발굴 및 초안 작성 등 과제들이 가볍지 않아 시간과 노력을 상당히 투입해야 했지만, 근무 여건은 좋지 않았다. 여름에 서울 시내 한복판 오래된 빌딩의 에어컨이 되지 않는 위원회 사무실에서 선풍기에 의존하면서 더위를 견뎌내야 했다. 부산 김해공항에 비행기가 착륙할 때엔 여기가 천국이라는 생각이 들 정도였다. 거의 대부분 서울에서 거주했던 전문위원들은 내가 이렇게 고생한다는 걸 알기 어려웠을 것이고, 나 역시 미리 알았더라면 전문위원 제안을 수락하지 않았을지도 모른다.

이런 어려움에도 불구하고 중요한 정책형성과 전개과정을 직접 경험했고 인력과 직업훈련 아젠다를 제안할 수 있다는 보람은 매우 컸다. 당시 같이 근무했던 전문위원들과 사무국 직원과는 지금도 1년에 한 번씩 정기모임을 할 정도로 유대관계를 이어오고 있다. 이 중에는 이후 장관, 차관, 경제수석 자리로 간 사람들도 있고, 국회의원직을 수행한 사람들도 여러 명 있다. 당시 공익 전문위원이 10여 명 정도인 것을 고려하면 맨파워가 대단하였다고 볼 수 있다. 대통령 위원회에서 근무했던 경험이 이후에 더 중요한 자리를 맡는 데 크게 도움되기도 했을 것이다.

김대중 정부에서는 대통령 자문기구인 교육인적자원정책위원회에서 2001년 말부터 1년 동안 전문위원으로 일했다. 김대중 정부가 이전의 교육부를 교육인적자원부로 부처 명칭을 변경하면서, 관련 대통령 기구 명칭도 교육개혁위원회에서 교육인적자원정책위원회로 바뀌었다. 노사관계개혁위원회의 전문위원들이 노동분야 전공자들이었다면, 교육인적자원정책위원회의 전문위원들은 주로 교육분야 전공자들이었다. 내가 맡은 영역은 인적자원개발영역이었지만, 교육분야 전반을 볼 수 있는 귀중한 경험이었다. 이때의 경험이 이후 교육부총리 정책보좌관으로 근무할 때 큰 도움이 된 것은 분명하다.

교육인적자원정책위원회 활동에서 가장 기억에 남는 것은 2002년 12월 청와대에서 김대중 대통령이 주재한 교육인적자원정책위원회 보고회의이다. 당시 위원장이었던 배무기 울산대 총장이 위원회에서 준비한 과제, 즉 학교 교육의 질 향상을 위한 시스템 구축, 대학의 자율기반 구축 및 수월성 확보, 기업 내 인적자원개발 활성화, 지역균형발전을 위한 인적자원개발체제 구축을 보고했다. 이 중 '지역균형발전을 위한 인적자원개발체제 구축' 과제는 내가 작성한 내용이라 보고회의에 배석자로 참석했다. 1년여 동안 부산에서 서울을 왕복하면서 가졌던 피곤함이 사라지고 고생한 보람을 느꼈던 자리였다.

주변적인 얘기 같지만, 교육인적자원정책위원회 근무 기간 역시 부산에서 왕복해 공간적 이동에 따른 어려움을 겪었던 것은 마찬

가지였다. 늘 느끼지만 서울에선 지방이 보이지 않는다는 것을 또 절실히 경험했던 시기였다. 부산과 서울을 왕복하는 시간적 소모는 물론이고 당시에는 교통비 예산이 책정되어 있지 않아 애를 먹었던 기억도 난다. 대통령 위원회에 지방 출신이 별로 없어서 그렇기도 하지만, 가장 큰 이유는 서울에선 지방이 보이지 않기 때문이었을 것이다. 그런 점에서 노무현 정부 등장은 정부 기관들이 지방 정책과 예산에 관심을 가지는 데 크게 기여했다.

노무현 정부에서는 '대통령 직속 국가균형발전위원회'에서 지역인적자원개발과 지방대학과 관련한 연구과제와 사업평가에 참여한 적이 있다. 특히 노무현 정부의 국가균형발전정책에 따라 교육인적자원부가 실시한 역점사업인 「지방대학혁신역량강화사업(New University for Regional Innovation, 누리사업)」의 연구와 평가에 직접 참여하였다. 노무현 정부 말기에 국가균형발전위원회 사업을 정리하면서 발간한 『누리사업』 저서에 집필책임자로 참여하기도 했다. 적어도 내 경험으로는 노무현 정부가 이전 정부와 달리 지방에 관심을 가지면서 지방을 보는 시각이 주변에서 조금씩 중심 속으로 들어가기 시작했다.

문재인 정부에서는 '대통령 직속 지역발전위원회' 본위원회 위원으로 참여했다. 노무현 정부에서 탄생된 '국가균형발전위원회'(2003년)는 이명박 정부에서는 '지역발전위원회'(2009년)로 바뀌었다. 그리고 문재인 정부가 들어오면서 다시 '국가균형발전위원회'(2018년)로 명칭이 변경되었다. 2017년 내가 위원으로 대통령 임명장을 받을 때는 문재인 정부였지만 아직 명칭 변경 전이라 이전 정부의 '지역발전위원회'를 그대로 사용하고 있었다. 그 뒤 윤석열 정부가 들어오면서 '국가균형발전위원회'는 '지방시대위원회'로 또 명칭이 변경되었다.

이재명 정부에서 '지방시대위원회' 명칭을 그대로 사용할 것 같지는 않다. 변경한다면 최초 문제의식을 가지고 만든 노무현 정부의 '국가균형발전위원회'로 변경하고 노무현 대통령의 초심을 그대로 담아 향후에는 다른 이름으로 변경하지 말고 지속적으로 사용되었으면 하는 바람이다.

문재인 정부 대통령 위원회의 본 위원으로 활동하게 된 것은 중요한 기회였다. 그러나 임기 기간 중에 최저임금위원장으로 임명되면서 이 위원회의 위원직을 사임하게 된 것은 아쉬웠다.

중앙부처에서의 경험: 고용노동부와 교육부

내가 경험한 중앙부처는 기획재정부, 산업자원부 등 경제 부처들도 있지만, 대부분의 경험은 고용노동부와 교육부에서였다. 그리고 중앙부처에서의 경험 대부분은 비상근직으로 공무원들과 동료 연구자들과 정책을 만드는 데 같이 했던 것이다.

먼저 교육부의 '지방대학전문가협의회'에서 약 2년간 위원으로 있으면서 지방대 발전을 위해 정책 제안도 하고 토론도 했다. 20여 년 전에도 지방대의 위기와 발전방안 논의는 매우 중요한 정책 과제였다. 수십 년이 지나도 지방대학 문제는 해결되기는커녕 더욱 어려워지고 있어 안타까울 따름이다. 노무현 정부에서 교육부는 누리사업관리를 총괄하는 '누리사업관리위원회'를 설치·운영하였다. 누리사업의 경우 지방대지원사업으로서는 이전 정부에 비해 큰 규모의 예산 투입이 되었고, 이전에 비해 지역 주도성과 지역 내 기관 간 협력체계를 강조한 특징을 지니고 있었다. 누리사업의 기획, 실행, 평가 전반을 관리하는 위원회가 바로 '누리사업관리위원회'였다. 이 위원회의 사업관리위원으로 2년간 참여하면서 지방대학 관련 정책들, 특히 누리사업 관련 여러 정책 아이디어와 생각들을 제시했다.

누리사업과 관련해서 빼놓을 수 없는 기억은 12개 국가의 14개 지역이 참여한 OECD의 대규모 프로젝트이다. 「지역발전을 위한 고등교육기관의 기여도 분석」이라는 제목하에 참여 국가의 지역대학이 지역발전을 위해 어떤 기여를 했는지를 비교분석하는 OECD 프로젝트에 한국이 참여하기로 했다. 지역으로는 부산이 참여하게 되었다. OECD 프로젝트에서 나는 한국대표를 맡아 부산 지역의 대학 사례들을 참여국가에 소개하고 코멘트를 받기도 했다. 모든 절차는 OECD 가이드라인에 따라 이루어졌다. 이 경험을 향후 우리나라 지역 전반에 활용할 필요가 있어 모든 내용을 백서 형태로 정리한 것은 지금 생각해도 적절했던 것 같다. 이에 대해서는 제7장에서 소개할 것이다.

고용노동부는 지역현장밀착적이고 산업체 주도의 인력양성이 필요하다는 인식을 가지고 2013년부터 광역시도에 지역인적자원개발위원회 설치를 추진하기로 했다. 나는 처음부터 이 작업에 참여했다. 이 내용을 담아 2013년 7월에 고용노동부는 '지역·산업 맞춤형 인력양성체계 구축 방안'을 발표하면서 위원회 설치가 본격화되었다. 각 지역인적자원개발위원회의 운영기관은 지역의 산업계 대표기관이, 사업총괄은 선임위원이 사실상 책임지는 구도로 시작되었다. 각 지역에 위원회가 설립된 후 만들어진 '전국선임위원협의회'의 초대 회장을 맡아 이 위원회가 소기의 목적을 달성하는 데 일정 역할을 한 적이 있다. 이 책의 제5장에서 지역인적자원개발위원회에 관한 초기 구상, 이후의 아쉬움, 향후 개선방안에 대해 정리할 것이다.

2010년대 중반에 조선업이 위기에 빠지면서 조선업에 종사하던 노동자는 물론이고 해당 지역 전체가 큰 어려움을 겪게 되었다. 시장기능에만 맡길 수 없는 상황에서 고용노동부는 2016년에 조선업 대량실업문제에 대응하기 위해 '조선업 민관합동조사단'을 발족하였다. 나는 고용노동부 국장과 함께 공동단장으로 활동하였다. 조선소가 밀접되어 있는 경남 거제, 울산, 전남 영암에서의 현장 조사를 진행하고 관련 자료를 검토했다. 조선업을 특별고용지원업종으로 선정하고 핀셋형 각종 지원책을 제시하는 데 일정한 역할을 수행하였다. 당시 조사단이 제시한 정책은 업종별, 지역별 정책수립의 중요성을 보여준 것으로 평가받고 있다.

중앙정부 차원에서 내가 경험한 것 중 가장 기억 남는 것은 2007년 2월부터 정확히 1년 동안 재직한 교육부총리 정책보좌관 시절이다. 정확한 직함은 부총리 겸 교육인적자원부장관 정책보좌관으로 국장급인 2급 이사관 자리였다. 노무현 정부 마지막 시기였다. 대학에서 교육인적자원부로 파견 나가 1년 동안 상근직으로 근무하면서 정책을 만들고 실행하는 데 직접 참여하는 기회를 가졌다. 비록 1년이었지만 직접 경험한 일들도 많고 사회적으로 쟁점이 되었던 굵직한 사건들도 많아 이 장의 마지막 부분에서 소개하려고 한다. 정책보좌관 생활을 마친 시점은 2008년 2월 4

일, 노무현 대통령 임기가 한 달도 채 남지 않았던 때다. 노무현 정부에 이어 들어선 이명박 정부는 교육인적자원부와 과학기술부를 통합해 교육과학기술부를 출범시켰다.

2008년 여름부터 1년 동안 코넬대 방문학자로 연구년을 가게 되었다. 코넬대 도서관에서 미국의 인력정책 자료들을 집중적으로 연구하는 기회를 가졌다. 코넬대 노동대학원 도서관은 미국의 많은 인력정책보고서 자료들을 소장하고 있었다. 어느 서고 구석에 꽂혀 있던 「21세기 미국 노동부의 과제」 보고서를 발견하고 흥분된 기분으로 읽었던 기억이 지금도 생생하다.

이명박 정부 이주호 장관 시절의 교육과학기술부에서 지방대·전문대발전위원회 위원장을 맡았다. 2010년 후반기부터 2011년 초까지였으니 기간은 길지 않았지만, 위원들은 교육부와 함께 매우 밀도 있게 작업했고 정책과제 형태로 정리했다. 당시 정리된 내용은 지금 시점에서 봐도 현재 지방대와 전문대 상황, 과제와 대동소이하다는 걸 확인할 수 있다. 지방대·전문대발전위원회가 정리한 내용은 제6장에서 소개하려고 한다.

2009년부터 2년간 교육부 제2기 법학교육위원회 위원을 맡았다. 이 위원회는 쉽게 말하면 노무현 정부 마지막 시점에 결정된 로스쿨 관련 위원회였다. 법학교육위원회는 「법학전문대학원 설치·운영에 관한 법률」에 따라 교육부장관 소속으로 설치된다. 법학전문대학원에 관한 중요한 사항을 심의·조정하기 위해 마련된 위원회이다. 2007년 2월에 로스쿨 설립 대학 명단이 발표된 것을 고려하면 이 위원회가 가지는 중요성은 매우 컸고 이를 반영해 이 위원회는 법정 위원회의 지위를 가지고 있었다. 로스쿨 설치대학을 선정하는 역할은 제1기 법학교육위원회가 담당했다. 내가 참여한 제2기 법학교육위원회는 선정 이후 선정 대학들의 준비 과정과 운영에 대한 평가 역할을 주로 담당했다.

우리의 로스쿨 정책은 로스쿨의 등록금이 높고 재학 중 다른 직장을 갖기 어렵다는 점에서 기회비용이 높아 저소득층은 입학하기 어렵다는 점도 고려하여 장학금 등의 지원대책도 마련한다고는 했다. 그렇다고 해도 경제적 환경이 좋지 않은 입학 희망자들이 입학 장벽을 과연 극복할 수 있을지 의문이다. 극복 자체가 불가능한 구조라면 개천에서 용이 나는 사회는 이제 끝날 수도 있을 것이다. 그런 점에서 시행한 지 십여 년이 흐른 지금 그동안의 로스쿨 입학생들의 경제적 수준 등 인적 특성을 엄밀히 분석한 후, 심각한 문제점이 발견된다면 로스쿨 제도의 취지를 살리면서 보완할 수 있는 방법을 찾아야 할 시점이 아닌가 싶다.

문재인 정부는 어느 정부보다도 비정규직의 정규직화에 힘썼다. 교육 영역에서도 비정규직은 상당히 많았다. 교육부는 2017년 8월 초에 '교육부 정규직 전환 심의위원회'를 출범시키고 나를 위원장으로 임명했다. 2017년 9월에 위원회의 최종 결과가 발표되었다. 〈동아일보〉는 2017년 9월 20일 자 기사를 통해 위원회의 진행 과정, 결과 그리고 나의 생각을 보도했다. 짧은 전화 인터뷰였음에도 불구하고, 우경임 기자는 내 생각을 정확히 적고 있었다.

"그동안 메일 1000여 통에 담긴 비정규직의 사연을 읽었습니다. 비정규직에 대한 숨은 차별이 정말 많더군요." 지난 한 달간 첨예한 갈등 속에서 교육부문 비정규직 전환 기준을 마련해 온 류장수 정규직 전환 심의

위원회 위원장은 최근 동아일보와의 통화에서 안타까운 목소리로 말문을 열었다. 교육부는 11일 비정규직의 대부분을 차지하는 기간제 교사와 영어회화 · 스포츠 강사는 정규직 전환 대상에서 제외한다는 방침을 발표했다.

류 교수는 한 영어회화 강사의 이메일을 언급하며 "이번 결정으로 상처를 많이 받았을 분들인데…"라며 "좋은 소식을 전할 수 없어 가슴이 먹먹했다"고 했다. 이메일에는 '비록 결과는 아팠지만 원도 한도 없습니다. 상처를 딛고 좀 더 성장하는 자신이 될 것입니다'라는 내용이 담겼다. (중략) 류 교수는 정규직 전환 심의위를 맡는 동안 당사자들과 수없이 전화 통화를 하며 이야기를 들을수록 고심이 더 깊어졌다고 했다. 하지만 임용시험을 흔들면 혼란이 걷잡을 수 없어지는 데다 교사는 청년들이 선호하는 일자리인 만큼 공정성이 중요하다는 점에서 기간제 교사의 정규직 전환 제외에 대한 심의위원 간 공감대가 이뤄졌다는 것이다. (중략) 마지막 순간까지 가장 쟁점이 된 직종은 최대 4년간 일할 수 있는 영어회화 전문 강사였다. 당장 정규직 전환을 할 수 없는 대신 불합리한 차별을 해소하고, 열악한 처우를 개선할 방법을 찾는 데 중점을 뒀다. 영어 강사들은 매년 계약할 때마다 같은 학교에 재고용되더라도 동료 교사나 다른 영어 강사, 학부모들 앞에서 수업 시연을 해야 한다. 류 교수는 "이런 시연이 동료로 인정받지 못하는 비인간적 처사라고 느끼는 강사들이 많아 계약 연장 시 평가를 간소화하도록 했다"고 말했다. 그러면서 "왜 비정규직이 그토록 정규직이 되려 하는지 우리 사회가 깊게 고민해야 한다"고 덧붙였다.[1]

2017년 8월부터는 교육부의 제3기 대학구조개혁위원장을 맡았다. 한 차례 연임까지 하고 한국직업능력연구원장으로 가면서 자진 사퇴를 한 2021년 1월까지 거의 3년 반 정도 위원장으로 있었다. 대학구조개혁위원회는 2011년 이명박 정부에서 만들어졌지만 박근혜 정부를 거쳐 문재인 정부에서도 명칭과 기능은 그대로 이어졌다. 대학 전체의 구조개혁을 정책적으로 추진하는 위원회로서 고등교육 관련 기구 중 가장 중요한 기구 역할을 수행했다. 잘하는 대학을 선정하는 위원회가 아니라 일정 점수에 미달하는 대학을 탈락시키는 위원회라 고충도 적지 않았다. 상을 주는 위원장이 아니라 벌을 주는 위원장이니 마음 편할 리가 없었다.

대학구조개혁위원장이 내가 교육부에서 맡은 자리였다면, 고용노동부와 관련해서 나는 2018년부터 최저임금위원회 위원장을 맡았다. 문재인 정부 초기에 교육부와 고용노동부에서 가장 중요하면서도 민감한 두 위원회의 위원장을 동시에 맡았다. 고민도 많았고 노동 강도 역시 매우 강했던 시기였다. 당시 두 위원회에 대한 관심도는 지금과는 비교도 되지 않을 정도로 높았다. 최저임금위원장에 대해 "노사 양측으로부터 욕을 먹는 결정이 가장 잘한 결정"이라는 우습지만 슬픈 얘기가 있기도 했다.

2020년 12월 말부터 2023년 12월 말까지 3년간 세종에 있는 한국직업능력연구원 원장으로 근무했다. 국무총리실 산하에는 경제, 인문, 사회분야의 26개 국책연구기관들이 있다. 한국직업능력연구원은 그중 하나로 인력수급분석, 직업능력개발, 지역인적자원개발, 자격 등에 관한 국책전문연구기관이다. 주로 교육부와 고용노동부 관련 정책연구와 사업을 수행하는 기관이다. 다른 국책연구기관들과는 달리 한국직업능력연구원은 1997년에 교육부와 노동부 공동으로 설립되었고, 2021년 5월까지 기관명은 한국직업능력개발원이었다. 중앙정부의 공공기관 중 기관 명칭에 '직업'이라는 단어가 들어가 있는 유일한 기관이라는 특징도 가지고 있다.

2020년 12월 말 내가 취임했을 때 이미 기관 명칭 변경 법안이 제출된 상태였다. 취임 후 5개월 정도의 노력 끝에 명칭 변경의 결실을 보게 되었다. 주된 기능이 연구인데, 명칭이 '개발원'으로 되어 있다 보니 직업훈련기관으로 오인하는 경우가 많아 기능과 이름을 매칭할 필요성이 있었다. 오랜 기간 명칭 변경 노력을 했지만 법 개정 사항이라 쉽지 않았다고 한다. 당시 기관 명칭 변경에 대한 직원들의 만족도는 매우 높았던 것으로 기억한다. 세종시에서 같이 근무했던 인근 연구기관 어느 원장이 우리 직원으로 추정되는 사람이 매우 기쁜 목소리로 다음과 같은 내용으로 통화하는 게 들렸다고 내게 귀띔해 주었다. "교수님, 드디어 우리 기관이 연구원으로 이름이 바뀌었습니다⋯." 금요일 서울행 조용한 퇴근 버스 안에서 이 소식을 전하고 싶을 만큼 기뻤나 보다. 2023년 12월 말 정확히 3년이 되는 날짜에 이임식을 간단히 하고 세종에서 부산으로 복귀했다.

지역에서의 경험

부산시의 일자리 창출, 인력양성, 인력활용 정책 및 사업 영역에서 부산 내 교수들을 포함한 많은 전문가들과 오랫동안 함께 일했다. 부산 지역고용파트너십포럼의 창립자 및 대표, 부산 지역 인적자원개발위원회 선임위원의 역할을 수행한 것이 대표적이다.

1990년대 말부터 2000년대 초까지는 개별 차원에서 참여했다면 2000년 중반부터는 조직적 모임을 만들어 보다 체계적인 모습으로 참여한 것이 특징이다. '부산 지역의 고용 및 인적자원개발을 촉진하여 지역발전과 시민 삶의 질 향상을 목표'로 2006년에 부산 지역고용파트너십포럼을 창립했다. 부산 지역에 적합한 고용전략과 사업들을 제시하였고 적지 않은 제안들이 정책화되는 보람도 있었다. 부산 지역고용파트너십포럼은 이후 부산고용포럼으로 명칭이 변경되었다.

당시 부산시 담당 공무원과 연구자들 그리고 사업실행전문가들이 정책 및 사업을 개발하는 등 말 그대로 지방자치단체와 민간이 파트너십을 구축하여 작업하였다. 이 결과 부산시는 전국 일자리 관련 대상을 포함해서 많은 상을 휩쓸기도 했다. 부산시 관련 활동에서의 절정은 '부산 일자리 아젠다 10'과 '부산고용실천전략' 작업을 기획하고 수행했다는 점이다. 2015년부터 부산시가 주최하고 지역의 기관 대표들이 참석한 '부산일자리전략회의'의 콘텐츠를 만드는 데 부산고용포럼은 핵심적인 역할을 수행했다.

당시 부산 지역의 사례는 다른 지역으로 확산되어 몇몇 지역에서 고용전략 작성 취지와 내용을 벤치마킹하여 발표하기도 했다. 이 과정에서 개인적으로는 중앙정부의 정책이 지역에서 어떻게 착근되는지, 제대로 착근되지 않을 경우 그 이유는 무엇인지를 지역 현장에서 볼 수 있었다. 역으로 이를 중앙정부 정책 참여과정에서 반영하기도 했다. 즉 중앙과 지역, 지역과 중앙 간 연계와 협력은 정책 수립부터 정책 실행과 정책 평가까지 끊임없이 피드백을 해야 한다는 점을 절실히 느꼈다.

2008년에 전국 각 지역에서 활동하고 있던 지역고용 전문가들이 '지역고용에 관한 학제적 연구를 통해, 학문적 발전과 더불어 지역경제 및 사회발전에 기여할 목적으로' 한국지역고용학회를 설립하였다. 나는 한국지역고용학회 설립에 참여하였고 제2대 회장직을 맡기도 했다. 한국지역고용학회는 한국에서 지역소멸지수를 처음 적용한 한국고용정보원의 이상호 박사를 포함하여 전국 각지에서 지역의 위기를 알리고 지역고용의 중요성을 설파하는 학회로 지금도 왕성하게 활동하고 있다.

부산 지역인적자원개발위원회 선임위원으로 있었을 때의 활동도 빼놓을 수 없다. 앞에서 언급했듯이 고용노동부와 함께 초기부터 지역인적자원개발위원회 설치 및 운영 작업을 함께한 연장선으로 부산 지역인적자원개발위원회의 초대 선임위원직을 맡았다. 초대 선임위원으로 선임되어 초기 몇 년간 부산 지역인적자원개발위원회가 제대로 기능할 수 있도록 노력했다. 부산 지역인력수요 및 훈련수요 조사, 조사 결과에 기초한 인력양성기관 선정 및 시행 지원 등 지역맞춤형 인력양성 기반을 지역에 안착시키기 위해 위원회 직원들과 상당히 고생했다. 초기 정착 시기인만큼 누구도 가보지 않은 길을 개척하기란 쉽지 않다는 점을 절감한 시기이기도 했다. 지금도 부산 지역인적자원개발위원회는 활동 중이며, 부산상공회의소가 운영기관인 점은 설립 초기와 동일하지만 선임위원 제도가 없어진 게 큰 차이점이라 할 수 있다.

부산광역시 교육청과 관련한 활동에서 가장 기억에 남는 것은 2015년부터 2년 동안 '부산교육청 시민교육협의회'에서의 활동이다. 김석준 교육감은 교육 관련 다양한 기관 대표들과 시민단체 그리고 전문가들로 시민교육협의회를 만들겠다는 공약을 내걸고 당선되었다. 나는 김석준 교육감 선거 캠프에 참여한 적도 없었는데 이 협의회에 교육전문가로 추천된 것 같았다. 58명의 위원으로 구성된 시민교육협의회 첫 정기총회 자리에서 위원 투표를 통해 나는 위원장으로 당선되었다.

첫 회의에서 김석준 교육감은 기존에 봐 왔던 기관장들과는 달리 회의 처음부터 끝까지 함께하였다. 좌석 배치에서 위원장 자리를 가운데에 두는 모습을 보여준 것도 매우 인상적이었다. 위원 구성도 진보와 보수를 함께 아우르는 구성이었다. 교육에서의 협치를 보여준 것으로 평가받았으며, 시민이 주도하는 교육협의회는 이게 전국 최초라는 기사도 있었다.

시민교육협의회는 단순히 교육청에서 내놓는 내용에 의견을 주는 방식이 아니었다. 부산교육청이 학생과 시민들을 위해 해야 할 일들을 협의회가 자체적으로 제안하고 부산교육청이 실행하는 방식을 채택했다. 물론 그 과정에서 위원 일방이 아니라 각 제안 내용에 대해 교육현장의 목소리를 반영하는 노력을 함께 함으로써 현장 적용성 제고에도 노력했다. 분과별 회의, 전체 조정 회의를 통해 2015년 첫 해에만 12개 정책을 제시하였다. 진행방식과 과정 그리고 결과물 포맷을 만드는 데에는 예전에 참여했던 교육인적자원정책위원회 등 대통령 위원회에서의 경험이 크게 도움되었다.

교육인재정책의 길목에서 만난 문재인 대통령

문재인 대통령을 처음 만난 것은 IMF 직후인 1998년 초 사단법인 '노동자를 위한 연대'에서였다. '노동자를 위한 연대'는 부산 지역에서, 특히 취약계층에 있는 노동자를 위해 법률 상담과 의료 지원 등을 중심으로 지원하는 시민단체였다. 문재인 대통령은 당시 이 단체의 대표를 맡고 있었다. 1994년 설립 이후 노동법이나 의료 관련 지원을 해오던 이 단체는 1997년 말 IMF 이후 부산에서도 실업자들이 속출하면서 실업 문제에도 관심을 가지게 되었다. 설동일 당시 사무처장이 '노동자를 위한 연대' 창립 기념 세미나를 개최하는데 실업 문제, 직업훈련 문제 등을 포함한 주제로 내게 발표를 부탁했다.

세미나 사전 준비 미팅에서 문재인 대통령을 처음 만났다. 미팅 후 저녁 식사 자리에서 수십 년이 지난 지금도 기억나는 게 있다. 참석자들 간에 부산시 회의 등 정책과정에 참여하는 문제를 두고 얘기가 오갔다. 대부분의 참석자들은 부산시의 들러리로 서게 되는 자리에 참석하는 것이 적절하지 않다고 했지만, 문재인 대통령은 좀 다른 의견을 냈다. 우리 생각이 부산시와 같든 다르든, 참여를 통해 의견을 개진하고 시정에 반영할 수 있도록 노력해야 한다는 입장이었다.

문재인 대통령을 처음 만난 계기가 된 1998년 4월, '노동자를 위한 연대' 창립 4주년 기념 토론회에서 내가 발표한 글의 제목은 「직업훈련체제 효율화를 위한 핵심정책과제와 부산 지역 주체들의 역할」이었다. 이 토론회의 좌장은 문재인 대통령이었다.

이 글에서 나는 우리나라 직업훈련체제의 현황과 문제점, 직업훈련체제의 효율화를 위한 핵심정책과제 그리고 부산 지역 직업훈련체제의 효율화 방안(지역 차원 총괄기구 설치의 관점)에 대해 발표하였다. 이 글의 문제의식은 IMF 경제위기 이후 고용과 실업 문제가 사회적으로 크게 부각되었으며, 실업 문제를 해결하기 위한 정책 중 하나로 직업훈련 확대가 중요하다는 것이었다. 즉 직업훈련은 노동자의 역량 개발과 기업, 국가 경쟁력 강화를 동시에 달성할 수 있는 수단이라는 것이다.

세미나 얘기가 나오니까 또 기억나는 게, 문재인 대통령과 다른 세미나에도 같이 참석한 적 있다. 2001년인지 2002년인지 명확하지는 않지만 한국노총 부산 지역본부에서 주최한 노동법 관련 세미나로 기억한다. 노동법과 판례에 관련된 것이었고, 문재인 대통령이 발표, 나는 토론자로 참석했다.

'노동자를 위한 연대' 창립 4주년 기념 토론회가 있은 지 한참 후, 당시 행사가 잊혀질 시점인 2011년에 사진 한 장이 문재인 변호사와의 첫 만남에 대한 기억을 소환해냈다. 문재인 대통령이 사실상 정치세계로 들어간 출발점으로 평가받는『운명』이라는 책이 세상에 나오면서였다. 그 책에 '노동자를 위한 연대' 창립 기념 토론회 때 단상을 찍은 사진이 실리면서 서울에 사는 지인이 전화로 이 사실을 알려줬다. 그때까지 나는 이 책을 읽지 않은 상태라 토론회 때 같이 찍은 사진이 실린 줄도 몰랐다. 오래된 사진이라 빛은 많이 바랬지만 나란히 앉아 있는 테이블 앞에 세로로 큼직하게 문재인, 류장수라는 이름이 토론자들의 이름과 함께 적혀 있었다.

그리고 이 사진은 문재인 대통령 당선 후 우리나라 인력 관련 공공기관인 한국산업인력공단 잡지의 커버스토리로 실리기도 했다. 직업훈련이라는 문구가 담긴 플래카드가 사진의 중앙 상단에 있고, 대통령이 앉아 있으니 한국산업인력공단으로서는 얼마나 홍보가치가 있었겠는가. 새로 취임한 대통령이 이미 20여 년 전에 이 문제에 관심을 두셨다는 증거(?)를 이보다 더 선명하게 보일 수 있는 게 있을까. 사진 위아래에는 다음과 같은 내용이 적혀 있었다.

1998년 4월 23일 '노동자를 위한 연대' 창립 4주년 기념대토론회의 주제는 "부산 지역 직업훈련 제도의 효율화 방안"이었습니다. 이 자리에서는 문재인 대통령(당시, '노동자를 위한 연대' 상담소장, 법무법인 「부산」 대표)과 류장수 부산 지역인적자원개발위원회 선임위원(현, 최저임금위원회 위원장, 부경대 교수), 채경수 전 부산지방노동청 진주지청장 등 지역전문가들이 부산 지역 직업훈련 활성화를 위한 고민을 함께하였습니다.
20년이 지난 오늘날 지역의 인적자원개발은 「지역인적자원개발위원회」를 중심으로 실천적 체계를 갖추었습니다. 지역, 산업의 일자리에서 '사람'이 성장하는 건강한 사회를 만들겠습니다.[2]

그 후 같이 부산에 있으면서도 문재인 대통령을 자주 만난 것은 아니었다. '노동자를 위한 연대' 행사나 회의 때 한 번씩 보곤 하다가, 노무현 대통령 당선 이후 문재인 대통령은 민정수석, 시민사회수석으로 청와대에서 근무하면서 주로 부산에 있는 나로서는 볼 기회가 거의 없었다. 그러다 2003년 말 청와대에서 개최된 노무현 대통령과 노동 문제 전문가 간담회에서 잠시 만났다. 당시 노동계의 지지를 많이 받았다고 생각했던 노무현 대통령은 부산에서 화물연대 파업에 대해 심적, 정책적 부담을 많이 느끼는 것 같았다. 그래서 2003년 말, 노동관계 전공 교수들과 연구기관에 있는 전문가들 중심으로 노무현 대통령과 오찬 간담회를 하게 됐다. 청와대 안에서 노무현 대통령 주재로, 화물연대 파업을 중심으로 노동 사안들에 대해 의견을 나누는 자리였다. 그때 민정수석으로 문재인 대통령이 참석해서 몇 년 만에 인사한 적이 있다. 2시간 내외의 짧은 시간이었다.

이후 다시 만난 것은 내가 김신일 부총리 겸 교육인적자원부장관 정책보좌관으로 가면서부터였다. 노무현 대통령의 비서실장으로 복귀한 뒤 당시 문재인 비서실장은 교육인재정책에도 관심이 매우 많았다. 대학입시제도를 둘러싼 정부와 대학 간 긴장 관계가 극에 치달았을 때에도, 국가인적자원위원회 출범 시점에서도 문재인 비서실장은 이 문제에 적지 않은 시간과 노력을 투입했다. 내가 문재인 대통령을 처음 만난 지 30여 년이 되고 있다. 그 만남의 대부분은 교육인재정책과 관련된 길목에서였다.

부총리 겸 교육인적자원부 장관 정책보좌관 시절의 이야기

2006년 말이었다. 교육부로부터 부총리 겸 교육인적자원부 장관 정책보좌관 제안을 받았다. 사실 전혀 예상하지 못한 일이라 당황스러웠다. 그리고 몇 가지 이유 때문에 처음에는 수락하지 않았다. 무엇보다 정책보좌관이라는 자리가 상근직이기 때문에 부산을 떠나 서울에서 살아야 했고, 교수직에 비해 중앙부처 공직은 근무 시간 자율성이 낮고 다른 성격으로 노동 강도가 셀 것이라고 예상했기 때문이다.

우여곡절 끝에 결국 정책보좌관 자리를 수락했다. 수락하게 된 데에는 여러 가지 이유가 있었지만 중요한 이유 중 하나는 내 전공이 교육과 인적자원정책(인재정책) 분야라 교육인적자원부에서의 근무가 내 지식의 깊이와 폭을 보다 깊고 넓게 해 줄 수 있으리라는 기대 때문이었다. 그동안 연구나 비상근 자문, 일회성 회의 참여를 통해 이론과 정책을 접해왔다. 그러나 정책보좌관은 상근직이었고, 부처 내부에서 직접 정책 경험을 생생하게 할 수 있을 것이라는 판단이 들었다.

또 하나의 이유는 이전부터 알고 지내던 교육 공무원에게 들은 이야기 때문이었다. 교육부에서는 중요한 정책을 결정할 때 부총리와 고위직 공무원들, 담당 부서 관계자들이 참여하는 정책간담회를 연다고 했다. 정책보좌관은 이 간담회에 참석 대상이기 때문에 중요한 역할을 할 수 있고, 귀중한 경험도 할 수 있다는 이야기였다. 부총리가 주관하는 정책간담회 참석 건은 당시 내게 매우 매력적으로 느껴졌고, 그 매력적인 점이 정책보좌관 수락에 중요한 영향을 미친 것은 분명하다. 실제로 내가 근무한 1년 동안 부총리 주재의 정책간담회 횟수는 셀 수가 없을 정도로 많았다.

내가 정책보좌관 자리를 수락하게 된 이러한 이유에 더하여 가장 현실적이고 결정적이었던, 즉 '쐐기'를 박았던 건, 자리 제안을 받고 어느 정도 시간이 지난 뒤에 받은 전화 때문이었다. 김신일 부총리가 직접 전화를 주었다. 그리고는 정책보좌관으로 오는 데 대해 이런저런 고민을 하고 있다는 얘기를 들었다면서, "국가를 위해 한 번 같이 일해 봅시다."라고 했다. 그 짧은 한마디가 정책보좌관 자리를 수락하는 데 결정적인 영향을 줬다.

정책보좌관으로서의 내 임기는 2007년 2월 5일부터 2008년 2월 4일까지 1년간이었다. 정책보좌관 임기 시작일은 장관의 임명일과 다를 수 있고 상식적으로 장관 임명 후가 될 수밖에 없다. 그러나 종료일은 장관의 임기가 끝나는 시점이다. 나의 근무 기간은 1년에 불과했지만, 교육부는 국민이 가장 관심을 가지는 부처라서 사건 사고, 돌발 변수가 수시로 발생했다. 관련 정책을 만들고 실행하며, 문제 해결에 참여하는 건 나의 일상적인 활동이었다. 어떤 정책이 어떻게 만들어졌으며 내용은 무엇이었고, 어떻게 시행됐고, 결과는 어땠으며, 국민 반응은 어땠는지에 늘 관심을 가졌다.

정책보좌관으로 있으면서 1년 동안 겪은 에피소드는 참 많다. 하나는 임시국회가 열리던 때에 있었다. AI를 통해 국회 회의록을 확인해 보니 2007년 4월 12일 임시국회 교육위원회에서 있었던 에피소드였다. 임시국회 직전에 새로 임명된 교육부 간부들을 국회 상임위원들에게 인사시키는 시간도 있었다. 해당 직책과 이름을 얘기하면 앞으로 나가 인사를 하는 방식이었다.

내 차례가 와서 인사를 하고 자리에 앉으니까, 상임위원장이 간단하게 덧붙였는데, AI를 통해 확인한 국회 회의록 내용이 내 기억과 거의 같았다. 회의록에는 이 부분을 다음과 같이 기록하고 있다. "유장수 정책보좌관은 부산 부경대 교수이십니다. 지방대 교수를 정책보좌관으로 임용한 것은 참으로 잘한 일인 것 같습니다. 부산 출신이라고 그러는 것은 아닙니다마는." 당시 교육위원장은 권철현 위원장으로 부산에 있는 동아대학교 교수 출신이라 이런 말을 한 게 아닌가 싶었다.

다음 날 한 일간지가 그 발언을 기사로 썼다. 상임위에서의 상견례와 회의 내용은 제법 많았는데, 그중 이 지방대 교수 언급이 기사 내용으로 나간 걸 보면서 여러 생각이 들었다. 우리나라 정책 결정 과정에서 수도권 중심, 중앙 중심적인 사고가 얼마나 뿌리 깊은지를 보여주는 사례 같았다. 지방에서 활동하는 교수나 전문가들이 정책보좌관으로 임명되는 일이 더 많았다면, 그게 국회에서 언급되거나 신문 기사로까지 나지는 않았을 것이다. 생각해 보면 격세지감을 느낀다. 지금은 어느 지방대 교수가 장관 정책보좌관으로 갔다고 해도 신문에서 기사로 다루진 않을 것이다.

정책 측면에서는 국가인적자원위원회 출범 때의 기억이 많이 난다. 노무현 대통령은 역대 어느 대통령보다 인적자원의 중요성을 특히 강조한 대통령이다. 내가 정책보좌관으로 있었던 2007년에 노무현 대통령은 국가인적자원위원회를 출범시켰다. 국가인적자원위원회에 관한 내용은 본문에서 상세히 다루겠지만, 이 위원회를 생각하면 두 개의 일이 떠오른다. 하나는 출범식 때 활용된 동영상과 관련된 것이고 다른 하나는 김광조 차관보와 관련된 것이다.

교육인적자원부에서는 출범식인만큼 위원회 동영상을 만들어 첫 회의 때 틀자는 의견이 모이면서 제작에 들어갔다. 1차로 만든 동영상을 부총리실에서 부총리 주재로 국장급 이상 간부와 관계자들이 모여 같이 시청했다. 수정이나 보완 의견을 주는 자리였다. 우리나라가 지금까지 오는 데 있어 '사람이 중요했고 앞으로도 인적자원을 잘 개발해서 개인 삶의 질과 국가의 경쟁력을 높여야 한다'는 취지의 영상이었다. 짧은 준비 기간임에도 불구하고 비교적 잘 만들었다는 생각이 들었다. 그런데 뭔가 빠진 것 같아, "가슴을 뭉클하게 하는 장면이 필요하다"는 의견을 냈더니 좋은 안이 있는지 내게 물어보는 상황이 발생했다. 대답까지 준비한 것은 아닌데…. 몇 초 사이 순간적으로 생각난 것이 2002년 한일월드컵 경기 때 광화문에서의 응원 장면이었다. 수많은 사람들이 모여 한국 축구팀을 응원하는 모습, '대한민국'을 다 함께 외치는 모습에서 감동을 느끼지 않을 사람들이 있을까. 이 화면을 구해서 마지막 신으로 넣으면 좋겠다는 의견을 내었다. 우리 대한민국 '사람'들의 열정을 담고 싶었다.

청와대 회의장에서 개회사에 이어 위원회 출범기념 영상이 시작되고 마지막을 향해 가는 장면이었다. 광화문에서 붉은색 응원복을 입은 수많은 사람들이 '대한민국'을 한목소리로 외치는 감동적인 장면이 나오면서 마무리되었다. 참석자들의 박수 소리가 매우 컸던 기억이 지금도 생생하다. 제작진들이 그 며칠 사이에 어디서 5년 전 이 장면을 구했는지…. 이후에 영상을 만들거나 의견을 제시할 기회가 생길 때, 2007년 국가인적자원위원회 출범기념 영상이 떠오른다. 그럴 때마다 이리저리 찾아봐도 그 영상이 보이지 않는다. 아마 지금 교육부에도 있을까 싶다.

인적자원정책본부장을 맡게 된 김광조 차관보가 어느 날 내게 전화를 했다. 이번에 신설되는 인적자원정책본부 국장 자리로 옮길 것을 권하는 전화였다. 지금으로부터 20여 년 가까이 지났지만, 몇 개의 문장은 기억이 난다. 다음과 같은 내용이었다. "인적자원정책본부는 매우 중요하다, 같이 일해보니 류 보좌관은 공무원으로도 적합할 것 같다. 교수에서 공무원으로 전직을 하고 인적자원정책본부 국장직을 맡았으면 한다. 만약 부인이 반대하면 내가 직접 통화하겠다." 대략 이런 내용이었는데, 나로서는 받아들이기 어려웠다. "좋게 봐 주셔서 고맙다. 그러나 내 천직은 교수인 것 같다. 학교로 돌아가더라도 인적자원정책에 늘 관심을 가지고 응원하겠다."라고 답했다. 노무현 정부가 끝나고 김신일 부총리 임기도 끝나면, 나는 당연히 정책보좌관직을 그만두고 학교로 복귀하니 그러지 말고 같이 일해보자는 권유였다. 솔직히 김광조 차관보의 권유라 매우 기분이 좋았던 것은 사실이었다.

김광조 차관보는 노무현 정부를 마지막으로 공직을 떠나게 되었다. 이명박 정부는 무슨 이유 때문인지는 모르겠지만 그를 중용하지 않았다. 김광조 차관보는 공직을 떠나 아주 잠깐 교수직에 있다가 2008년 말에 유네스코 아태 본부장으로 임명되었다. 국제기구 고위직에 한국인이 임명된 것이 화제라 당시에 많은 언론들이 보도했다. 국내와 해외 보도 하나씩을 일부 소개하고자 한다.

"한국이 국제사회의 많은 도움을 받고 이만큼 성장했으니 이제 우리가 빚을 갚을 차례입니다." 유엔의 대표적 산하 기구 중 하나인 유네스코 아시아 태평양 지역 본부장에 한국인이 임명돼 화제를 모으고 있다.

주인공은 교육인적자원부 차관보를 지낸 김광조(53) 계명대 교수.

태국 방콕에 있는 유네스코 아태 지역본부는 유네스코의 10개 지역본부 가운데 하나로 우리나라, 일본, 중국 등 아태 지역 47개국의 사업을 총괄하는 곳이다. 교육, 과학, 문화 분야의 국가 간 협력을 통해 평화와 안보에 기여한다는 목표로 1945년 창설된 유네스코는 현재 세계 193개국을 회원으로 두고 있다. 유네스코 지역 본부장에 한국인이 임명된 것은 이번이 처음이다. 그는 각국에서 온 535명의 지원자들 가운데 서류심사, 역량진단평가, 패널 인터뷰, 사무총장 인터뷰 등 엄격한 심사를 거쳐 최종 임명되는 영광을 안았다. (중략)

행시 22회로 공직에 진출해 교육부에서 교원정책심의관, 인적자원총괄국장, 인적자원정책본부장 등을 지낸 뒤 올 2월 교육부 차관보를 끝으로 공직에서 물러났다. 2001년부터 2004년까지 고용휴직을 하고 세계은행에서 근무하기도 했다. 김 본부장은 "인적자원 분야 경력과 국제기구 근무 경력 등도 본부장으로 임명되는 데 도움이 된 것 같다"며 "유네스코가 지향하는 목표가 평화, 더불어 잘 사는 사회인 만큼 이러한 경험들을 살려 국제 사회를 돕는 데 일조하고 싶다"고 말했다. 이번 본부장 임명은 국제기구 고위직에 한국인의 진출이 보다 확대된 것이라는 점에서도 의미가 있다. 반기문 유엔 사무총장을 비롯해 현재 유엔 산하 국제기구에서 국장급 이상으로 활동 중인 한국인은 36명 정도.

_"김광조 유네스코 신입 아태 본부장", 〈연합뉴스〉, 2008.12.11.

신임 유네스코 아태지역본부장 임명

2009년 2월 4일 김광조 전 교육인적자원부 차관보가 유네스코 아태 지역본부장, 그리고 태국, 라오스, 미얀마, 싱가포르의 유네스코 대표로 임명되었다. 교육 전문가인 김광조 본부장은 한국 정부의 여러 분야에서 근무를 역임하였다. 김 본부장은 교육인적자원부 차관보로 일할 당시, 지도자들간의 인적자원 문제에 대한 정보, 지식, 그리고 우수 실천 사례 공유를 위한 국제적 토론의 장을 제공하기 위한 "국제 인적 자원 포럼"을 발의했다. 김 본부장은 청와대에서 전 김영삼 대통령을 교육과 사회 정책 분야에서 보조했으며, 한국의 교육 시스템 전체를 개혁하는 교육 정책 개정 발의에 핵심적인 역할을 했다. (하략)

_[유네스코 아태본부 소식], 2009.02.20.

2008년 2월 학교로 복귀하는 나에게 김광조 차관보는 앞으로 기회가 되면 한국직업능력개발원(현재 한국직업능력연구원) 원장을 맡아보길 권했다. 인적자원정책을 연구하는 대표적 국책연구기관이 한국직업능력개발원이라 내게 그런 덕담을 한 걸로 생각하고 마음속에 담아두지는 않았다. 그런데 무슨 운명의 장난인지 2020년 12월에 나는 한국직업능력개발원 원장에 취임하게 되었다. 그리고 정확히 3년 후인 2023년 12월 이임식에서 직원들에게 한국직업능력개발원과 나의 만남은 김광조 차관보가 맺어준 운명이었을지도 모른다는 취지로 말했다.

아태 본부장 시절 고맙게도 내가 재직하고 있는 부경대학교에서 학생들 대상으로 국제기구에 대해 강연을 했다. 국제기구 취업에 관심이 높아지면서 부경대 학생들은 물론이고 신라대 등 부산의 타 대학 학생들로 강연장은 바닥까지 가득 찼다. 나의 부탁에 바쁜 한국 출장 중 시간을 쪼개 부산까지 와 귀중한 강의를 한 게 고마웠다. 적은 금액이지만 강연료를 드렸는데 끝내 사양하고 경주행 시외버스에 올랐다.

김광조 차관보, 김광조 유네스코 아태 본부장은 아태 본부장 재임 중이던 2017년 8월 11일에 우리의 곁을 떠났다. 그러나 그가 남겨 놓은 정책적 기여와 인간적 향기는 지금도 많은 사람들에게 남아 있다. 그는 내가 만난 최고의 능력과 인품을 가진 공무원이었다.

교육부총리 정책보좌관 근무 마지막 날의 일은 나의 교육부 1년 경험이 압축되었다고 해도 과언이 아닐 정도로 여러 사안들이 복잡하게 얽혀 있다. 내가 근무한 2007년 2월부터 1년 동안에 대학은 물론이고 사회 전체의 이목을 끈 정책 하나가 있었다. 바로 로스쿨(법학전문대학원) 제도의 도입이었다. 이 기간에 교육부는 로스쿨 총 정원의 결정과 로스쿨 예비인가 대학을 선정 발표했다. 과정 과정마다 이해집단 간의 충돌이 심했고 그런 와중에 교육부는 이 사안을 해결해야 했다.

교육부는 법무부, 대한변호사협회 등 법조계, 국회, 대학 등 이해관계자들의 의견을 조율하면서 총 정원을 확정해야 하는 과제를 안고 있었다. 최대한 총 정원을 줄이려는 법조계와 법무부, 반대로 최대한 늘리려는 대학과 국회 사이에서 입장을 조율하는 것은 매우 어려웠다. 초기에 대한변호사협회에서는 1,000~1,200명, 대학들은 3,000명 이상의 정원을 요구하였지만, 정부의 초기안은 2009년 개교 시에 1,500명으로 시작해서 향후 2013년까지 2,000명으로 점차 늘리려는 것이었다. 우여곡절 끝에 총 정원은 2천 명으로 확정되었고, 서울 권역 15곳, 지방 4대 권역 10곳 등 모두 25곳을 로스쿨 설치 예비인가 대학으로 선정 발표했다.

로스쿨 설치 예비인가 대학을 선정 발표하는 날짜는 2008년 2월 4일로 내 임기 마지막 날이기도 했다. 사실 더 근무를 할 수도 있었겠지만, 다음 학기 수업 준비도 해야 해서 약 한 달 전에 부총리에게 원래 임명받을 때 적혀 있던 2월 4일까지 근무하고 싶다는 의사를 얘기하고, 허락을 받아 놓은 상태였다. 그날 교육부는 폭풍전야의 상황이라 내 스스로도 근무 마지막 날이라는 걸 순간순간 잊어버릴 정도였다. 그런 만큼 그날 기자회견이 열리는 모습을 지금도 또렷하게 기억하고 있다. 교육부의 기자회견은 보통 중앙정부청사 합동브리핑센터에서 한다. 이유가 기억나지 않지만 그날은 외교부 브리핑실에서 진행하게 됐다. 교육부에서 외교부로 이어지는 복도를 부총리와 단둘이 걸어가면서 여러 얘기를 나누던 장면이 떠오른다. 중요한 기자회견인 데다 임기 마지막 날의 마지막 업무였기 때문에 다른 어느 장면보다 기억에 선명하게 남아 있다.

오후 5시쯤, 기자회견장에 부총리를 안내해 들어갔다. 국민들의 관심이 워낙 커서 그런지 부처 출입 방송사와 신문사 기자들이 모두 와 있었던 것 같았다. 발표가 끝난 뒤, 나는 광화문 생활을 마무리하고 2월 5일 아주 이른 비행기를 타고 부산으로 내려왔다. 부산에 도착한 지 얼마 되지 않았을 때, 나와 같이 일했던 정책보좌관실 직원으로부터 한 통의 문자를 받았다.

"지금 부총리님께서 이임식을 하고 계십니다."

그 문자를 보고 깜짝 놀라서 인터넷 검색을 해보니, 벌써 김신일 부총리 이임식 사진이 올라와 있었다. 기사 내용을 보니 부총리가 사표를 냈고, 당일 바로 수리되어 이임식이 열렸다고 나와 있었다. 너무 놀랐다. 전날, 그러니까 2월 4일에 기자회견장까지 수행했고 저녁 식사도 같이 했지만, 사퇴할 것 같다는 분위기를 느끼지 못했다. 그런데 로스쿨 설치 예비인가 대학 선정 기자회견을 한 바로 다음 날 사의를 표했다는 사실이 믿기지 않았다.

로스쿨 설치 예비인가 대학 선정은 법학교육위원회에서 심의하기로 되어 있었다. 선정 결과가 지역균형 배려가 미흡하다는 지적이 있어 고심을 했지만 법학교육위원회의 심의 결과대로 발표하기로 했다. 다만 교육부는 선정된 대학 발표와 함께 "9월 본인가 때 로스쿨 설치 계획의 이행 상황이 부진한 대학의 정원이 줄거나 예비인가가 취소돼 잉여 정원이 발생하거나, 관련 법률 절차에 따라 총입학정원이 늘어나면 추가로 선정하겠다"는 내용을 추가했다.

로스쿨 선정 과정에서 생긴 지역균형 배려 미흡 문제로 인해 자진해서 사의를 표명했고, 사표는 바로 수리됐다고 한다. 부총리는 '깔끔하게 마무리하지 못했다'는 점에서 책임을 지고 물러난 것 같았다. 교육부에서는 로스쿨 설치 예비인가 대학 선정에서 지역균형을 고려해야 한다고 줄곧 요청했다. 그런데 평가위원회에서 평가한 결과와 법학교육위원회의 심의한 결과는 지역균형 배려가 미흡했다. 그렇다고 부총리가 결과를 수정할 수는 없었다.

나는 지금도 노무현 정부 종료 불과 20여 일을 앞두고 김신일 부총리가 사표를 제출한 것을 매우 안타깝게 생각한다. 만약 내가 2월 5일 아침에 부산으로 내려가지 않고 교육부로 출근했다면, 부총리의 사표 제출을 어떻게든 막아보려 하지 않았을까. 그때 언론에서는 이 사표서 제출을 '노무현 대통령 레임덕'이라는 식으로 해석하기도 했다. 내가 보기엔 그건 전혀 사실이 아니다. 내가 아는 한, 이건 어디까지나 로스쿨 설치 예비인가 대학 선정

과정에서 생긴 복잡한 갈등과 김신일 부총리의 책임감에서 비롯
된 결정이었다.

교육불평등이 우리에게 남긴 것들과

해결해야 할 정책과제들

제1장

교육의 불평등, 지역의 불균형

'5세 고시'와 '7세 고시'의 시대

날이 갈수록 소득과 부의 양극화가 매우 심해지고 있다. 이는 한국뿐 아니라 세계적인 현상이다. 프랑스 경제학자 피케티도 역사적·국가적 흐름을 통해 이런 양극화 심화를 확인시켜주고 있다. 물론 대륙별로 국가별로 소득과 부의 양극화 정도는 일정한 차이가 있지만 전체적으로 양극화가 심화되고 있는 것은 사실이다. 양극화 자체는 사회통합을 어렵게 하는 등 결과적으로 경제 성장 자체에도 악영향을 미친다. 더 큰 문제는 부모의 소득과 자산의 양극화가 자녀 교육의 양극화로 이어질 가능성도 높다는 점에 있다. 부모의 경제력과 정보력이 자녀의 사교육 수준에 큰 영향을 미친다. 우수한 사교육 접근이 쉬운 층과 어려운 층 사이에 교육 양극화가 생기고, 실제로도 나타나고 있다. 서울 강남을 보면 쉽게 알 수 있다. 집값이 비싼 이유 중에는 사교육시장에서 우수한 강사와 정보를 가진 이른바 질 좋은 학원이 몰려 있어서라는 요인도 있다. 이런 지역에 살고 싶어 하고, 수요가 몰리면서 집값이 더 올라간다. 소득과 자산이 부족한 사람들은 이런 지역에 들어가기 어렵고, 교육 기회에서도 소외된다.

2025년 8월 31일 자 〈동아일보〉 기사는 가히 충격적이다. 서울 강남구의 한 유명 영어학원이 제작한 유치부 입학시험, 이른바 '7세 고시' 문제에 관한 기사이다.

"대학생도 당황하는 '7세 영어고시'… A4 2장 영어에세이 요구"
(중략) 최근 초등학교 입학 전 영어학원 등에서 치르는 'n세 고시'가 아동 인권을 침해하고 공교육을 훼손한다는 우려가 커지고 있지만, 현장에선 조기 사교육 열풍이 좀처럼 꺾이지 않고 있다. (중략) 실제 동아일보가 대학교 영어전공생과 고3 수험생 등 5명을 섭외해 강남구 유명 어학원의 7세 고시 문제를 풀어보게 한 결과, 40문항 중 평균 4.8문항을 틀렸다. (중략) 강남구의 또 다른 유명 어학원은 7세 아이에게 '발명한다면 무엇을 할 것인지, 그 기계를 묘사하라'는 영어 에세이를 A4용지 두 장 분량으로 작성하게 했다. A4용지 한 장 분량의 영어 지문을 내주고 주제와 요지를 추론하도록 요구하기도 했다. (중략) n세 고시가 성행하는 건 치열한 교육 경쟁 때문이다. '영재학교-특목고-의대 진학'을 고려한 장기 전략의 시작점이라는 인식이 강하다. '뒤처지면 안 된다'는 학부모의 불안감도 작용한다.

이 기사에 실린 서울 강남 유명 어학원 '7세' 고시 문제를 보는 순간, 비록 소수라고 하더라도(아주 소수이길 바라지만) 우리는 극단적 비정상 사회에 살고 있다고 얘기하지 않을 수 없다.

이 기사가 아니더라도 서울 강남지역을 중심으로 5세 고시반과 7세 고시반이 운영되고 있다는 보도를 접하는 건 이제 그리 어려운 일이 아니다. '영재학교-특목고-의대진학'으로 이어지는 코스를 조금이라도 더 빨리 시작하려는 부모들의 욕심과 학원들의 수익 극대화가 만나 만들어낸 놀라운 사건이다. 거기에다 5세 고시반에 들어가기 위한 4세 준비반도 있다고 한다. 4세 준비반에서 잘 준비해서 5세 고시반에 들어간 후 7세 고시반으로 연결되는 초엘리트 코스를 밟기 위해선 4세 준비반에 들어가기 위한 준비도 하게 된다.

아동 학대라는 비판도 있고, 이 정도로 이른 조기교육은 나중에 교육 성과를 높이지 못하게 될 것이라는 교육학적 충고도 있다. 이와 함께 자유민주주의국가에서 자기 자식을 위해 몇 세에 고시학원에 넣든 무슨 문제냐라는 얘기도 있다. 그러나 보수적인 언론

사조차도 5세 고시반을 비판하는 상황이라 후자와 같은 주장은
아직 노골적으로 등장하지는 않고 있다.

어떤 입장에서든 이 놀라운 현실에 대해 다양한 입장이나 평가
가 있을 수 있다. 그러나 여기에서 내가 관심 있는 것은 교육불평
등에 관한 것이다. 특히 부모의 사회경제적 배경이 자녀의 교육 기
회 차이로 연결되고 그것이 이후 자녀의 사회경제적 위치를 결정
하는 것이 과연 올바른가에 관심이 있다. 즉 부모의 사회경제적
지위가 자녀에게 그대로 전해지는 이른바 세대 간 불평등의 불공
정한 재생산 문제에 더 관심이 간다. 부모의 사회경제적 배경에 의
한 불평등은 우선 당사자에게는 공정성 문제를 야기한다. 또한 사
회 전체적으로 볼 때 공정하지 않은 방식에 의해 만들어진 불평등
의 지속과 확대로 사회통합을 매우 어렵게 만든다. 부모의 재력과
정보력이 개인의 노력 요소보다 더 큰 영향을 미친다면 사회발전
에도 장애로 작용될 수밖에 없다.

5세 고시반과 7세 고시반 현상은 교육시장에서의 불공정과 불
평등을 상징적으로 보여주는 사례이다. 그리고 이전보다 불공정
과 불평등 문제가 더욱 악화되고 있다는 점을 말해주는 사례이기
도 하다. 부모의 사회경제적 배경에 의해 교육불평등이 나타나고
있다는 사실은 이미 여러 통계에서 확인되고 있다. 한국개발연구
원(KDI) 연구자가 발표하고 교육부가 2019년에 활용한 자료가 있
다.[3] 이 연구는 2015년 우리나라에서 교육불평등에 대해 가정배경
이 미친 영향도가 42.75라고 발표했다. OECD 평균은 29.66이었
다. 부모의 사회경제적 지위가 자녀의 교육 기회 증가로 대물림되
는 정도는 우리가 OECD 평균보다 높았다. 게다가 영향도의 상승

속도는 OECD 평균보다 더 빨랐다. 이러한 상황 속에서 n세 고시반 얘기는 불공정과 교육불평등을 상징적으로 보여주는 사례일 뿐이다.

부모 소득이 높을수록 자녀의 사교육비도 많다

교육부가 주관하고 통계청이 조사한 2024년 초중고 사교육비 조사 결과가 2025년 3월에 발표되었다. 2024년 사교육비 총액은 29.2조 원으로 초등학교 13.2조 원, 중학교 7.8조 원, 고등학교 8.1조 원이다. 사교육 참여율은 80.0%로 10명 중 8명이 사교육에 참여하였다. 전체 학생 1인당 월평균 사교육비는 47.4만 원이었다.

2024년 사교육비 총액은 전년 대비 2조 1천억 원이 증가하였고 증가율은 7.7%였다. 2007년에 처음 조사했을 때 사교육비는 20조 원이었고 이후 증가와 감소를 반복하였다. 2009년까지 증가하다가 2015년까지 감소 추세를 보였다. 2015년 사교육비 총액은 17.8조 원이었다. 이후 증가 추세를 보이다가 2020년 코로나 시기에 잠시 떨어졌지만 2021년부터 급격한 증가 추세로 돌아섰다. 코로나 시기로 인한 기저효과를 고려하더라도 최근의 증가 추세는 상당한 탄력을 받고 있다. 정부에서 사교육비를 잡겠다고 늘 주장해 왔음에도 불구하고 2021년부터 2024년까지 빠른 속도로 증가한 원인에 대한 분석이 필요하다. 2021년의 급격한 증가율은 2020년 코로나가 가장 심했던 시기에 감소한 것에 대한 보충일 것이다. 그런데 2022년부터 현재까지 사교육비가 급격히 늘어난 원인은 무엇일까. 정권교체에 따른 교육정책 변화가 하나의 중요한 이

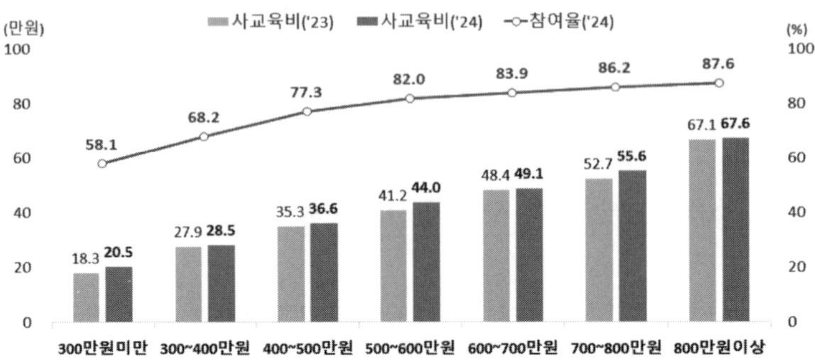

유일 수도 있다. 이에 대한 정확한 원인 진단이 있어야 한다.

이 조사 결과에서 내가 특히 관심을 둔 것은 '가구 소득수준별 전체학생 1인당 월평균 사교육비 및 참여율' 자료이다. 부모의 사회경제적 배경이 자녀의 교육 기회에 미치는 실태를 볼 수 있는 중요한 자료이기 때문이다. 예상된 결과를 보였다. 가구 소득수준이 높을수록 자녀의 사교육비는 많았고, 사교육 참여율도 높았다. 가구 소득이 300만 원 미만 가구의 1인당 월평균 사교육비는 20.5만 원이었다. 800만 원 이상 가구의 1인당 월평균 사교육비는 67.6만 원이었다. 3배 이상 차이가 났다. 가구 소득수준과 사교육 참여율 간에도 높은 (+)의 상관관계를 보이고 있다.

진학하려는 학교 유형에 따라 월평균 사교육비 차이가 있다는 분석결과도 있다.[4] 2019년 발표자료에 의하면, 일반고 진학을 희망하는 중학생의 월평균 사교육비는 29.6만 원이었다. 자율고 진학 희망 중학생은 42.5만 원, 특목고 진학 희망 중학생은 49.3만

원을 사교육비로 지출하였다. 학교 유형별 가구소득이 일반고에 비해 자사고·외고·국제고가 더 높다는 것은 이미 잘 알려져 있다. 일반고보다 자사고·외고·국제고는 학부모 부담금이 평균 3배 이상이다. 부모 경제력에 따른 고교 진학 기회 불평등을 확인할 수 있는 부분이다.

통계청의 가계동향조사 결과에서도 소득수준별 교육비 차이를 볼 수 있다.[5] 2025년 2/4분기 조사 결과에 의하면, 소득이 가장 적은 그룹인 1분위 가구의 월평균 소비지출 중 교육비 지출액은 1.9만 원이었다. 2분위 5.0만 원, 3분위 10.6만 원, 4분위 22.6만 원, 5분위는 43.1만 원으로 소득수준이 높을수록 교육비 지출액은 크게 증가하였다. 물론 가계동향조사 자료는 교육부의 사교육비통계 자료와 달리 초중등학생들의 사교육비 외에 다른 교육비도 포함하고 있다. 따라서 학생들의 사교육비를 정확히 파악한 것이 아니라는 점에 유의해야 한다. 그렇지만 어느 연령층이든 소득수준과 교육비 지출 간에 높은 (+)관계가 있다는 특징을 얻을 수 있다.

결국 소득과 부의 양극화가 교육 양극화로 이어지고, 세대 간 소득과 부의 양극화 측면에서 확대 재생산이 일어나게 된다. 여러 통계 및 연구자료에서도 확인된다. 이런 상황에서 정부가 이 상황을 시장에 맡긴 채로 그냥 놔둘 건지, 아니면 소득·부의 양극화와 그로 인한 교육 양극화를 막기 위한 정책을 추진할 것인지 고민해야 한다. 나는 지금의 소득·부 양극화를 완화시켜야 하고 특히 부모의 소득과 부의 차이가 자녀의 교육 기회와 결과의 차이로 이어지는 것은 최대한 막아야 한다는 생각을 가지고 있다. 완전히 없애긴 어렵더라도 완화는 정부의 노력으로 가능하다고 본다. 소득·부의 양극화를 막는 정책이 시행되어야 하고, 동시에 학교 유형과 입시제도를 포함한 교육정책 전반이 교육 양극화를 줄이는 방향으로 진행되어야 한다.

또 다른 교육불평등, 연령별 교육격차 심화

OECD는 2024년 12월에 매우 중요한 조사 결과를 발표하였다. 국제성인역량조사(Programme for the International Assessment of Adult Competencies, PIAAC)로서 OECD 주요국과 파트너 국가 31개국의 성인 역량과 경제성과 지표를 평가한 조사 결과 발표였다. 이 조사는 성인의 정보처리 스킬과 스킬 활용, 경제적·비경제적 성과를 국제적으로 비교 평가하는 조사로서, 16~65세 성인을 대상으로 조사가 이루어진다.

한편 조사대상은 다르지만 유사한 조사로 OECD의 국제학업성취도평가(Programme for International Student Assessment, PISA)가 있다. PISA는 만 15세 학생들의 읽기, 수학, 과학 소양을 측정하여 각국의 교육 성과와 정책을 비교 분석하는 평가이다. PISA가 학생들의 학업 능력을 평가하는 사업이라면, PIAAC은 성인의 숙련 수준을 평가하는 사업이다. PIAAC도 매우 중요한 사업이지만 PISA에 비해서는 덜 알려져 있는 사업이다. 인지도와 중요도 측면에서 두 사업 사이에 분명한 차이가 있다. 이는 초중등 교육에 몰입하고 이후 성인 교육에는 관심도가 급격히 떨어지는 우리의 현실을 반영한 것일 수도 있다.

PIAAC 1주기 조사 결과는 2013년에 공표되었고, 2024년 12월에 2주기 조사 결과가 발표되었다. OECD는 기본적으로 10년마다 조사 공표할 계획이었지만 코로나로 조사 자체가 어려워 1년 연기하기로 했다. 한국에서 담당 부처는 교육부와 고용노동부이며, 조사 분석 등 프로젝트 총괄 기관은 한국직업능력연구원이다. 2주기의 실제 조사기간에 나는 한국직업능력연구원 원장으로 있었기 때문에 조사과정을 직접 관리하는 역할을 맡았다. 코로나로 조사 자체가 매우 어려웠다. 연구책임자로부터 파리에서의 회의 상황이나 국내 조사 상황을 들으면서 이 조사는 매우 중요하고 동시에 매우 어렵다는 생각이 들었다. 조사시스템 구축, 표본설계, 데이터 처리 및 관리, 조사 수행까지 직접 맡는 통계청의 협조가 무엇보다 중요하였다. 원활한 조사 협조를 위해 당시 류근관 통계청장과 미팅까지 한 기억이 있다.

PIAAC은 10년 주기로 조사하는 사업이라 한 번 조사하면 그 결과가 거의 10년 동안 사용된다고 할 수 있다. 그런데 2024년 12월 국내의 정치 상황이 모든 사안들을 덮어버리는 바람에 그 결과가 우리에게 거의 알려져 있지 않다. 언어능력, 수리력, 적응적 문제해결력 영역을 평가했는데, 한국의 점수는 하위권에 있었다. 언어능력에서 OECD 평균점수는 260점, 우리는 249점이었다. 수리력 역시 OECD 평균점수는 263점인 데 비해 우리는 253점으로 낮았다. 적응적 문제해결력에서는 OECD 평균점수는 251점, 우리는 238점이었다. PISA 조사에서는 우리 학생들의 능력이 최상위 그룹에 속해 있는데, 성인의 숙련은 하위권에 있었다. 이 상황을 심각히 생각하고 적극적인 대응이 필요하다.

PIAAC 조사에 대한 설명이 길어졌는데, 내가 여기에서 유의 깊게 보는 또 하나의 결과는 연령과 역량 평가점수 간의 관계에 관한 것이다.[6] 연령대가 높아질수록 평가점수가 하락한다는 점은 조사대상 국가들의 공통점이다. 그런데 우리는 연령 증가에 따른 점수 하락 폭이 다른 국가들보다 더욱 크다는 것이 우려스럽다. 1주기 조사에서도 그런 모습을 보였지만 이번 2주기 조사에서는 그 하락 폭이 더욱 컸다. 연령이 높아질수록 숙련 수준이 빠른 속도로 하락하고 있는 것은 고령화시대에 심각한 문제가 아닐 수 없다. 고령화로 인해 생산가능인구 중심축의 연령이 높아지고 있기 때문에 학생들의 교육불평등 문제와 함께 성인들의 교육훈련불평등 문제를 중요한 국가 아젠다로 삼아야 하는 이유이다.

경제력과 인력의 불균형

수도권 일극주의로 요약되는 지역불균형은 교육불평등 문제와 함께 우리 사회가 안고 있는 매우 심각한 문제이다. 지역불균형과 교육불평등은 밀접한 관계에 있다. 지역불균형으로 교육의 불평등이 더욱 심각해지고, 그것이 지역불균형을 더욱 악화시킨다. 어느 것이 먼저라고 할 것 없이 두 문제는 나쁜 방향으로 상승작용하게 만든다.

한편 지역불균형은 교육 영역 외에도 많은 영역을 포괄하고 있다. 지역불균형은 정치, 경제, 사회, 문화 전 영역에서의 지역 간 불균형을 말한다. 그리고 우리의 지역불균형 상황은 수도권 일극주의의 강화로 요약될 수 있을 것이다. 여기에서는 수도권과 지방으로 권역을 나눠 교육 및 인재 분야와 직간접적으로 관련 있는 지

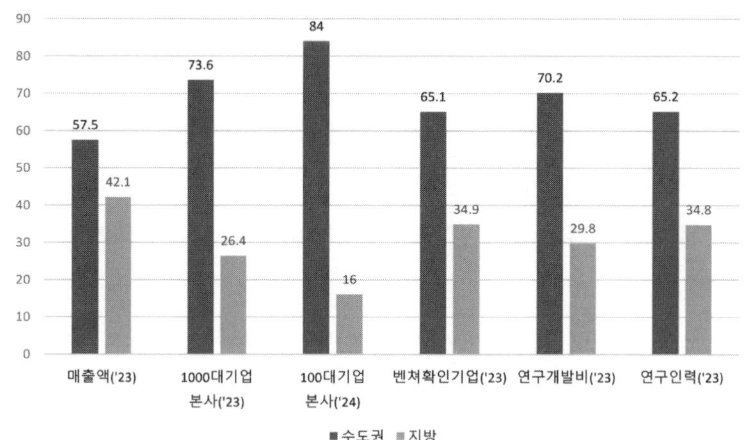

자료: 김종한 · 박성익(2025), 『지역인재정책』, p.94에서 일부 활용하여 재작성

표를 중심으로 살펴보려고 한다. 먼저 주요 경제력과 인력 지표를 통해 지역불균형 실태를 보자.[7]

전국 대비 수도권의 면적은 11.8%, 지방(비수도권)은 88.2%이다 (2023.12 기준). 인구는 2025년 7월 기준으로 수도권 51.0%, 지방은 49.0%이다. 수도권 비중이 약간씩 높아지는 추세에 있다. 2023년 기준 사업체 종사자 비중은 수도권 52.1%, 지방 47.9%이다. 매출액의 격차는 더 심하다. 수도권이 57.5%, 지방이 42.1%이다. 2023년 기준 1,000대기업 본사는 수도권에 73.6%, 지방에 26.4%가 위치하고 있다. 100대기업 본사는 수도권과 지방 각각 84.0%, 16.0%로 1,000대기업 본사 위치보다 불균형이 더 심하다(2024년 기준). 벤처확인기업 소재지 역시 수도권 65.1%, 지방 34.9%이다(2023년 기준).

미래의 경제력 전망에서 매우 중요한 지표가 연구개발비와 연구인력 규모이다. 2023년 기준 우리나라 연구개발비의 수도권 비중은 70.2%, 지방 비중이 29.8%이다. 연구인력 비중은 수도권 65.2%, 지방 34.8%이다. 현재의 경제력을 나타내는 지표와 미래의 경제력 지표 모두에서 수도권 집중이 심각하다. 지금과 같은 상황이 지속된다면 수도권과 지방 간 경제력 차이는 더욱 심해질 것이다.

인력의 규모와 질은 경제력의 핵심 요소 중 하나이다. 현재 AI 우수 인재를 국가와 기업에서 경쟁적으로 유치하려 하는 이유도 필요한 인력의 규모와 질을 확보하는 것이 생존에 필수적이기 때문이다. 현재는 물론이고 미래의 인력으로 청년인재를 확보하는 것도 중요하다. 지금 우리의 현실은 지방의 청년들이 수도권으로 유출되고 있다. 지방에서 고등학교를 졸업한 후 수도권 대학으로 진학하는 청년이 많고(1차 유출), 지방대학 졸업생들은 일자리를 얻기 위해 수도권 직장으로 이동한다(2차 유출). 지방인재의 유출 문제는 이 글이 초점을 맞추는 교육인재정책에서 특히 중요해서 제8장에서 별도로 다룰 것이다.

한편 의료인력은 국민건강에 있어서 매우 중요한 지표이다. 한국보건사회연구원의 연구에 의하면, 2024년 기준 수도권과 지방의 인구수 대비 필수의료 전문의 수 격차가 약 4배 났다. 인구 1,000명당 필수의료 전문의 수는 수도권이 1.86명, 지방이 0.46명이었다. 서울은 3.02명, 경기는 2.42명으로 특히 많았다. 지방 대도시인 부산 0.81명, 대구 0.59명에 불과했다.[8] 이처럼 경제력과 관련된 인력뿐만 아니라 국민건강과 관련된 지표에서도 수도권과 지방 간의 격차는 매우 컸다.

수도권에 더 몰리는 좋은 일자리

임금 수준은 좋은 일자리인지를 판단할 때 중요한 지표이다. 다른 사정이 동일하다면, 일자리의 임금 수준이 높을수록 우리는 좋은 일자리라고 한다. 한국고용정보원 이상호 박사는 2024년 6월에 수도권과 지방의 월평균 임금을 비교분석한 글을 발표하였다.[9] 이 연구에 의하면 지방 대비 수도권의 임금은 2015년에 8.5% 더 높았으나 2023년 상반기에 14.5%로 확대되었다. 지방의 직장과 수도권 직장의 임금 격차는 최근에 오면서 더욱 커지고 있다. 좋은 일자리가 수도권에 더욱 많이 몰리게 되니 지방의 우수 인재도 수도권으로 이동하게 된다. 수도권 일극주의가 인재시장에서도 강력히 관철되고 있는 것이다.

한국노동연구원 강동우 박사도 통계청 '지역별고용조사'의 마이크로데이터를 사용하여 수도권과 지방 간 임금 격차를 분석하였다.[10] 이 글은 업종별 임금 격차도 분석하였다는 점에서 또 다른 의미가 있다. 임금이 높은 업종에서 지방 대비 수도권 임금 크기가 절대값에서는 물론이고 격차 비율에서도 더욱 크다는 사실을 밝혀냈다. 대표적으로 정보통신업에서 이런 모습이 나타났다. 즉 정보통신업의 임금 수준은 다른 업종보다 높으며 지방 대비 수도권 임금 수준이 높고 그 격차도 매우 크다는 점이다. 임금을 기준으로 보면, 정보통신업 일자리는 '평균적으로' 좋은 일자리라고 할 수 있다. 그렇지만 정보통신업 일자리 중에서도 좋지 않은 일자리

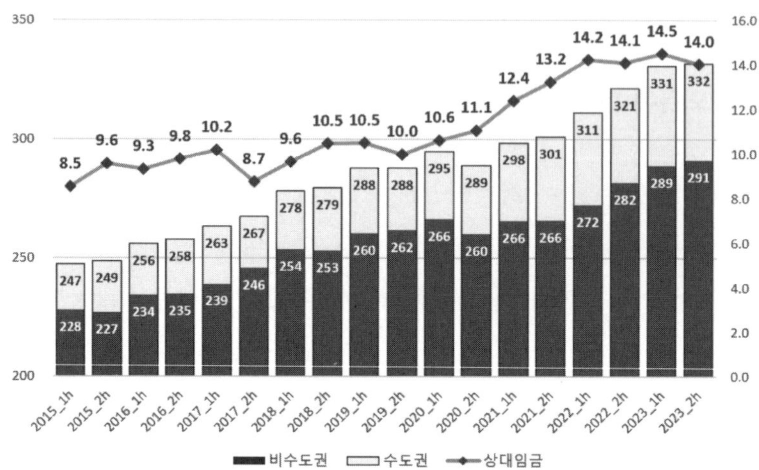

[그림 1-3] 월평균(명목)임금

자료: 통계청, 지역별고용조사, 각 연도/반기, 마이크로데이터,
이상호(2024.6.), 「지방소멸위기, 장소와 사람을 연결하는 지역일자리 전략」,
한국지역고용학회 학술대회 발표문, p.8에서 인용

[그림 1-4] 정보통신업의 수도권과 지방 간 임금 격차 추이

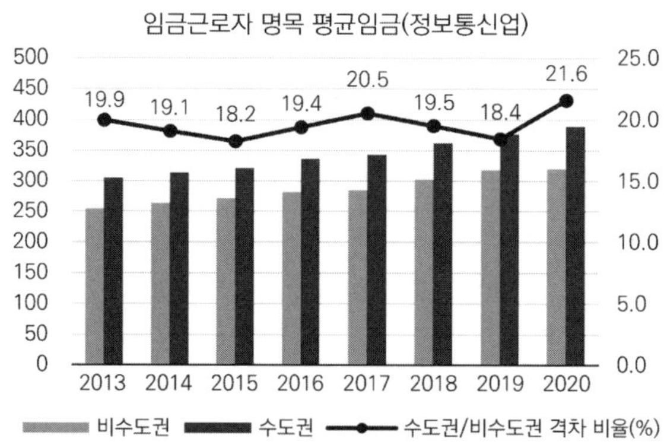

자료: 통계청, 지역별고용조사, 각 년도/반기, 마이크로데이터,
강동우(2023), 「일자리 분포의 지역격차: 수도권과 비수도권 간 비교를 중심으로」,
한국노동연구원, 「월간 노동리뷰」 2023년 11월호, p.12에서 인용들이 당연히 있다. 수도권과 지방 종사자의 임금 격차를 볼 때 정보통신업에서 좋지 않은 일자리들은 대부분 지방에 있다는 결론으로 연결된다. 업종별 임금 격차를 봐도 좋은 일자리는 수도권에 집중되어 있다.

사교육비의 지역불균형

부모의 소득이 높을수록 사교육비도 비례적으로 커지고 있다는 사실은 이미 봤다. 수도권의 평균 임금이 지방보다 높다는 점은 사교육비 역시 수도권에서 더 높을 것이라는 점으로 연결된다. 수도권과 지방 간에 사교육비 차이는 어느 정도일까. 정부의 초중등

[그림 1-5] 지역별 학생 1인당 월평균 사교육비(단위: 만 원)

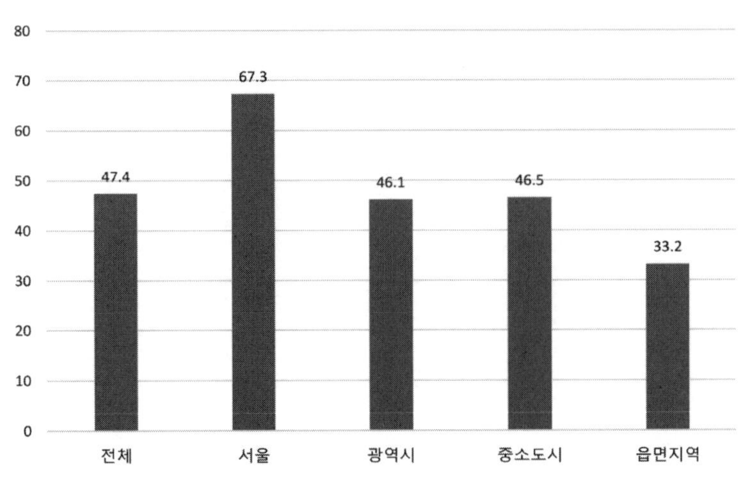

자료: 통계청(2025), 「2024년 초중고사교육비조사 결과」 자료를 활용하여 그림으로 작성

사교육비조사 결과에서 몇 가지 특징을 찾을 수 있다.

첫째, 예상대로 수도권 학생의 사교육비가 지방 학생의 사교육비보다 높다. 전국 17개 광역시도에서 서울이 월평균 67.3만 원, 경기가 51.3만 원으로 1, 2위를 차지하고 있다. 수도권 중 인천은 45.9만 원으로 서울시 포함 광역시 중에 중간 위치에 있다. 광역시의 1인당 월평균 사교육비는 도 지역보다 높다.

둘째, 수도권 중에서도 서울이 특히 높다. 결국 사교육비의 지역불균형은 서울과 다른 광역시도 간의 불균형이다. 경기 지역의 사교육비가 2위이지만 1위인 서울보다는 많이 낮고 3위 이하 지역들과는 차이가 적다.

셋째, 광역시와 중소도시 간 사교육비 차이는 거의 없다. 이에 비해 읍면지역 학생 1인당 사교육비는 낮다. 사교육비의 지역불균형 모습은 서울, 광역시와 중소도시, 읍면지역이라는 세 그룹으로 구분된다.

제2장

대학입시제도로서의 3불정책과 내신등급제

3불정책과 공교육 정상화를 둘러싼 충돌

3불정책은 교육과 입시제도에서 본고사, 기여입학제, 고교등급제를 전면 금지하는 정책이다. 1999년에 본격적으로 도입되어 현재까지도 대입 제도의 기본 틀로 적용되고 있는 우리나라 대학입시제도의 핵심적인 교육정책이다. 본고사 금지는 사교육 과열과 고교 교육과정 파행을 예방하기 위해 대학 자체에서 본고사 실시를 금지하는 것이다. 기여입학제 금지는 부모의 경제적 격차에 따른 자녀의 교육 기회의 불평등을 막기 위한 제도로 대학발전기금 등 금전적 기여를 통해 학생을 선발하는 것을 금지하는 제도를 말한다. 그리고 고교등급제는 학교 서열화와 이로 인한 학생 불이익을 방지하기 위해 고등학교별로 서열을 매기고 이를 대학입시에 반영하는 것을 금지하는 제도이다.

3불정책을 도입하게 된 배경, 즉 대표적인 목적은 다음 세 가지로 요약된다. 먼저, 모든 학생이 능력에 따라 균등하게 교육받을 권리를 헌법 및 교육기본법에 근거해 보장해야 한다는 점이다. 다음으로 대입에서 금전 및 출신학교 등 외부 요인보다 개인의 노력과 능력이 중요하도록 유도해야 한다는 점을 들 수 있다. 그리고 고교 교육의 정상화와 사교육을 억제해야 한다는 점도 중요하다. 그러나 3불정책을 반대하고 최종적으로 폐지해야 한다고 주장하는 측은 무엇보다 3불정책이 대학의 학생 선발 자율성을 침해하고 교육을 획일화시켜 결국 하향 평준화시킨다는 점에 초점을 맞추었다.

대한민국의 경우 모든 국민들이 교육전문가라고 할 정도로 교육은 국민 모두에게 최고의 관심사라 할 수 있다. 그리고 그 관심사는 대학입시제도에 집중되어 있다고 해도 과언이 아니다. 따라서 3불정책 시행의 법적, 교육적 필요성 여부는 차치하고 그것이 자녀의 좋은 대학 입학에 도움되는지 여부에 초점을 맞춰 논쟁이 지속적으로 벌어져 왔다. 내가 정책보좌관으로 근무한 2007년에는 3불정책에 관한 논쟁이 특히 격화되었다. 그렇게 된 데에는 서울대 장기발전계획위원회와 한국사립대학총장협의회가 3불정책 폐지를 주장한 것과 연관되어 있었다. 다음은 대학구조개혁위원회 위원을 지낸 안현효 대구대학교 교수와의 인터뷰 중 3불정책과 관련된 내용이다.

안현효 당시 계실 때 3불정책이 발표됐나요?

류장수 제가 2월 5일에 발령받고 갔는데 3월부터 불이 붙었어요. 조금 전에 말씀드렸지만 3불정책이란 고교등급제, 기여입학제, 그리고 본고사 세 가지를 금지한 정책이었지요. 입시방법을 결정해야 되는 3~5월 시점에 대학들, 특히 서울의 주요 사립대들은 3불정책이 대학의 자율성을 해친다고 해서 엄청나게 반발했죠. 결국 마지막에 서울대 총장 등 대학 대표 다섯 명, 교육부총리 등 교육부 대표 다섯 명 이렇게 해서 5대 5로 협상을 했습니다. 저도 교육부 대표에 포함되어 비공개 회의에 참석했는데, 합의문 문구에서 이견이 있어 조율하느라 힘은 들었지만 일정한 수준에서 합의를 하고 종결했었습니다. 수험생이 굉장히 불안해 하니까 빨리 종결할 필요가 있었어요. 입학 부분에 있어선 그런 상황이 그 뒤에도 계속 일어났다고 보시면 됩니다. 지금도 마찬가지고요.

_류장수(2019), 『대학과 청년』, 산지니, pp.23~24.

2007년 3월 22일 김광조 교육인적자원부 차관보는 기자브리핑에서 "기여입학제, 고교등급제, 본고사를 금지한다는 입장에 변함이 없다", "소위 3불정책은 헌법과 교육기본법상에 규정된 '능력에 따라 균등하게 교육받을 권리'를 보장하고 그동안 우리 사회에서 학벌로 인한 부작용을 최소화하기 위해 지난 50여 년간의 경험에서 나온 최소한의 사회적 규약"이라고 설명했다. 또 본고사에 대해서도 "국·영·수 위주로 대학입학이 이루어져 고교 교육과정의 파행은 물론, 사교육의 팽창 등 교육적으로, 그리고 사회경제적으로 큰 폐해가 우려된다"고 발표했다.

부총리 겸 교육인적자원부 장관의 서한문

2007년 초, 일부 대학에서의 3불정책 폐기 주장과 수능 위주의 입학 전형을 확대하려는 움직임이 있었다. 이에 대해 교육인적자원부는 김신일 부총리 겸 교육인적자원부 장관이 '국민 여러분께 드리는 글'이라는 서한문을 발송하기까지 했다. 서한문에는 당시의 대학입시 관련 쟁점이 잘 담겨 있고, 그 쟁점은 지금까지도 진행 중인 것도 있어 길지만 그대로 소개하고자 한다.

국민 여러분께 드리는 글

존경하는 국민 여러분,

한국대학교육협의회가 21일 전국 4년제 대학의 2008학년도 입학전형계획 주요사항을 발표했습니다. 2008학년도 대학입시는 3년 전에 많은 논의를 통하여 마련한 새 대입전형 안에 따라 처음 치러지는 것으로 수험생과 학부모는 물론 일반 국민 여러분께서도 큰 관심을 갖고 지켜봐 오셨습니다.

과거와 비교할 때 전체적으로 학생부 반영 비율을 높이고 다양한 전형 요소를 사용하는 등 고교교육을 정상화하고자 하는 정책 방향을 담고 있습니다.

그러나 일부 대학들이 정시모집에서 수능의 비중을 확대하겠다고 발표하면서 2008학년도 입시에 대한 우려가 나타나고 있습니다. 일부 대학들은 지난 해 국민들과 약속했던 학생부 중심의 입시 방향을 뒤집는 전형계획을 내놓아 학부모와 학생, 일선학교 교사들이 혼란스러워하는 것도 현실입니다.

2008 입시안의 기본 정신은 사교육에 지나치게 의존하는 경쟁적 대학 입시에서 탈피하여 정상적인 고교교육의 과정과 결과를 중심으로 학생을 선발하자는 것입니다. 이는 대입준비를 학교 밖으로부터 학교 안으로 끌어들임으로써 교육의 기본 방향을 바로잡기 위한 것입니다.

2008 입시안이 우리 사회 모두를 만족시키는 것은 아닙니다. 일부에서는

본고사, 고교등급제, 기여입학제를 금지하는 3불제도의 폐지를 요구하고 있습니다. 한편에서는 2008 입시안이 과도한 학습 부담을 유발한다며 '죽음의 트라이앵글'이라고 부르기도 합니다. 그러나, 2008 입시안은 우리 공교육을 정상화시키려는 강한 의지를 담고 있습니다.

국민 여러분,

교육인적자원부는 2008 입시안의 성공적 정착을 위해서는 학생부의 신뢰도를 높이는 것이 필수적이라는 판단에 따라 학업성취도 9등급 표기를 도입했습니다. 그리고 대입전형에서 학생부 활용이 보다 실질적으로 확대되려면 학업성취도 이외의 다양한 정보도 학생부에 포함되어야 합니다.

현재 교육인적자원부에서는 대학 및 고교 관계자들의 여론을 수렴해 학생부 개선 방안을 마련하고 있습니다. 수능시험의 경우, 대학교수 위주 출제가 고교교육과정을 충분히 반영하지 못하고 있다는 지적에 따라 올해부터는 수능 출제위원의 50%를 현직 고교교사로 구성할 계획입니다. 대학별 논술고사도 학교 교육과정을 벗어나지 않는 범위에서 출제되도록 대학들과 지속적으로 협의를 해오고 있습니다. 이러한 교육인적자원부의 정책 방향은 대학입시가 고교교육을 지배하고 왜곡시키는 것을 막아 공교육 정상화를 도모하기 위함입니다.

수험생과 학부모 여러분,

전국 4년제 대학의 2008학년도 입학전형계획에 따르면 전체 모집 정원의 50.2%는 학생부를 위주로 선발됩니다. 반면에 수능을 80% 이상 반영해 뽑는 비율은 전체 모집 정원의 5.9%입니다.

항간에 내신 성적은 제쳐두고 수능만 잘 봐도 대학가는 길이 열렸다고도 하지만, 학교 교육에 충실하지 않은 학생들이 원하는 대학에 입학하는 길은 매우 좁습니다. 교육인적자원부는 학생부를 중시하는 정책 방향을 앞으로도 분명히 견지해 나갈 것입니다.

다만, 일부 대학이 2008학년도 정시모집 선발인원의 최대 50%까지를 수능 성적만으로 뽑겠다고 밝혔습니다. 이는 2008 입시안이 추구하는 학생부 중심 입시를 통한 고교교육 정상화라는 기본 방향에 부합하지 않습니다.

대학입시를 관장하는 고등교육법은 그 시행령에 대학의 장이 입학자를 선발함에 있어서 모든 국민이 능력에 따라 균등하게 교육받을 권리를 보장하고 초중등교육이 교육 본래의 목적에 따라 운영되는 것을 도모하도록 명시하고 있습니다. 이런 법 취지와 2008 입시안의 기본 방향에 비추어 볼 때 수능을 유일한 전형 요소로 확대시켜 가는 것은 바람직하다고 할 수 없습니다.

국민 여러분,

대학 입학 경쟁이 유난히 치열한 우리 사회에서 대학에 대한 기대 수준은 매우 높습니다. 대학의 입학 관리 역시 국가 전체의 교육을 배려해야 하는 사회적 책임으로부터 자유롭다 할 수 없을 것입니다.

이 점에서 일부 대학이 지난해 국민들과 약속했던 것을 어긴 것은 심히 유감스러운 일입니다. 조금이라도 우수한 신입생을 한 명이라도 더 뽑고자 하는 대학의 의도를 이해 못 하는 것은 아니지만, 우수한 인재를 경쟁적으로 고르는 일보다는 선발한 학생들을 우수한 인재로 길러내는 것이 교육자의 진정한 사명일 것입니다.

학부모 여러분, 교육인적자원부는 학생부를 중시하는 입시 정책을 흔들림 없이 추진해 나갈 것입니다. 불안해하지 마시고 자녀들이 학교생활에 성실히 임하도록 지도해 주시기를 부탁드립니다. 학생 여러분, 교육인적자원부는 학교 교육에 충실한 것이 대학입시를 준비하는 최선의 방법이 되도록 정책의 일관성을 유지하겠습니다.

일선학교의 선생님들께서도 2008 입시안의 기본 정신인 공교육 정상화를 위해 더욱 분발해 주십시오. 대학들도 고교교육을 바로잡기 위한 2008 입시가 안정적으로 정착될 수 있도록 세부 계획 마련에 최선을 다해주시길 바랍니다.

2008학년도 대학입시와 관련해 국민 여러분의 이해와 협조를 당부 드립니다.

감사합니다.

2007년 3월 22일
부총리 겸 교육인적자원부 장관 김신일 드림

_대한민국 정책브리핑(www.korea.kr)

김신일 부총리는 교육학을 평생 연구했고 서울대 교육학과 교수로 퇴직했다. 전문성이나 소신에서 3불정책 유지와 공교육 정상화 과제를 매우 중요하게 생각하였다. 2007년 3월 22일에 국민께 서한문을 발송한 후 김신일 부총리는 4월부터 5월까지 약 두 달간 전국 시도교육청을 순회하였다. 여기에서 3불정책과 공교육 정상화에 관한 강연과 간담회를 직접 진행했다.

나는 해당 부서 관계자들과 함께 부총리를 수행하면서 직접 강의 내용을 들을 수 있었다. 주요 강연 내용은 3불정책 유지 필요성, 공교육 정상화와 학생부(내신) 중심 전형의 중요성, 교육의 사회적 책임, 사교육 경감과 교육 신뢰 회복 노력 등이었다. 나는 지금 계속 3불정책이라는 용어를 사용하고 있다. 그러나 김신일 부총리는 '3불'이라는 단어에 부정적인 어감이 있어 3불정책 대신 '대입 3원칙'이라는 말을 사용하는 것이 좋겠다고 말하곤 했다. 전국 순회 강연에서도 '대입 3원칙'이라는 단어를 더 자주 사용했던 걸로 기억한다.

강연에서 특히 기억에 남는 내용은 대학의 입학전형이 고등학교의 교육을 지배해서는 안 된다는 점이었다. 고등학교의 교육은 대학의 입학전형에 맞춰 이루어질 수밖에 없다. 대학 입학전형이 공교육을 비정상적으로 만드는 방식이더라도 고등학교 교육은 그렇게 따라가게 된다는 것이다. 그러면 대학 입학전형에 맞춰 고등학교의 교육은 물론이고 고등학교의 입학전형도 따라가게 되어 중학교 교육에도 영향을 미친다. 결국 대학 입학전형이 고등학교, 중학교, 초등학교의 교육을 지배하게 된다는 논리이다. 매우 설득력 있게 들렸다. 이 내용은 국정을 총괄하는 청와대 공무원도 들을 필요가 있다는 생각이 들어 직접 문재인 비서실장에게 의견을 전달한 바 있다. 이후에 부총리가 직접 청와대로 가서 강의를 했는데, 강의 후 몇몇 비서관들이 추가 질문하는 모습도 기억에 있다.

대학입시제도 및 전형에 관한 정부와 대학 간의 합의

대학입시제도 및 전형을 둘러싼 정부와 대학 간의 입장 대립이 길어지고 그로 인해 수험생과 학부모의 불안감이 높아지고 있었다. 그런 불안을 해소하기 위해 정부와 대학 대표인 대학교육협의회(대교협)와의 물밑 작업은 계속되었다. 정부와 대교협 모두 이러한 상황이 지속되는 걸 원치 않았지만 서로 양보할 수 있는 정도에서는 간극을 좁히기가 생각보다 쉽지 않았다. 몇 주간의 논의 끝에 극적으로 김신일 부총리를 포함한 교육인적자원자원부 대표 5인과 이장무 서울대 총장을 포함한 한국대학교육협의회 대표 5인이 7월 4일 아침에 만나기로 했다. 나도 교육인적자원부 대표 5인 중 한 명으로 참여하였다. 국민의 관심을 반영하여 7월 4일 아침 서울가든호텔은 방송 언론사 기자들로 가득 차 있었다. 별도의 룸에서 이루어진 협의에서 대표단 사이의 이견을 조정하는 것이 쉽지 않았지만 때로는 문구 하나하나까지 이견과 조율을 반복하면서 마침내 합의에 이르렀다. 합의문 내용은 다음과 같다.

교육인적자원부–한국대학교육협의회 회장단 공동 발표문

교육인적자원부와 한국대학교육협의회는 대입전형과 관련한 논란의 조속한 해결을 위하여 만났다.

정부는 대학의 자율성을 보장하기 위해 노력하며, 대학은 사회적 책무성을 다하도록 노력한다.

학생부 중심의 2008 대입제도의 원칙을 재확인했다. 수시모집의 경우, 많은 대학들이 이미 학생부 중심으로 전형을 실시해 왔다. 정시모집에서도 학생부 반영 비율을 사회가 납득할 만한 수준에서 단계적으로 확대해 나가도록 상호 노력한다.

2007. 7. 4.

부총리 겸 교육인적자원부 장관, 한국대학교육협의회 회장단

_대한민국 정책브리핑, 2007.07.04.

합의문 내용을 보면 정부와 대학의 역할을 명시하고, 내신 반영 비율을 단계적으로 확대하는 것으로 되어 있다. 구체적 수치까지는 합의할 상황이 아니었다. 그럼에도 불구하고 대학입시제도와 전형에 관해 정부와 대학 측이 한자리에 모여 머리를 맞대고 논의하고 합의를 이끈 것은 나름 의미 있었던 일이라 판단된다.

2007년 초에 있었던 대학입시제도 및 전형 관련 교육부와 대학 측의 갈등 과정에서 교육부가 가장 고민스러웠던 부분은 입시를 바로 앞에 두고 있는 학생과 학부모의 불안감이었다. 부총리의 대국민 서한문 역시 이들의 불안감을 최대한 줄이려는 목적이 가장 컸다고 할 수 있다. 당시 김신일 부총리가 안타까워했던 것 중 하나는 이렇게 중요한 대학입시전형이 시험을 얼마 남겨 두지 않은 시점에 발표된다는 점이었다. 그해 수험생들에게 시험을 얼마 남겨 두지 않은 시점에 입시전형을 바뀔 수 있다는 것은 수험생들의 입장을 전혀 고려하지 않은 전형적인 대학 중심의 사고였다. 2007년 3불정책과 공교육 정상화 논쟁이 치열했고 그로 인해 수험생과 학부모들이 불안해했던 것도 대학입시전형을 직전에 변경될 가능성이 있었기 때문이었다.

그래서 만들어진 것이 '대입 3년 예고제'였다. '대입 3년 예고제'는 대학입시제도가 수험생과 학부모의 예측 가능성을 높이고 입시 준비를 충분히 할 수 있도록 입시에 관한 중요한 정책과 내용을 최소한 3년 전에 미리 고지하도록 한 제도이다. 이 제도는 2013년 10월 '대입전형 간소화 및 대입제도 발전방안'을 통해 도입되었다. 그렇지만 도입의 필요성을 가장 강하게 느끼고 준비한 출발 시점은 2007년 김신일 부총리 재직 때였다. 김신일 부총리가 교육부 내부 회의에서 수시로 이 점을 강조했던 기억이 난다.

대학입시제도의 쟁점

어느 나라든 교육이 중요하지 않은 나라가 없지만, 우리만큼 교육의 영향력이 큰 나라는 찾기가 쉽지 않다. 국가 차원에서 물적 자원이 부족한 것을 근거로 국제경쟁에서 생존하기 위해 인적자원 투자를 매우 중요하게 생각했다. 개인 차원에서는 교육이 경제적, 사회적 지위를 상승시키는 데 특히 중요했다. 즉 국가적으로나 개인적으로나 교육의 투자 수익률은 매우 높았다. 그래서 정부에서는 인력 양성에 많은 투자를 했고 부모는 자녀 교육을 위해 많은 걸 바쳤다. 입시설명회 자리는 늘 만원이었고, 자녀 교육에 조금이라도 도움되는 얘기가 나오면 귀를 쫑긋 세웠다. 그러니 국민 다수가 교육전문가로 되지 않을 수 있겠는가.

교육은 소득, 결혼, 사회적 신분을 결정하는 핵심적 요소이다. 그리고 전 생애 교육기간에 걸쳐 가장 중요한 시기는 대학입시 때다. 모든 교육은 이 시점에 맞춰 있고 학부모와 학생의 관심도 결국은 이 지점에 모인다. 어느 대학을 졸업했는지가 이후 직장 및 배우자 선택에 매우 중요하고 결국 이후 삶의 질을 결정하는 가장 중요한 요소라 할 수 있다. 어떻게 하면 더 좋은 대학에 들어갈 수 있는지에 모든 가족이 사활을 걸고 있다고 해도 과언이 아니다.

그래서 우리는 대학입시제도의 내용에, 그리고 가고자 하는(혹은 보내고자 하는) 대학의 입학전형에 관심을 집중한다. 입시제도의 내용과 입학전형은 시대적 환경 변화와 국가 및 대학의 향후 방향에 따라 변경된다. 여기에 대응하여 수험생과 학부모의 입시전략이 마련된다. 그런 점에서 대학입시제도와 대학입시전형 내용은 매우 중요하다. 특히 대학별 입시전형도 결국은 정부의 대학입시제도의 틀 내에서 일정한 자율성을 가지고 결정되기 때문에 대학입시제도의 변화가 핵심이다.

대학입시제도를 설계할 때 고려되어야 할 요소는 공정성, 안정성, 수월성, 형평성 등이다. 공정성은 어떤 대학입시제도에서도 반드시 확보해야 할 요소이다. 수월성과 형평성 역시 매우 중요한 요소들이다. 2023년 12월에 발표된 '2028년 대학입시제도 개편 확정안'에서 과목과 점수의 유불리 해소를 위해 선택과목제를 폐지하는 통합형 수능으로 개편한 것은 수능의 공정성 확보 방안이라고 볼 수 있다. 대학입시제도 개편에서 공정성 제고 방안은 반드시 포함되어야 할 요소이다. 또한 대학입시제도의 개편이 필요하더라도 수험생과 학부모를 너무 불안하게 변경하는 것을 지양하고 안정성을 염두에 두면서 추진해야 한다.

한편 수월성과 형평성은 때로는 함께 움직이기도 하고 때로는 반대로 움직이기도 한다. 하나를 강조하면 다른 하나는 그만큼 잃어버려야 하는 경우가 더 일반적이다. 이른바 상충관계(trade-off)에 있다. 정부에 따라 입시제도의 수월성과 형평성 간의 중요도 차이가 존재할 수 있다. 단순화해서 정리한다면, 정부의 성격에 관계 없이 수월성과 형평성 모두 반영하긴 하지만 진보 정부보다 보수 정부가 수월성에 더욱 강한 방점을 두는 경향이 있는 건 분명하다.

그동안 우리의 대학입시제도는 많은 변화를 겪어 왔다. 학력고사에서 수능이 처음 도입된 1994학년도에는 수능이 두 번 실시되기도 했다. 1995학년도에 본고사가 부활되었고, 1997학년도에는 수시모집 제도가 도입되었다. 2008학년도에는 내신 9등급제 상대평가 도입, 2013학년도 수시모집 지원 횟수 6회 제한이 있었다. 2018학년도 영어 절대평가 도입, 2023학년도 주요 16개 대학 정시모집 비율 40% 권고와 비수도권 의약계열 지역인재 선발 비율 40% 의무가 도입되었다. 2024학년도에는 자기소개서 폐지와 학생부 내용 간소화(수상경력, 봉사활동, 독서활동 등 미반영)가 있었다. 2028학년도 대학입시제도 개편안에는 내신 5등급제 개편과 국어, 수학, 사회·과학탐구, 직업탐구 영역에서의 선택과목제 폐지 등이 포함되었다. 그동안 많은 변화가 있었다.

내신 부분만 보더라도 여러 번 바뀌었다. 1970년대까지는 고교 성적을 대학입시에 반영하지 않았다. 1980년에 내신을 전격 반영하는 것으로 결정되면서 이후 10등급, 15등급이라는 상대평가 방식으로 도입되었다. 1995년 5.31 교육개혁안에 따라 학교생활기록부가 등장하고 내신 성적을 절대평가로 했다. 성적 부풀리기 현상이 발생하고 성적 산출에서의 공정성 문제가 제기되면서 다시 9등급제에 의한 상대평가로 변경되기도 했다. 그리고 2023년에 발표된 2028 대입제도 개편안에는 기존의 내신 9등급제를 5등급제로 변경하는 것으로 확정되었다.

[표 2-1] 2028학년도 수능 개편 확정안

영역		현행 (~2027 수능)	개편안 (2028 수능~)
국어		공통 + 2과목 중 택 1 • 공통 : 독서, 문학 • 선택 : 화법과 작문, 언어와 매체	공통 (화법과 언어, 독서와 작문, 문학)
수학		공통 + 3과목 중 택 1 • 공통 : 수학Ⅰ, 수학Ⅱ • 선택 : 확률과 통계, 미적분, 기하	공통 (대수, 미적분Ⅰ, 확률과 통계)
영어		공통 (영어Ⅰ, 영어Ⅱ)	공통 (영어Ⅰ, 영어Ⅱ)
한국사		공통 (한국사)	공통 (한국사)
탐구	사회·과학	17과목 중 최대 택 2 • 사회 : 9과목 한국지리, 세계지리, 세계사, 동아시아사, 경제, 정치와 법, 사회·문화, 생활과 윤리, 윤리와 사상 • 과학 : 8과목 물리학Ⅰ, 화학Ⅰ, 생명과학Ⅰ, 지구과학Ⅰ, 물리학Ⅱ, 화학Ⅱ, 생명과학Ⅱ, 지구과학Ⅱ	• 사회 : 공통 (통합사회) • 과학 : 공통 (통합과학)
	직업	1과목 : 5과목 중 택1 2과목 : 공통+[1과목] • 공통 : 성공적인 직업생활 • 선택 : 농업 기초 기술, 공업 일반, 상업 경제, 수산·해운 산업 기초, 인간 발달	• 직업 : 공통 (성공적인 직업생활)
제2외국어/한문		9과목 중 택1 • 제2외국어/한문 : 9과목 독일어Ⅰ, 프랑스어Ⅰ, 스페인어Ⅰ, 중국어Ⅰ, 일본어Ⅰ, 러시아어Ⅰ, 아랍어Ⅰ, 베트남어Ⅰ, 한문Ⅰ	9과목 중 택1 • 제2외국어/한문 : 9과목 독일어, 프랑스어, 스페인어, 중국어, 일본어, 러시아어, 아랍어, 베트남어, 한문

주: 음영 표기는 "절대 평가" 적용 영역

자료: 교육부(2023.12.27.), 「미래 사회를 대비하는 2028 대학입시제도 개편 확정안」, p.4.

최근 몇 년간과 지난 수십 년간의 대학입시제도 변화에서 나타난 중요한 쟁점들은 다음과 같다. 내신과 수능 중 어느 것을 더 중요하게 할 것인지, 수시와 정시 비율은 어떻게 할 것인지, 내신과 수능 성적을 절대평가로 할 것인지 상대평가로 할 것인지 등이다. 이러한 대학입시제도 변경의 근간에는 늘 공정성, 안정성, 수월성, 형평성 문제가 자리하고 있다. 특히 수월성과 형평성 간의 균형을 어떻게 잡는가의 문제가 중요하다. 입장에 따라 차이가 있기 때문에 모두가 동의하는 합의안을 만들기가 사실상 불가능하다. 그래서 대학입시제도는 손댈 때마다 사회적 논란을 불러일으킬 수밖에 없는 사안이라 정부로서는 대학입시제도 변경을 매우 부담스럽게 생각한다.

내신의 평가제도: 절대평가와 상대평가

내신 성적을 몇 등급으로 나누냐에 따라서 수월성과 형평성 사이에 충돌이 생길 수 있다. 내신 등급을 세부적으로 나눌수록 상위권 학생들이 좀 더 수월성이 있다는 걸 확인할 수 있다. 그러나 세분화할수록 학생들 사이 경쟁이 치열해지고, 공교육 정상화에 방해가 될 수 있다. 결국 내신 등급 방식은 수월성과 형평성 간의 충돌을 불러온다. 대학입시제도를 보면, 내신 등급이 너무 세분화되었을 때, 예컨대 15등급 체제였을 땐 학교 내 경쟁이 너무 치열해져서 사회적으로도 문제가 되곤 했다. 그렇다고 해서 등급을 너무 적게 나누면 내신의 영향이 떨어져 입시에서 내신이 무력화되고 학교 교육이 비정상적으로 진행될 위험이 높다.

그래서 내신을 절대평가 방식으로, 예를 들어 90점 이상은 수, 80점대는 우처럼 절대점수 기준으로 평가하는 방식도 실시되기도 했다. 이렇게 절대평가를 도입하면 학생들 간의 경쟁이 어느 정도 완화되긴 한다. 그러나 이 방식은 교사들이 학생 점수를 높게 줘야 한다는 압박에 시달리게 만든다. 학생들이 높은 내신을 받을수록 대학 입시에 유리하니까, 교사 입장에서는 점수를 후하게 주려는 유혹에 빠질 수밖에 없다. 그리고 절대평가를 하면서도 1등급이 아니라 2등급, 3등급 학생 수가 많아지면 학부모들은 가만 있지 않으려 할 것이다. 이런 이유로 절대평가를 하게 되면 교사나 학교는 학생들 등급을 높게 줄 수밖에 없는 상황에 놓인다. 그렇게 되면 내신의 변별력이 약해지고, 대학 입장에서는 입시 전형에 내신 대신 변별력 있는 다른 방법을 찾게 된다. 결국 내신 반영 비율을 낮출 수밖에 없고, 그러면 또 내신 무용론이 나온다.

이처럼 내신을 상대평가로 할지, 절대평가로 할지, 그리고 상대평가로 한다면 등급을 몇 개로 나눌지는 입시에 큰 영향을 미치게 된다. 이런 이유로 어떤 쪽은 수월성을 강조하면서 상대평가와 등급 세분화를 주장한다. 그 반대쪽은 형평성을 강조하며 절대평가나 등급 최소화를 주장하게 된다. 수월성을 강조하면 사교육이 늘고, 경제적으로 유리한 계층이 더 유리해지는 결과를 만들어 낼 가능성이 높다. 형평성을 강조하는 쪽은 등급을 10등급, 15등급으로 나누는 것보다 더 적게 하자고 주장한다.

이런 갈등은 고등학교와 대학 사이, 더 나아가 사회 전체적으로도 충돌을 일으킨다. 대학 입시제도나 전형 방식은 단지 학생과 학부모 사이 문제를 넘어서 사회 전체의 문제로 확대된다. 그래서 어느 정부에서든 입시제도 개편은 매우 중요하면서도 부담스러운 일이다. 한국에서 절대평가를 했을 때 교사들은 학생들에게 1등급을 많이 줬고, 이는 제자를 사랑하는 마음이 그렇게 표현된 결과라고 볼 수 있다. 그래서 대학에서는 내신을 신뢰하기 어려워했고, 결국 내신은 다시 상대평가로 바뀌었다.

내신을 9등급으로 나누어 활용된 시기가 가장 길었는데, 이 경우 특목고 학생들이 불리해지는 문제가 생겼다. 우수한 학생들이 모여 있는 특목고에서도 내신 성적을 1등급부터 9등급까지 나눠야 하기 때문이다. 그러면 예컨대 특목고의 5등급 학생이 어느 일반고에 가면 1~2등급이 될 수도 있다. 물론 항상 그런 건 아니지만, 확률적으로는 그럴 가능성이 높다. 그래서 특목고가 내신 상대평가에 불리하다는 주장이 나오고, 이로 인해 일반고와 특목고 학생 및 학부모들의 갈등이 생긴다. 그리고 대학 입장에서는 조금이라도 우수한 학생을 뽑고 싶은 생각이 앞서 고등학교별로 등급을 매기고 싶은 유혹에 빠질 수 있다. 예컨대 특목고의 내신 3등급을 일반고의 내신 1등급과 같도록 계산하는 식이다. 이처럼 내신 상대평가를 무력화하려는 유혹은 결국 고교 등급제라는 논란으로 이어진다. 실제로 고등학교 자체를 등급으로 나눴거나 나누려는 대학들이 있다는 얘기도 있었다. 그래서 정부는 학교를 신분제처럼 등급으로 나누는 것을 인정하지 않았으며 고교 등급제를 금지했다. 결국 대학 입시 전형에서 이런 충돌은 항상 있었고, 정부의 성격에 따라 강조점이 달라지며 입시제도도 달라졌다. 정부가 대학의 입시 전형에 대해 어떤 입장을 가지는가를 보면 정부 성격을 나름 판단할 수 있다.

　정부 입장에서 보면 대학 입시제도 개편이 매우 부담스러울 것이다. 그러나 가만히 있을 경우 지금보다 상황이 더욱 악화될 가능성이 있다고 생각한다면 이를 방지하거나 완화할 수 있는 정책을 마련해야 한다. 물론 이러한 정책을 쓴다고 하더라도 입시제도 안정성을 지나치게 훼손해서는 안 된다. 수월성 중심으로 흐르고 있는 지금의 분위기 속에서 안정성을 일정 부분 유지하면서 형평성을 좀 더 강조하는 정책이 필요하다고 본다. 지금은 특히 교육에서 수월성과 형평성 간의 균형을 잡기 위해 형평성을 보다 강조해야 할 시점이다.

제3장

정권 교체와 고교 체제의 변화: 수월성과 형평성 간의 균형 잡기

1. 특목고 운영방식에 대한 노무현 대통령의 우려

안현효　그럼 1년 계시는 동안 3불정책이 가장 인상에 남고 나름 보람된 거라고 볼 수 있겠네요. 그럼 아쉬운 부분은 어떤 것이 있습니까?

류장수　제가 교육부에 갔을 때는 사실 노무현 정부는 1년밖에 남지 않았습니다. 이른바 레임덕(lame duck)이 심했을 때인데, 교육 영역에서도 그런 모습이 많이 보였습니다. 2007년에 3불정책, 로스쿨 선정 건 외에도 특목고 문제 등 교육 이슈가 계속 터졌어요. 당시 노무현 대통령은 임기 마지막 해인데도 불구하고, 교육 이슈 해결을 위해 상당히 노력하신 걸로 기억합니다. (중략)

노무현 대통령의 교육에 관한 관심을 얘기를 하니 정책보좌관 임기 중간 시점이었던 2007년 늦여름 때의 일이 기억납니다. 이 일에 대해서는 이후에 신문 칼럼에서도 한두 번 쓴 적이 있습니다. 교육부에서 정신없이 일하는 중에 하루 휴가를 내고 제주도에 갔던 적이 있습니다. 부산에 있을 때 함께했던 모임이 제주에서 워크숍을 갖게 되었거든요. 모처럼 가벼운 마음으로 김포공항에서 비행기를 타고 제주로 향했지요. 그런데 제주공항에 도착하고 휴대폰을 켜보니 제 휴대폰에 전화가 엄청나게 와 있었어요. 느낌이 좋지 않았죠. 무슨 긴급한 일이 생겼구나 싶어 걱정이 됐어요.

휴대폰을 켜고 조금 있으니까 전화벨이 울렸어요. 당시 교육부총리 비서실장이었는데, 긴급사항이 생겨 교육부로 바로 와야 할 것 같다고 하더군요. 꼭 가야 할 상황인지 재확인했지요. 모처럼 휴가를 얻어 제주까지 왔는데, 그냥 가기는 어렵지 않겠습니까? 그런데 수십 년 공무원 생활을 했던 분의 판단으론 빨리 와야 할 것 같다는 답변이 돌아왔습니다. 특목고가 원래 목적대로 운영되지 않고 입시 기관화가 되었다는 부분을 대통령이 어디서 보고를 받으셨는지 교육부에 대안 마련을 지시하신 것 같아요. 그때 전화한 비서실장이 현재 교육부의 박백범 차관입니다. 그래서 제주도 땅에 발이 닿자마자 만났던 일행들에게 '지금 서울 갈 일이 생겼다' 그렇게 인사를 하고 바로 서울로 갔지요. 그때부터 몇 달간 특목고 대책 마련을 위해 당시 서남수 차관과 TF(task force, 특별기획팀) 팀원들이 매일 아침마다 회의를 했죠.

그때 회의 자료에 나온 데이터를 보고 깜짝 놀란 게 많았어요. 전부 대외비라서 우리도 데이터를 두고 나왔는데 데이터를 보니 몇 개 특목고가 한국의 사법고시를 포함해서 고시의 상당 부분 차지하고 있는 등 앞으로 특목고 졸업생들이 한국의 입법, 사법, 행정 영역을 휩쓸겠구나 하는 생각이 들었어요. 이전의 명문고들이 한국 사회를 주도했던 것보다 더 심각한 정도였어요.

안현효　　새로운 학벌의 출현이라고 할 수 있겠군요.

류장수　　특목고들이 원래 설립 목적대로 운영되어야 하는데 설립 목적과 달리 인기 학과인 의대 쪽으로 적지 않게 가는 등 결국 특목고가 입시기관화, 어떻게 보면 일반고와 다르게 특별하게 관리되는 고등학교가 되어버린 거죠.

제가 아쉽게 생각했던 점은 당시가 정부 말기였다는 점입니다. 다음 대선이 몇 달밖에 안 남았는데, 해결할 수 있는 상황이 아니었습니다. 11년이 지났지만 그때 논의됐던 자료를 찾아서 이해관계자들이 전부 리뷰할 필요가 있습니다. 그사이에 일부 바뀐 부분들이 있지만 당시 거의 매일 아침 회의에서 제기된 문제점과 개선방안이 여전히 중요합니다. 당시에는 대통령의 임기 끝부분이라 우리가 뭘 할 수 있는 게 없었어요. 그다음에 정권 교체가 되었기 때문에 특목고를 원래 설립목적에 맞게 운영하게 하려던 노력은 단절되었습니다.

_류장수(2019), 『대학과 청년』, 산지니, pp.24~27.

어느 정부이든 특목고는 교육정책에서 중요한 아젠다로 올려졌던 정책대상이다. 보수 정부는 교육의 자율화란 이름하에 특목고에 유리한 정책을 실시했다. 진보 정부는 공교육의 정상화와 형평성을 강조하면서 특목고에 엄격한 잣대를 대었다. 내가 장관 정책보좌관으로 있었던 2007년은 노무현 정부의 마지막 시기라 강력한 정책을 시행하기 어려웠다. 그렇지만 노무현 대통령은 2007년, 그것도 그해의 중후반 시점에 특목고들이 원래 설립 목적대로 운영되도록 방안을 마련하라고 교육부에 지시했다. 그렇게 해서 만들어진 것이 2007년 10월 29일에 교육부에서 발표한 「수월성 제고를 위한 고등학교 운영 개선 및 체제 개편 방안」이었다.

2. 「수월성 제고를 위한 고등학교 운영 개선 및 체제 개편 방안」의 배경과 주요 내용

교육부는 「수월성 제고를 위한 고등학교 운영 개선 및 체제 개편 방안」을 2007년 10월 29일에 시·도교육감 회의에서 논의했다. 그리고 향후 시·도교육청 차원의 적극적 협조와 공동의 노력을 당부하였다. 이 자료는 현황 및 문제점, 비전 및 정책과제, 일반 고교 교육의 수월성 제고 추진계획, 특목고 운영 정상화 추진계획, 고교 체제 개편 및 고교 교육 혁신 종합대책 수립, 향후 추진일정으로 구성되어 있다. 이 자료에는 당시 상황을 압축적으로 담고 있을 뿐만 아니라 지금 시점에서도 주목해야 할 부분이 적지 않아 주요 내용을 검토할 가치가 있다. 이 자료에 담긴 주요 내용을 요약 정리하면 아래와 같다.[11]

추진 배경

우리나라 중등교육은 1974년 고교 평준화 정책이 도입된 이후, 교육의 형평성과 수월성의 조화를 추구하는 기조를 유지해왔다. 초등학교와 중학교의 근거리 배정 방식은 전 세계 공교육 시스템에서 보편적인 형태이며, 한국은 학생들의 학교 선택권 확대를 지향하면서 발전해왔다. 2006년 4월 기준으로 일반계 고등학교는 1,321개교가 있고, 이 중 60.2%는 평준화 지역에, 39.8%는 비평준화 지역에 있다. 전체 일반계 고등학생 중 74.3%는 평준화 지역에 재학 중이다.

고교 평준화 정책은 긍정적인 효과를 가져왔다는 사실이 실증적으로 확인되었다. 정부의 투자를 통해 전반적인 교육 여건이 향상되었고, 도농 간, 학교 간의 교육 격차가 완화되었다. 고등학교 교육 접근성도 높아져서 25~34세 청년층의 97%가 고등학교 교육을 이수하게 되었고, 이는 OECD 최고 수준이다. 또한 평준화 이전의 명문고 중심 학벌주의를 완화하는 데 기여했다. 사법고시·외무고시·행정고시 합격자를 배출한 고등학교 수가 크게 증가했다. 한편, 일부에서 제기된 '하향 평준화' 주장은 실증 연구를 통해 사실이 아님이 밝혀졌다. 평준화 지역이 학생들의 정의적 성장에 유리하다는 결과도 있었다. 국제학업성취도평가(PISA 2003)에서도 한국 학생들의 평균 학업 성취 수준은 세계 최고 수준을 기록했다.

평준화의 틀 안에서도 수월성 교육을 위한 제도 보완이 지속적으로 추진되었다. 고교 교육 성과를 높이기 위해 영재학교, 특성화고, 특목고(과학고, 외국어고, 국제고 등) 같은 유형이 확대 도입되었다. 학교 내에서는 수준별 이동 수업 확대와 선지원 후추첨제 도입 등을 통해 학생의 선택권도 넓어졌다. 하지만 일부 특목고는 평준화의 근간을 흔드는 문제를 일으켰다. 외국어고 등 일부 특목고는 본래의 전문 인력 양성 목적과 달리 입시 전문 학원으로 변질되었다. 이로 인해 고교 평준화 정책의 기반이 위협받는 수준에 이르렀다. 이는 대학 입시와 중등 교육 전반에 부정적인 영향을 주었다. 대학들이 학생부 반영 비율을 줄이거나 고교 등급제를 둘러싼 논란이 생긴 것도 특목고 학생 유치 경쟁에서 비롯된 것으로 분석된다.

특목고가 우수 학생을 독점하는 현상은 다시 평준화 이전으로 돌아가는 결과를 초래할 수 있다. 이는 배타적인 사회 계층 형성으로 이어질 수 있다는 우려를 낳는다. 또한, 특목고의 왜곡된 학생 선발 방식은 중학교 교육에 큰 충격을 주어 과도한 선행학습을 유발하고 있다. 따라서 특목고 정책 전반에 대한 재검토가 시급하다. 2001년부터 지방으로 이양된 특목고 지정 고시 권한으로 인해 수도권을 중심으로 특목고가 무분별하게 신설되고 있어 국가 수준에서의 지도와 감독이 필요하다.

수월성 교육 현황과 현행 수월성 교육의 문제점

2007년 4월 기준으로 전국 고등학교는 총 2,218개교이며 일반계고, 전문계고, 방송통신고 등이 있다. 특목고는 9개 계열로 총 129개교가 운영 중이고, 이는 전체 고교의 6.0%, 전체 고교생의 4.2%를 차지한다. 이 중 과학고, 외국어고, 국제고는 일반계고에 비해 학교 수는 3.4%, 학생 수는 2.1%를 차지한다.

영재학교는 2007년 4월 현재 한국과학영재학교 1개교만 운영되고 있다. 특성화고는 직업교육 분야에 130개교, 대안교육 분야에 21개교가 있다. 고등학교 내 수월성 교육 프로그램으로는 수준별 이동 수업(전체 고교의 64.9%에서 실시), 조기 진급 · 졸업(995명), 대

[그림 3-1] 특성화고, 특목고, 영재학교 현황(2007년 10월 현재)

【특성화고】	【특목고】	【영재학교】
직업교육 (130개교, 48,852명)	공·농·수산·해양계열 (40개교, 29,566명)	
	과학고 (19개교, 3,274명)	한국과학영재학교 (1개교, 427명)
	외국어고 (29개교, 23,776명)	
	국제고 (2개교, 650명)	
	예술고 (24개교, 15,804명)	
	체육고 (15개교, 3,601명)	
대안교육 (21개교, 2,154명)		
〈초·중등교육법 시행령〉	〈초·중등교육법 시행령〉	〈영재교육진흥법〉

자료: 교육인적자원부(2007.10.29.),
「수월성 제고를 위한 고등학교 운영 개선 및 체제 개편 방안」, p.3.

학 과목 선이수제(AP, 1,271명 참여, 1,105명 이수), 고교 단계 영재학급(68개 학급 1,242명), 영재 교육원(60개소 716명) 등이 있다. '수월성 교육'은 영재 교육, 특목고 교육, 일반계고의 수준별 수업 등 특별 프로그램까지 포괄하는 개념이다.

현재 고등학교의 수월성 교육은 명문대 입시 준비 교육으로 인식되고 있다. 이는 명문대 진학이 사회적 성공의 수단으로 여겨지면서 교육 본래의 목적이 왜곡된 결과다.

일반고의 수월성 교육 프로그램이 부족해서 특목고 진학이 주요 해결책이라는 인식이 퍼져 있다. 특히 외국어고의 설립 목적이었던 ‘어학 영재’ 개념은 학계에서도 부정적이며, 해외에서도 유사한 사례를 찾아보기 어렵다.

설립 취지에 맞지 않는 특목고의 학생 선발 방식도 심각한 문제로 지적된다. 중학교 교육과정을 넘는 선행학습을 요구하는 입학 전형은 과도한 사교육을 유발한다. 외국어고의 구술 면접고사에서 지필 평가나 수리형 문제가 출제되는 사례도 있다. 또한 부모의 사회·경제적 지위가 특목고 입시에 영향을 미치면서, 졸업생들이 배타적인 집단을 형성할 수 있다는 우려도 크다. 전공 적성보다는 교과 성적이 우수한 학생을 선점하는 특차 전형은 특목고 설립 취지에 맞지 않으며, 불공정한 경쟁을 유발한다.

외국어고는 설립 목적과 달리 대학 전공 선택과의 연계가 부족하다. 외국어고 졸업생 중 어문계로 진학한 비율은 25%에 불과하지만, 과학고 졸업생은 80% 이상이 이공계열로 진학하고 있다. 외국어고는 본래의 설립 목적을 제대로 달성하지 못하고 있다고 할 수 있다. 또한 다양한 분야의 영재 교육이 부족하다는 점도 문제다. 현행 법령상으로는 분야별 영재학교 운영이 가능하지만, 실제로는 과학 분야에만 한정되어 있다. 다양한 분야의 영재 교육 기관 신설이 필요하다. 영재성을 객관적으로 판별하는 기준이 부족해서 학업 성적 위주로만 영재를 선발하는 한계도 있다.

특목고별로 특화된 교육과정 운영도 부족하다. 공업·농업·수산·해양 계열 특목고는 직업교육 특성화고와 구분이 모호하다.

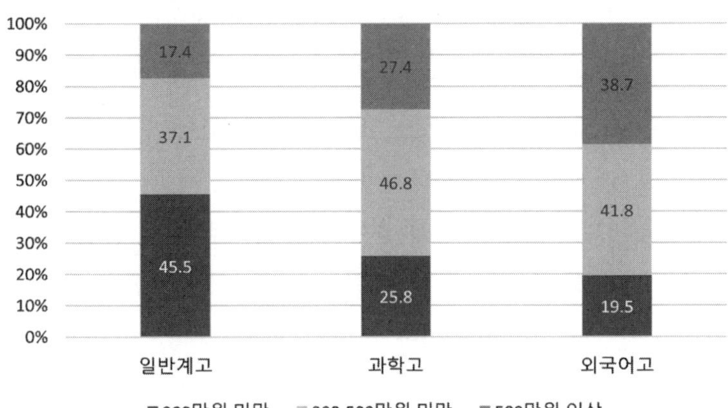

[그림 3-2] 학교별 학생배경 차이: 가정의 월평균 수입(단위: %)

자료: 교육인적자원부(2007.10.29.), 「수월성 제고를 위한 고등학교 운영 개선 및 체제 개편 방안」 질의 · 응답 자료, p.8의 표를 활용하여 그림으로 작성

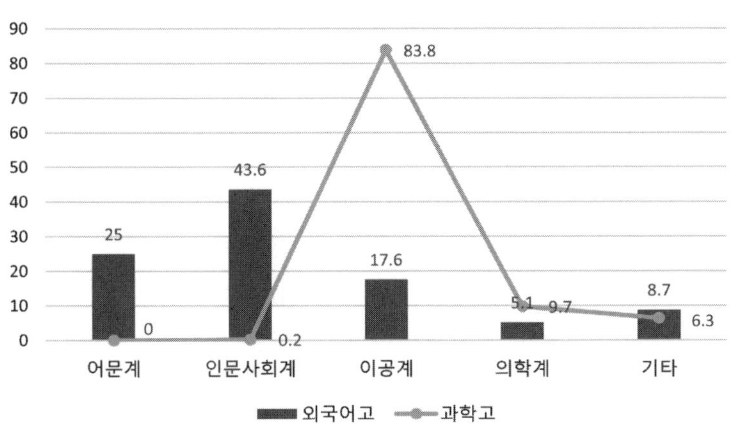

[그림 3-3] 외국어고 및 과학고 졸업생의 대학 진학 현황(2006년, 단위: %)

자료: 교육인적자원부(2007.10.29.), 「수월성 제고를 위한 고등학교 운영 개선 및 체제 개편 방안」 질의 · 응답 자료, p.4의 표를 활용하여 그림으로 작성

과학고는 과학영재학교와의 역할 구분이 불명확하다. 3학년 학생들은 대입 준비로 인해 심화 학습이 어려운 상황이다. 외국어고는 설립 목적과 달리 자연계 과정, 의대 준비반을 운영하는 등 편법적인 교육과정 사례가 많다. 영문성적 발급 시 성적, 등급표기 부정 변경 같은 문제도 있다. 예술고와 체육고는 입시 대비 테크닉 위주의 교육에 치중하면서 영재 양성과 인성 교육이 부족하다. 특히 예술고는 교육비가 과도해 저소득층 학생들의 입학 장벽이 높다.

특목고의 설립·운영에 대한 지도·감독도 부족하다. 시도별로 무분별한 특목고 설립 요구가 증가하고 있지만, 설립 요건과 절차에 대한 규정이 미비하고 지도·감독도 부실하다. 일부 외국어고는 과대 학교 및 과밀 학급을 운영하면서 정상적인 외국어 교육이 어려운 상황이다. 고등학교 유형이 체계화되지 않았고, 관련 법령도 미비하다는 점도 지적된다. 단기적인 정책 필요에 따라 다양한 계열과 유형의 고등학교가 혼재해 있어서, 일관성 있는 학교 체계 관리와 이해가 어렵다.

비전 및 정책 과제

고등학교 교육의 비전은 형평성과 수월성의 조화에 두고 있다. 이를 실현하기 위해 고교 체제를 개편하고 고교 교육 혁신 종합 대책을 수립할 계획이다. 고등학교의 수월성 제고는 2008년부터 추진된다. 특목고 운영 정상화는 2007년부터 즉시 시행된다. 고등학교 체제 개편은 2008년부터 2018년까지 단계적으로 진행되며, 2008년 6월에 최종 확정할 예정이다.

일반 고교 교육의 수월성 제고 추진 계획

2008학년도부터는 현행 제도의 기본 틀을 유지하면서 일반 고등학교의 수월성 교육을 획기적으로 개선할 계획이다. 모든 고교에서 학년당 2과목 이상에 대해 과목별로 3~4단계의 수준별 학급을 편성하고 운영할 예정이다. 이를 통해 학생과 학부모의 요구에 맞춘 수업을 실현하고자 한다. 이를 위해 추가 학급 편성과 강사료 지원을 확대하고, 수준별 수업 교재 개발과 교원 연수를 강화한다. 우수 사례에 대해서는 인센티브를 제공할 계획이다. 방과후 학교에서는 교과별 심화 학습을 위한 특성화 과정을 운영하고, 학생 수준에 맞는 학급 편성을 확대한다. '무학년제 수준별 방과후 학교' 운영을 적극 장려할 예정이다.

2010년부터 평준화 지역에 '선지원 후추첨제'를 전국적으로 확대하면서, 학교 간 선의의 경쟁 체제를 구축할 계획이다. 학교마다 특성화된 심화 교육과정이 학생과 학부모가 학교를 선택하는 핵심 기준이 되도록 유도한다. 지원 상황을 반영해 학급 수와 학생 정원을 조정할 것이다. 비선호 학교에 대해서는 모니터링을 강화하고, 지원을 확대해 교육력을 높일 계획이다. EBS 영어 교육 방송 프로그램을 활용해 학교 수업과 자율 학습을 지원하고, 인터넷 기반(IBT)의 쓰기·말하기 첨삭 서비스를 제공해 영어 학습 효과를 높일 계획이다. 또한 중국어, 일본어 등 제2외국어 학습 프로그램도 개발해 인터넷에 탑재할 예정이다.

특목고 운영 정상화 추진 계획

현행 제도의 기본 틀 안에서 특목고의 운영상 문제를 해결하고, 특목고가 본래의 설립 취지에 맞게 운영되도록 우선 개선 방안을 추진할 계획이다. 교육과정 운영 및 교육 여건 개선, 학생 선발 제도 개선 등이 무엇보다 필요하다.

외국어고의 자연계 과정, 의대 준비반 등 설립 목적과 맞지 않는 편법적인 교육과정 운영은 엄격히 제한한다. 교육과정 운영에 대해 수시 점검과 상시 지도를 강화한다. 지도·감독 실적은 시도 교육청 평가에 반영할 계획이다. 2009학년도부터는 외국어고와 국제고의 신입생 정원을 일반계고의 학급 규모 이하로 감축한다. 중장기적으로 학급당 학생 수를 25명 이하로 조정해 수월성 교육을 유도할 계획이다. 과대 학교는 시설 기준과 교육 여건을 점검한 뒤 적정 규모로 조정할 예정이다. 특목고 지정, 고시, 운영 관련 규정을 새로 마련해(교육부령) 지정, 고시, 취소, 협의, 시설 기준 등을 명확하게 정한다. 법령 위반이나 설립 목적 달성이 곤란한 경우에는 지정 취소 사유와 절차를 분명히 한다. 신규 지정 시 입시 요강, 교육과정, 운영 평가 등 요건도 명시한다. 설립 목적 실현을 위한 시설 기준도 구체적으로 규정할 계획이다.

2009학년도부터 특목고 입학 전형 일정은 지역별로 동일하게 조정하고, 특별 전형과 일반 전형은 동시에 실시하도록 유도한다. 외국어고와 국제고의 광역 단위 학생 선발 제한은 2010학년도부터 예정대로 시행한다. 과학영재학교는 사고력, 창의적 문제 해결력 검사 등 영재 판별 도구를 활용해 신입생을 선발한다. 영재 학급과 영재 교육원에서도 이를 지속적으로 개발해 활용한다. 과학고는 과학영재학교에 준해 학생을 선발하도록 권장하고, 전공 관련 교과 성적 중심의 전형 기준을 마련해 불필요한 사교육을 줄이려 한다. 예술·체육 분야도 영재학교 확대에 맞춰 영재 판별 도구를 개발하고 활용할 예정이다.

2009학년도부터 외국어고·국제고의 입시 요강은 설립 취지에 맞게 조정하고, 편법 운영 시 시정 명령이나 지정 취소를 요구할 계획이다. 전공과 무관한 교과 중심의 구술 면접은 제한하고, 해당 전공 우수자 선발을 확대한다. 고교 수준 선행학습이나 지필고사 성격의 면접은 제한하고 학업 및 진로 계획 중심 평가를 권장한다. 또한 해외 체류 경험자나 귀국자 등 전공 외국어 능력 우수자에 대한 전형을 확대해 국제 전문가를 양성한다. 전공 외국어의 말하기·듣기·쓰기 중심의 특별 전형도 권장할 계획이다.

고교 체제 개편 방안

영재학교는 특별 교육 프로그램이 필요한 영재를 위한 학교로, 특성화고는 특정 분야의 인재 양성을 위한 학교로 정의한다. 특목고는 영재학교와 특성화고의 성격이 혼재된 현실을 고려해 학교 유형을 재분류하는 방안을 검토한다. '개방형 자율학교', '자립형 사립고' 등 다른 고교 유형도 2008년 6월 말까지 종합적으로 검토하고 정비할 계획이다.

고교 체제 개편 방안은 다음과 같이 두 가지 안으로 논의되었다.

첫 번째 안은 특목고 유형을 폐지하는 방안이다. 과학고·예술고·체육고를 2009년부터 2018년까지 단계적으로 영재학교나 특성화고로 전환한다. 외국어고·국제고는 2012년까지 국제고로 통합한 뒤 특성화고로 바꾸며, 특성화고는 시도 교육청별 자율 관리 체제를 구축한다는 내용이다. 이 안은 국제고(외국어고 포함)의 학생 선발 방식을 개선하여 평준화 지역에는 '선지원 후추첨제'를 도입하고, 국제고의 전공도 다양화하는 방안을 포함하고 있다.

[표 3-1] 고교 체제 개편 제1안 및 제2안 비교

구 분	제1안	제2안
특목고 유형	• **특목고 폐지**	• **특목고 유지**
공·농·수산·해양 과학고	• 특성화고로 전환 • 점진적으로 영재학교로 전환	• 특성화고로 전환 • 일부는 영재학교로 전환 일부는 특목고로 존속
외국어고, 국제고	• 국제고로 통합 • 특성화고로 전환	• 외국어고·국제고 유지 • 특목고 유지
예술고, 체육고	• 일부는 영재학교로 전환 일부는 특성화고로 전환	• 일부는 영재학교로 전환 일부는 특목고로 존속
학생 선발 방법 및 교육과정 운영	• 특차 유지 • 평준화 지역의 국제고(외고) '선지원 후추첨제' 도입 • 특별전형 권장 • 국제고 전공 다양화	• 특차 유지 • 일반전형은 선발제도 유지 • 특별전형 권장 • 전문교과 심화교육 강화 • 외국어고 전공 다양화
관리체제 개편	• **시·도 교육청 자율성 확대** • 교육감 자율로 특성화고 신설 허용 • 자율적 평가·점검 • 교육 프로그램의 자율성 확대	• **교육부의 관리·감독 강화** • 특목고의 신설계획 관리 • 주기적인 현장점검·평가 • 편법적인 운영시 지정 취소 요구 • 특목고 관리 법령 정비

자료: 교육인적자원부(2007.10.29.),
「수월성 제고를 위한 고등학교 운영 개선 및 체제 개편 방안」, p.17.

두 번째 안은 특목고 유형을 유지하되 관리를 강화하는 방안이다. 과학고·예술고·체육고는 2009년부터 2018년까지 단계적으로 영재학교로 전환하거나 특목고로 존속시킨다. 외국어고·국제고는 특목고로 유지한다. 이 안에서는 특목고의 교육과정 운영과 교육 여건을 개선하고, 학생 선발 제도를 개선해 전공 우수자 선발을 확대한다. 전공 심화 교육을 강화하고 외국어고의 전공을 다양화하는 내용을 담고 있다. 또한, 교육부가 특목고에 대한 지도·감독을 강화할 것을 강조하고 있다.

3. 이명박 정부부터 현재까지의 고등학교 유형별 특성

이명박 정부의 「고교 다양화 300 프로젝트」

2007년에 노무현 대통령이 교육인적자원부로 하여금 고교정상화 방안을 속도감 있게 마련하라고 지시한 것은 무엇보다 특목고, 그중에서도 외고의 운영방식에서 나타난 문제점 때문이었다. 이를 반영해서 교육인적자원부가 그해 10월 29일에 고등학교 운영 개선 및 체제 개편 방안을 종합적으로 제시했다. 외고를 중심으로 한 특목고 개선방안에 특히 초점을 맞추었다. 그리고 교육인적자원부는 2007년 10월에 마련한 고교 체제 개편방안을 토대로 「고교 교육 혁신 종합대책」을 2008년 6월 말까지 수립하기로 하였다.

그러나 2008년 2월에 노무현 정부의 임기는 끝나고 이명박 정부가 등장하면서 2008년 6월 말까지 마련하기로 했던 「고교 교육

혁신 종합대책」은 사실상 무의미하게 되었다. 오히려 이명박 정부는 고등학교 운영 정책에서 노무현 정부와 정반대의 방향을 지향했다. 그것을 담은 것이 「고교 다양화 300 프로젝트」이다. 고교 다양화 정책은 이미 1974년 고교 평준화 정책 도입 이래 지속적으로 추진되어 온 정책이었다. 고등학교를 평준화하고 추첨으로 배분하던 고등학교의 유형을 다양화하여 학생들에게 일정한 선택권을 부여하기 위한 정책이다. 고교 다양화 정책의 일환으로 1994년에 예술고등학교, 1983년에 과학고등학교, 1992년에 외국어고등학교, 1998년에 국제고등학교가 설립되었다. 2002년에 민족사관고, 광양제철고, 포항제철고가 자립형 사립고로 선정되었다.[12]

그렇지만 고교 다양화 정책이 고교 평준화 정책의 근간을 흔들 수 있어 늘 이 점을 염두에 두면서 조심스럽게 시행되어 왔다. 그런데 이명박 정부는 「고교 다양화 300 프로젝트」를 통해 이전 정책 기조와 다른 고교 정책을 시도했다. 「고교 다양화 300 프로젝트」는 '학교 만족 두 배, 사교육비 절반'이라는 슬로건을 내걸었다. 주요 내용으로는 2012년까지 기숙형 고등학교 150개교, 자율형 사립고등학교 100개교, 마이스터고 50개교를 허가하여 학생의 선택권을 확대하는 것이었다. 기숙형 고등학교는 그동안 농산어촌을 중심으로 추진된 농산어촌 우수고의 사업을 도시 낙후지역까지 확대하여 기숙사 없이 생활하는 고등학교의 환경을 개선하기 위해 만들어지는 학교이다. 자율형 사립고등학교는 기존에 자립형으로 운영되는 사립학교의 자율권을 크게 확대하여 각기 특색 있는 교육을 펼치도록 한 학교이다. 그리고 마이스터고등학교는 전문계 고등학교를 졸업하고 대부분 대학에 진학하는 상황을 개선하여 산업현장에서 필요로 하는 장인을 육성하여 취업하게 하고 대학 진학은 취업 후에 하도록 하는 학교이다.

이 중에서 특히 논란을 일으킨 학교 유형은 자율형 사립고등학교였다. 자율형 사립고등학교는 재정적으로 자립할 수 있는 학교가 국가의 지정을 받아 정부의 지원 없이 학생을 선발하여 학교의 교육과정을 일정 부분 자율적으로 운영하는 학교이다. 일반 학교의 3배 범위에서 학비를 학생들이 부담하도록 했고, 우수한 학생을 선발할 수 있는 학생선발권도 있었다. 자율형 사립고등학교에 대해 '귀족학교'라는 논란도 있었고, 교육 격차와 고교 서열화 심화, 사교육비 증가를 야기했다는 비판도 있었다. 당시의 외국어고, 국제고, 과학고와 다른 그러나 우수한 학생을 미리 선발하는 고등학교를 100개나 만든다고 했으니 일반 고등학교의 상대적, 절대적 열위는 분명하게 보였다. 실제로 많은 교육전문가들은 「고교 다양화 300 프로젝트」로 인해 대부분의 일반고가 황폐화되는 지경에 이르렀다고 보고 있다.

학생들의 선택권과 수월성 제고에 방점을 둔 이명박 정부가 특목고에 대해 매우 적극적이고 확대지향적인 입장을 지니는 것은 당연하였다. 특목고 폐지 혹은 특목고 운영 정상화를 통해 고교 체제를 개편하려 했던 노무현 정부의 정책방향은 이명박 정부의 등장으로 사실상 단절되고 반대의 방향으로 나아가게 되었다. 결국 노무현 정부가 매우 심각하게 봤던 외고를 중심으로 한 특목고 개편은 없었던 일로 되었다. 자율성 그리고 수월성 제고라는 이름 하에 고교 간 서열화와 일반고의 위축, 사교육 시장의 과열이라는 부작용을 초래했다.

박근혜 정부의 고교 정책

이명박 정부의 고교 핵심 정책이었던 「고교 다양화 300 프로젝트」는 학교 현장과 사회 전반에 걸쳐 심각한 문제를 야기했다. 특히 자율형 사립고등학교를 100개 만든다는 정책은 이전부터 운영되어 온 외고, 국제고, 과학고 중심의 특목고와 결합하면서 일반고의 황폐화를 가속화시켰다. 학업성적이 우수한 중학생들은 외고, 국제고, 과학고 외에 상당한 수의 자율형 사립고등학교에 진학했다. 일반고에는 예전에 비해 학업 우수자 비중이 크게 줄 수밖에 없었다. 더구나 이명박 정부는 자율형 사립고등학교 100개라는 수치에 지나치게 매몰되어 무리하게 학교수를 늘리려고 했다. 이제 더 많은 중학생들은 특목고와 자율형 사립고에 입학해야 이른바 좋은 대학에 진학할 수 있다고 생각하게 되었다. 그러기 위해서는 중학교 이전부터 고입 준비를 해야 하는 상황이었다.

「고교 다양화 300 프로젝트」 시행에 대한 우려가 현실로 나타나면서 박근혜 정부는 같은 보수 정부이지만 이 문제에 대응하지 않을 수 없었다. 그렇게 해서 나온 것이 박근혜 정부 첫 해인 2013년 10월 28일에 교육부가 발표한 「일반고 교육역량 강화 방안」이었다.

「일반고 교육역량 강화 방안」 마련은 일반고가 특목고나 자율고에 비해 학생 선발권, 교육과정 자율성, 재정 지원 등에서 차별을 받아온 문제에서 시작되었다. 이로 인해 일반고는 학생들의 다양한 소질과 적성, 진로에 맞는 교육 기회를 충분히 제공하지

[표 3-2] 고교 유형별 일반현황(2013.05.01 기준)

구분	계	일반고			자율고		특목고	특성화고
			일반고	종합고	자율형 공립고	자율형 사립고		
학교수 (교)	2,318	1,524	1,389	135	116	49	135	494
	%	65.7	59.9	5.8	5.0	2.1	5.8	21.3
학생수 (명)	1,888,484	1,350,486			99,913	49,599	65,913	322,573
	%	71.5			5.3	2.6	3.5	17.1

자료: 교육부(2013.10.), 「일반고 교육역량 강화 방안 확정 발표(안)」, p.2.

못하는 한계가 있었다. 실제 2013년 기준 일반고의 약 30%가 재정 지원을 전혀 받지 못했다. 절반 이상은 교육과정 자율권이 없는 상황이었다. 따라서 학생들의 다양한 요구에 부응하고 꿈과 끼를 살리는 교육을 제공하기 위한 일반고 교육 역량 강화가 시급하였다.

이러한 문제를 해결하기 위한 당면 과제는 첫째, 일반고에 대한 차별을 해소하고 교육과정 다양화를 추진해야 한다. 둘째, 학생의 교육 선택권을 확대하여 모든 학생이 진로와 적성에 맞는 학교와 교육과정을 선택할 수 있도록 해야 한다. 셋째, 지역별 실정에 맞는 해법을 모색하기 위해 시·도 교육감의 자율성과 책무성을 강화해야 한다. 목표는 일반고 교육 역량 강화를 통해 꿈과 끼를 키우는 행복 교육을 실현하는 것이다. 이를 위한 기본 방향은 모든 일반고 학생에게 맞춤형 교육을 제공하고, 고등학교 진학 시 학생이 진로와 적성에 맞는 교육과정을 선택할 수 있는 기회를 부여하는 것이다. 주요 추진 과제로는 교육과정 편성·운영의 자율화 및 다양화, 일반고 학생을 위한 진로 직업 교육 확대, 일반고에 대한 행·재정 지원 강화, 자율고 제도 개선 및 특목고 지도·감독 강화가 포함된다.

주요 추진 과제 중 마지막에서 제시한 자율고 제도 개선 및 특목고 지도·감독 강화 내용은 다음과 같다.

자율형 공립고에 대해서는 교육과정 운영과 학생 선발 등을 일반고와 동일하게 한다. 우수 교육 프로그램을 일반고 교육역량 강화의 선도 모델로 활용하며, 2015학년도부터 후기 우선 선발권을 폐지한다. 자율형 사립고는 5년 단위 운영 성과 평가를 통해 지정 목적 달성이 불가능한 학교는 지정을 취소하고 일반고로 전환될 수 있는 상시 전환 체제를 구축한다. 학생 선발 방식도 개선하여 평준화 지역 자율형 사립고는 1단계에서 성적 제한 없이 추첨 후 2단계에서 면접으로 학생을 선발하고, 사회 통합 전형을 확대 운영한다. 특목고(외고·국제고)는 설립 목적에 부합하게 운영되도록 교육청별 교육과정 편성·운영에 대한 주기적 점검 및 지도·감독을 철저히 한다. 설립 목적에 맞지 않게 교육과정을 부당 운영하는 경우에는 지정을 취소할 수 있도록 한다.

교육부가 2013년에 발표한 「일반고 교육역량 강화 방안」에서 특히 주목되는 것은 마지막 과제인 자율고 제도 개선 및 특목고 지도·강화 부분이다. 이명박 정부의 고교 정책 시행에 따른 부작용이 학교 현장은 물론이고 사회적인 이슈로 확산되는 상황에서 자율형 사립고 문제에 손을 대지 않을 수 없었다. 그렇지만 이미 5년 동안 시행되었던 정책을 되돌리기는 쉽지 않았다. 이명박 정부 이후의 정부들은 이런 어려움을 가지고 고교 정책을 해야 하는 상황이었다. 박근혜 정부 역시 보수 정부라 이명박 정부의 정책을 획기적으로 바꾸는 데에는 한계가 있었다.

이명박 정부는 2012년까지 자율형 사립고 100개를 만들기 위해 무리하다 할 정도로 역량을 투입했다. 그럼에도 불구하고 2013년 5월 기준으로 그 절반 수준인 49개 설립한 것을 고려하면 자율형 사립고 100개 설립을 추진하는 것은 박근혜 정부에게는 불가능해 보였다. 수치상 목적 달성도 어렵고, 더구나 자율형 사립고 설립으로 일반고 황폐화, 사교육 확대, 교육불평등 심화라는 비판이 거세지는 상황에서 박근혜 정부는 이명박 정부의 「고교 다양화 300 프로젝트」를 더 이상 추진하지 않겠다고 선언했다.

대신에 박근혜 정부는 고교 무상교육을 포함한 교육복지정책과 공교육 정상화를 강조하였다는 점에서 이명박 정부와 일정한 차이가 있다. 그러나 특목고와 자율고 등 이명박 정부의 고교 다양화 정책 기조를 되돌려 놓기는 어려웠다. 이전 정부에서 늘 긴장 관계에서도 유지하려고 노력했던 교육영역의 수월성과 형평성 간의 균형은 이명박 정부에서 자율성과 수월성 쪽을 지나치게 강조하면서 무너져 버렸다. 이명박 정부가 추진한 고교 다양화 정책의 강화를 사실상 그대로 둔 상태에서 형평성을 보완하려는 박근혜 정부의 시도는 한계가 있을 수밖에 없었다.

문재인 정부의 고교 체제 개편 방안:
외고 · 국제고와 자사고의 일반고 전환

문재인 정부의 초대 교육부 장관이었던 김상곤 부총리는 2017년 취임 후 자사고 · 외고 · 국제고가 설립 취지와 달리 명문고 서열화 체제의 중심이 되었기 때문에 일반고 전환이 필요하다고 공식적으로 밝혔다. 당시 고교 체제의 문제점과 개편 방향에 대한 문재인 정부의 입장은 노무현 정부와 동일선상에 있었다. 이를 반영하여 김상곤 장관 시절 교육부는 자사고 · 외고 · 국제고의 단계적 일반고 전환을 원칙으로, 입시 · 선발제도 개선 등의 내용을 담은 공식 보도자료와 브리핑을 여러 차례 발표하기도 했다.

이러한 문재인 정부의 고교 체제 개편 방향은 유은혜 장관 시절인 2019년 11월에 「고교 서열화 해소 및 일반고 교육역량 강화 방안」 발표를 통해 명확히 정리되었다. 그동안 교육 격차 및 교육 불평등의 확대, 사교육 과열 등 고교 체제로 인한 문제점이 지적되어 왔다. 「고교 서열화 해소 및 일반고 교육역량 강화 방안」에서는 이전에 비해 더욱 명확하게 이 문제의 심각성을 잘 보여주었다. 몇 가지 대표적인 분석 내용을 보자.

먼저 우리나라는 '가정배경이 학력 · 성적에 미치는 영향'이 OECD 평균을 크게 상회하고 지속적으로 상승 중에 있다. 2015년 기준 OECD 평균은 29.66인데 우리나라는 42.75에 이르렀다. 교육이 부모의 사회경제적 지위를 대물림하는 수단이 되고 있다는 국민들의 상실감과 좌절감을 해소할 필요가 있었다. 이를 위해 특히 서열화된 고교 체제가 대학입시 등으로 이어지는 불공정성의 악

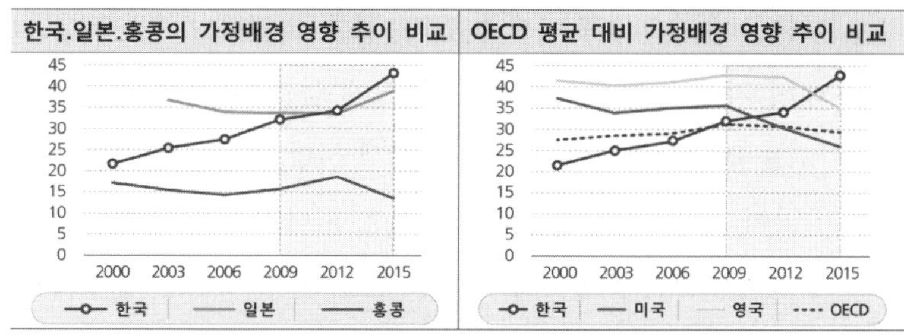

[그림 3-4] 교육불평등(가정배경 효과) 국제 비교(2000~2015년)

자료: KDI(2017), 「교육불평등에 대한 실증분석과 정책방향」, 교육부(2019.11.07.),
「고교 서열화 해소 및 일반고 교육역량 강화 방안」, p.2에서 인용

[그림 3-5] 서울 지역 고1 학생의 학교 유형별 가구소득 분포(단위: %)

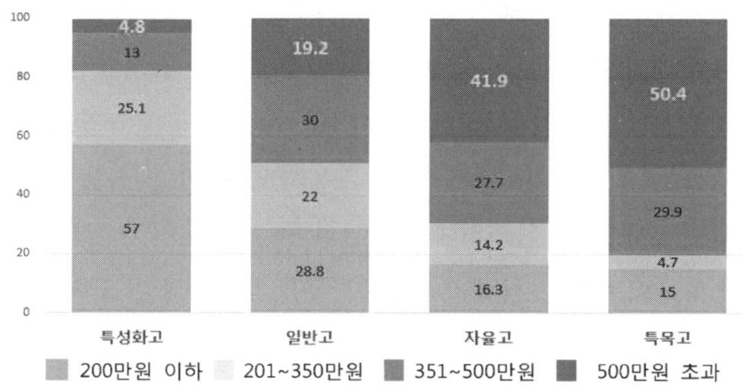

자료: 김희삼(2015), 「사회 이동성 복원을 위한 교육정책 방향」, 교육부(2019.11.07.),
「고교 서열화 해소 및 일반고 교육역량 강화 방안」, p.4에서 인용

순환을 개선해야 한다는 인식이 뚜렷하게 관찰되었다.

부모의 경제력에 따른 고교 진학 기회 불평등도 명확하게 나타
났다. 자사고·외고·국제고는 일반고 대비 1인당 학부모 부담금,
사교육비 등이 높아 모든 학생에게 균등한 교육 기회를 제공하는

데 한계가 있었다. 일반고 대비 자사고·외고·국제고의 경우 학부모 부담금이 평균 3배 이상 높았다. 학교 유형별 가구소득도 일반고 대비 자사고·외고·국제고가 크게 높았다. 여기에다 자사고·외고는 법령상의 사회배려대상 학생 선발 의무도 성실하게 이행하지 않아 고교 진학에서의 계층 이동 사다리 역할이 미흡했다. 2019년 사회통합전형 충원율 20%를 준수한 학교수는 자사고 37개교 중 4개교, 외고 30개교 중 6개교에 불과했다.

둘째, 초등학교와 중학교 단계에서 자사고와 특목고 진학을 위한 사교육이 과열되고, 학생들의 스트레스를 크게 유발한 것으로 나타났다. 2019년 3월에 발표된 「사교육비 통계」에 의하면, 일반고 진학을 희망하는 중학생의 월 사교육비는 29.6만 원이었다. 이에 비해 자율고 혹은 특목고(과학/외고/국제고) 진학 희망 중학생의 월 사교육비는 각각 42.5만 원, 49.3만 원으로 크게 높았다. 이러한 모습은 정도의 차이는 있지만, 초등학생에게도 나타났다. 2017년에 전국시도교육협의회에서 주관한 연구를 보면, '진학 희망학교별 학생의 학업 스트레스 정도'가 일반고에 비해 전국 자사고와 외고·국제고 학생에게서 크게 높았다.

셋째, 자사고·외고·국제고는 성적과 입시 중심의 학교운영 등 당초 설립취지와 다르게 운영되고 있었다. 자사고는 교육의 다양화와 특성화라는 목적과 달리 국영수 중심의 입시 위주 교육을 운영하고 있었다. 외고·국제고는 외국어분야 전문 인력 양성이라는 목적 대비 어문계열 진학 현황이 미흡하였다. 2019학년도 외고·국제고 어문계열 진학현황을 보면, 외고 40.0%, 국제고 19.2%로 과학고 졸업생이 이공계로 96.8% 진학하는 것과는 대비되었다.

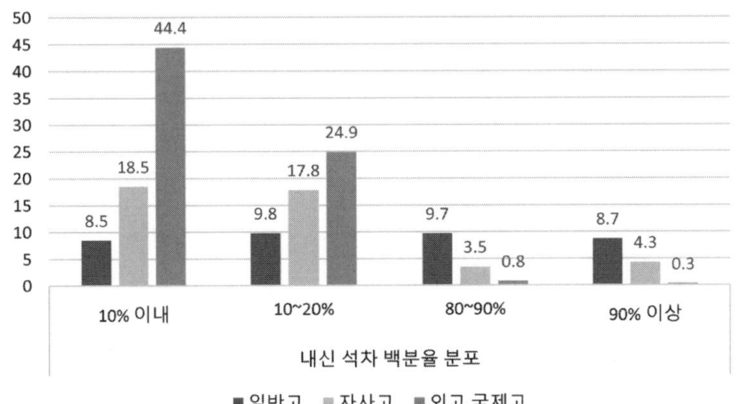

자료: 교육부(2019.11.07.), 「고교 서열화 해소 및 일반고 교육역량 강화 방안」,
p.6. 표를 활용하여 그림으로 작성
출처: 서울시교육청, 2018.

넷째, 서열화된 고교 체제는 특정 학교로의 우수학생 쏠림 현상을 심화시켰다. 자사고·외고·국제고의 우수 학생 쏠림 현상은 일반고 교육력을 저하시키고, 학생들의 자신감 하락 등을 유발할 수밖에 없었다.

2019년 당시에 문재인 정부가 인식한 고교 체제에 따른 문제점은 노무현 대통령이 인식한 것과 동일하였다. 그 사이에 문제의 정도는 더욱 심각한 것으로 나타났는데 그 이유는 명확했다. 노무현 정부에서 발표한 고교 체제 개편 방안이 이듬해 이명박 정부로 정권이 교체되면서 시행되기는커녕 고교 다양화라는 이름하에서 완전히 다른 방향으로 갔기 때문이다.

「고교 서열화 해소 및 일반고 교육역량 강화 방안」에 담긴 추진

[그림 3-7] 고교유형 단순화(안)

2025년 3월 이전	
일반고	
일반고	자사고
	자공고
일반고	외국어고
	국제고
	과학고
	예술고, 체육고
	마이스터고
특성화고	
영재학교	

2025년 3월 이후	
일반고	
일반고	과학고
	예술고, 체육고
	마이스터고
특성화고	
영재학교	

자료: 교육부(2019.11.07.), 「고교 서열화 해소 및 일반고 교육역량 강화 방안」, p.11.

내용 중 고교 체제 개편과 관련하여 가장 주목된 것은 2025년 고교학점제 도입 시점부터 자사고·외고·국제고를 일반고로 일괄 전환하는 것이었다. 당시 초등학교 4학년부터 적용되며, 일괄 전환 전 입학생들은 졸업 시까지 자사고·외고·국제고 학생 신분을 유지하도록 했다. 2020년~2024년까지 재지정을 위한 운영성과평가는 실시하지 않고, 교육과정 운영 및 사회통합전형 선발 및 법정부담금 납입 등 책무사항 지도와 감독을 강화한다. 2025년 이후 전환한 학교는 일반고와 동일하게 선발방식이 변경되고 무상교육 지원을 하기로 했다. 일반고 전환 후에도 동일한 학교 명칭 사용 및 특성화된 교육과정 운영이 가능하였다. 그리고 다른 유형의 고교서열화를 사전에 방지하기 위해 전국 단위로 학생을 모집하는 일반고(49개교)의 모집 특례를 폐지하기로 했다.

2019년에 발표된 문재인 정부의 고교 체제 개편안은 2007년 말에 노무현 정부에서 발표한 개편안과 유사한 모습을 보이고 있다. 노무현 정부는 특목고 유형 폐지 방안과 특목고 유형 유지·관리 강화 방안(특목고 일부 전환) 두 개를 제안했다. 문재인 정부의 틀은 노무현 정부 제2안의 변형된 형태라고 할 수 있다. 노무현 정부에서는 특목고 유형을 그대로 두되, 외국어고와 국제고만 특목고에 남기는 안이었다. 문재인 정부는 반대로 특목고 유형에서 외국어고와 국제고만 특목고에서 빼서 일반고로 전환시키고자 했다. 물론 두 정부 사이에 자율고가 생겼고, 자율고를 어떻게 하느냐가 매우 중요한 관심사가 된 점에서 차이가 있다.

윤석열 정부의 자사고·외고·국제고 존치

이명박 정부에서 「고교 다양화 300 프로젝트」 설계자 겸 실행자였던 교육과학기술부 이주호 장관이 윤석열 정부에서 사회부총리 겸 교육부장관을 맡게 되었다. 문재인 정부에서 발표한 자사고·외고·국제고의 일반고 전환은 불가능해질 것이라는 건 충분히 예견할 수 있었다. 예상대로 이주호 장관 시절 교육부는 윤석열 정부 등장 약 1년 후인 2023년 6월 21일에 「공교육 경쟁력 제고 방안」을 발표하면서 고교유형 다양화를 주요 추진 과제 중 하나로 제시했다. "2025년 일반고 전환 예정인 자사고·외고·국제고를 존치하여 공교육 내에서 학생·학부모가 원하는 다양한 교육"을 제공한다. 기존 외고와 국제고의 특목고 지위를 유지하되 희망하는 경우 (가칭)국제외국어고 유형으로 전환할 수 있도록 허용했다.

정권이 교체되면서 정확히 4년 만에 자사고·외고·국제고 폐지 방안은 백지화되었다. 개정된 초중등교육법 시행령에 따라 자사고·외고·국제고는 2025년 이후에도 일반고로 전환되지 않고 그 지위를 유지할 수 있게 된 것이다. 그리고 이 상황은 지금도 그대로 유지되고 있다. 정권 교체에 따라 고교 체제, 특히 자사고·외고·국제고 지위에 대한 논의는 정반대로 진행되고 있다. 모든 정부가 수월성과 형평성에 대한 균형을 지향한다고 하면서도 현실에서는 다른 정책들이 실시되고 있다. 어떻게 하는 것이 수월성과 형평성 간의 균형을 잡는 것일까. 자사고·외고·국제고에 대한 이재명 정부의 입장은 무엇일지 궁금해진다.

고교 체제의 변화가 대학 입시 결과에 미친 영향

정부의 고교 체제 정책이 변화되면 시차를 두고 고교 유형별 학생 수 및 비율에도 일정한 변화가 일어난다. 이명박 정부의 「고교 다양화 300」 정책에 의해 자율형 사립고등학교 100개교, 마이스터고 50개교를 허가하는 정책이 추진되면서 고교 유형별 학생 비중에 영향을 미친 것으로 나타났다. 일반고 학생 비율은 2011년 대비 2015년에 1.9%포인트 감소하고 자율형 고등학교는 2.0%포인트 증가하였다. 이 기간에 특성화고 학생 비중은 0.6%포인트 감소하고 마이스터고는 0.3%포인트 증가하였다. 2020년까지도 이러한 특징은 그대로 이어지고 있다.

그러나 2022년과 2024년에 이르면 이전과는 양상이 달랐다. 일

[표 3-3] 고등학교 유형별 학생 수 및 비율 추이(명, %)

		2011	2015	2020	2022	2024
전체		1,943,798 (100.0)	1,788,266 (100.0)	1,337,312 (100.0)	1,262,348 (100.0)	1,304,325 (100.0)
일반고		1,425,882 (73.4)	1,278,008 (71.5)	958,108 (71.6)	961,714 (76.2)	1,010,078 (77.4)
특성화고		340,227 (17.5)	302,021 (16.9)	212,294 (15.9)	182,801 (14.5)	171,378 (13.1)
특목고	과학고	4,494 (0.2)	5,868 (0.3)	6,933 (0.5)	6,876 (0.5)	6,894 (0.5)
	외국어고	23,870 (1.2)	19,964 (1.1)	16,767 (1.3)	15,935 (1.3)	15,112 (1.2)
	국제고	2,041 (0.1)	3,191 (0.2)	3,149 (0.2)	3,301 (0.3)	3,411 (0.3)
	예술고	16,873 (0.9)	17,265 (1.0)	15,620 (1.2)	14,267 (1.1)	14,110 (1.1)
	체육고	3,563 (0.2)	3,739 (0.2)	3,794 (0.3)	3,563 (0.3)	3,671 (0.3)
	마이스터고	12,886 (0.7)	17,502 (1.0)	18,230 (1.4)	17,482 (1.4)	16,337 (1.3)
	소계	63,727 (3.3)	67,529 (3.8)	64,493 (4.8)	61,424 (4.9)	59,535 (4.6)
자율고	자공고	56,068 (2.9)	93,100 (5.2)	67,604 (5.1)	25,338 (2.0)	32,355 (2.5)
	자사고	57,894 (3.0)	47,608 (2.7)	34,813 (2.6)	31,071 (2.5)	30,979 (2.4)
	소계	113,962 (5.9)	140,708 (7.9)	102,417 (7.7)	56,409 (4.5)	63,334 (4.9)

주: 영재고는 과학고에 합산

자료: 한국교육개발원, 『교육통계연보』 활용하여 계산

반고 학생 비중은 크게 높아지고 자율고 학생 비중은 크게 낮아지고 있다. 자율고 중에는 자사고 비중이 약간의 감소, 자공고 비중의 큰 감소를 보였다. 2011년부터 2024년까지 기간을 대상으로 보자. 최근으로 오면서 일반고 학생 비중 증가, 특성화고 학생 비중 감소, 마이스터고 학생 비중이 증가하다가 정체가 보인다. 자율고 학생 비중은 증가에서 감소(자공고의 변화 폭 급격, 자사고는 약간이지만 계속 감소 추세)로 전환되었다. 마이스터고를 제외한 특목고 학생 비중에서는 전체적으로 미세한 증가(인원 수로서는 적지만 증가율에서는 과학고와 국제고에서 높음)를 보이고 있다. 2022년과 2024년 통계에서 일반고 학생 비중이 높아진 것은 2019년 문재인 정부가 발표했던 일반고 중심의 정책 영향이 아닌가 생각된다. 만약 문재인 정부의 고교 체제 정책 변화 없이 이명박 정부와 박근혜 정부의 정책기조가 그대로 이어졌다면 특목고와 자사고 학생 비중이 더욱 높아지는 방향으로 진행되었을 것이다.

고교 체제 개편은 고교 유형별 학생 수(비중) 변화뿐만 아니라 고교 입학생들의 학업 역량에서도 변화를 야기할 가능성이 높다. 영향 정도 측면에서는 학생 수보다 학업 역량에 미치는 정도가 더 클 것이다. 만약 이것이 사실이라면 고교 체제 개편은 시차를 두고 대학 입시 결과로 나타날 것이다. 즉 고교 체제 개편은 대학별 입시 전형과 함께 고교 유형별 대학 입시 결과에 상당한 영향을 미치는 요소이다.

서울대학교가 보도자료를 통해 매년 발표하는 통계 중 '서울대학교 합격생의 고교 유형별 추이'를 보면 2024년과 2025년은 전체 합격생 중 일반고 비중이 각각 54.1%, 52.8%로 다른 고교 유형에 비해 높아졌다. 이는 2021~2023년에 비해 눈에 띄게 증가한 수치이다. 2024~2025년 동안 자율형 고등학교 졸업생의 서울대 합격 비중이 감소되었는데, 특히 자사고 졸업생의 비중 감소가 가장 두

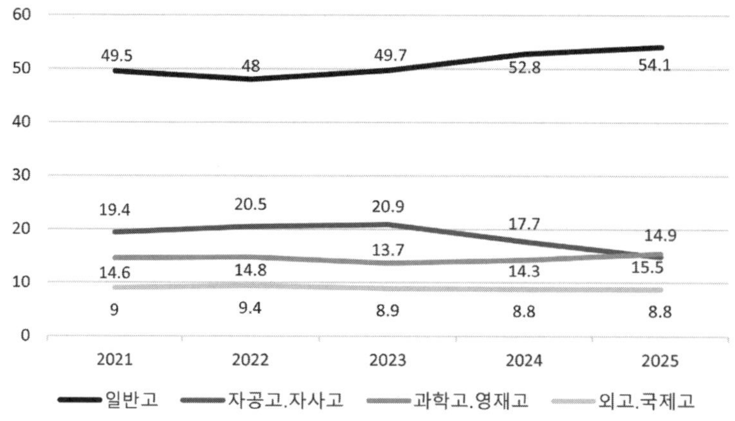

[그림 3-8] 서울대학교 합격생의 고교 유형별 추이(단위: 명/%, 최초합격생 기준)

주: 인원 및 비율은 수시와 정시를 합한 수치임
자료: 서울대학교, 「서울대학교 정시모집 선발 결과 보도자료」
각 년도를 활용하여 그림으로 작성

드러졌다. 서울대 합격생 중 외국어고 졸업생들이 차지하는 비중도 약간의 감소 추세를 보이고 있다.

서울대 합격생의 고교 유형별 추이에서 보이는 일반고 합격률이 크게 높아진 데에는 합리적인 이유가 있다. 2024학년도, 2025학년도에 대학입시를 치른 고3 수험생들이 각각 중학교 3학년 때, 중학교 2학년 때인 2019년 문재인 정부에서 2025년부터 자사고, 외고, 그리고 국제고를 일반고로 일괄 전환하겠다고 발표한 것과 관련 있을 것이다. 그렇다면 이후 윤석열 정부에서 다시 자사고, 외고, 국제고를 일반고로 전환하지 않고 그대로 존치하겠다고 발표한 것은 어떠한 영향을 미칠 것인가? 최근 흐름과 반대로 향후 자사고, 외고, 국제고 졸업생들의 서울대 합격률이 다시 높아지는 계기로 작용할 가능성이 클 것으로 예상된다. 물론 서울대 입학전형에서 일반고 졸업생에게 유리한 방식으로 바뀐다면 얘기가 달라지겠지만.

우리의 고교 체제를 어떻게 해야 할지는 매우 중요한 정책과제이다. 향후 정부가 종합적인 안목에서 그 방향을 명확히 잡지 않으면 안 될 것이다.

제4장

국가인적자원위원회를 다시 살려야

1. 노무현 대통령이 주재한
국가인적자원위원회 1차 회의

노무현 대통령의 주요 발언 내용

2007년 7월 27일, 청와대에서 노무현 대통령 주재로 국가인적자원위원회 출범식 겸 제1차 회의가 개최되었다. 내가 교육부총리 정책보좌관 자리를 수락한 가장 큰 이유는 미력이나마 지역불균형을 완화하기 위한 역할을 할 수 있지 않을까 하는 기대감이었다. 정신없이 돌아가는 교육부 생활 속에서도 이런 생각을 늘 가슴에 품고 있었다. 그러던 중에 교육부에서 국가인적자원위원회 출범식을 준비해야 하는 시기가 왔다. 김신일 부총리에게 국가인적자원위원회 출범식을 부산 동백섬 누리마루에서 진행하는 것과 "사람과 지역 그리고 세계로"라는 캐치프레이즈를 제안했다. 이후 교육부 내부 회의와 청와대와의 협의를 거쳐 제1차 국가인적자원위원회를 APEC 정상회담 장소였던 부산 동백섬 누리마루에서 하기로 잠정 결정했다. 내가 이 아이디어를 낸 배경에는 국가균형발전의 취지를 살리기 위해 중앙이 아닌 지역에서 행사를 해야한다는 판단이 있었다. 그리고 인적자원개발을 통해 지역과 국가 경쟁력을 높이고 세계로 나아가야 한다는 상징으로 부산 동백섬 APEC 정상회담만 한 장소는 없었다.

법상 국가인적자원위원회는 위원장이 대통령이고 다수의 장관들이 위원으로 포함되어 있다. 사실상 국무회의 수준의 행사를 지역에서 개최한다는 것은 매우 뜻깊었다. 잠정적인 개최 날짜를 정하고 부산시를 통해 APEC 누리마루 예약도 했다. 그런데 예기치 못한 변수가 생기면서 국가인적자원위원회 제1차 회의는 부산 동백섬 APEC 누리마루 대신에 청와대에서 개최하게 되었다.

결국 내가 제안한 개최 장소와 캐치프레이즈가 채택되지 못해 무척 아쉬웠지만, 국가인적자원위원회가 공식적으로 출범한 것은 역사적인 일이었다. 국가인적자원위원회의 출범식 겸 제1차 회의이기도 해서 당시 노무현 대통령은 짧지 않은 발언을 했다. 위원회의 중요성이나 기대에 대해서도 말했지만 인적자원의 역할 및 인식에 대해서도 명확히 언급했다. 당시 노무현 대통령 발언록을 활용하여 주요 발언 내용을 몇 개의 문구로 요약하면 다음과 같다.[13]

- 일류 인력 양성, 기회 균등 모두 성공해야 인재강국
- '교육부'만 있고 '인적자원부'는 없었던 상황 개선
- 학생의 수급 불일치가 인적자원의 가장 큰 문제

- 학계, 산업계, 정부가 함께 수급 불일치 해법 모색해야
- 교육 기회균등, 평생학습 등도 인적자원위 주요 과제
- 대학도 경쟁력 강화 위한 전략적 선택해 나갈 때
- 정부가 만능인 시대는 지나… 각 주체의 자기결단력 필요

20여 년이 지나는 지금 시점에 봐도 여전히 유효한 발언 내용이다. 그런 점에서 이 과제들은 현재의 정부도 깊이 새길 가치가 있을 것이다. 다음 몇 개의 문장은 정책을 구상하고 실행할 때 특히 염두에 둘 필요가 있다. 하나는 수월성과 형평성에 관한 노무현 대통령의 생각을 단적으로 나타낸 것이고, 다른 하나는 정부 역할에서 인적자원의 중요성에 대해 말한 부분이다.

'세계 최고 수준의 일류 인력만이 국가경쟁력이다' 이렇게 강조하시는 분들도 있고, 또 '그쪽은 할 만큼 하고 있으니까 오히려 인적자원 양성에 있어서 기회균등이 더 중요하다' '그 사람들을 함께 끌어안고 가지 않으면 총체적인 국가인적자원은 결코 성장할 수 없다' 이런 견해를 가지고 기회균등을 강조하는 견해가 있습니다. 이 두 개는 실제로 우리가 인적자원정책을 수행해 보면 어디에서 경계가 갈라지는지 분명치 않습니다. 연속되어 있는 것이고, 또 어느 나라도 어느 한 가지만 강조할 수는 없는 일입니다. 두 가지 모두 성공할 때라야 진정한 의미에서의 인적자원의 강국, 그야말로 인재강국이 되는 것이죠.
인재라는 개념을 천재, 수재 말고 그냥 보통 사람들의 재능까지 다 포함하는 게 맞다고 생각합니다. 그와 같은 두 가지를 통합시키지 않으면 보편적 인적자원, 어쩌면 오히려 열악한 환경에 있는 사람들의 인적자원까

지 함께 양성하는 정책으로 가지 않으면, 통합하지 않으면 사회 통합이 궁극적으로 어렵습니다. 그런 사회가 20년, 30년 지나가면 심각한 균열과 갈등 때문에 또 다른 측면에서 우리 사회 전체의 경쟁력이 무너지거나 엄청난 비용을 지불해야 될지 모른다는 점을 인식하고 두 개념을 통합시켜 가는 것이 필요하다고 생각합니다. 모든 정책의 추진 과정에서 그런 점을 유의해 주시기 바랍니다.

교육혁신위원회가 있는데 인적자원위원회는 왜 또 만들었는가? 교육부와 인적자원부는 무엇이 다른가? 과거에 교육부가 있었습니다. 그것을 국민의 정부에서 교육인적자원부로 만들었죠. 그런데 실제로 교육부의 기능은 참여정부 중반을 넘어설 때까지 교육부만 일했지 인적자원부의 일로서는 두꺼운 몇 개의 보고서가 나온 것 이외에 실제 정책에서 큰 변화를 주지 못했습니다. 들여다보면 교육부 안에 교육담당 부서, 국·과, 본부도 있는데, 인적자원 담당 부서는 실제로 없었습니다. 교육만 내내 했던 사람이 인적자원 업무가 될 리가 없죠. 그래서 최근에 교육인적자원부 내에 교육담당 부서와 인적자원 부서가 따로 만들어졌습니다. 인적자원부서를 신설했습니다. '또 정부 공무원 숫자 늘리냐?'는 비난도 있겠습니다만, 인적자원정책이라는 것이 교육정책과는 달리 필요하다는, 필요가 있고 공감이 있어서 인적자원부가 된 것이면 거기에 맞는 일을 해야 된다, 일을 하는 데 맞는 조직이 필요하다고 해서 만들었습니다. 그런데 이거 만드는 데 몇 년이 걸렸습니다. 참으로 고통스러운 세월이었습니다. 교육부에 인적자원 부서 하나 만드는 데 몇 년이 걸렸습니다.

출범식과 안건들 그리고 잃어버린 시간

1차 회의에서는 위원회 부위원장인 김신일 부총리 겸 교육인적
자원부장관이 "국가인적자원위원회의 역할과 과제"를 보고안건으
로 발표했다. 이어 심의안건으로 "생애초기 기본학습능력 지원계
획 추진(안)"(교육부), "공학교육의 글로벌 혁신 추진방안"(산자부),
"「2+5」 전략 구현과 국방개혁 추진을 위한 군 인적자원개발 혁신
방안"(국방부)이 보고되었다. 마지막 안건으로 부산광역시장이 "지
역인적자원개발(RHRD) 활성화를 통한 도시 경쟁력 강화"(부산광
역시)를 보고했다. 국가인적자원위원회의 설립 취지에 맞게 교육
부뿐만 아니라 여러 중앙부처 그리고 지방자치단체의 내용까지
함께 발표되고 논의된 회의였다.

이 회의에는 위원장인 노무현 대통령을 포함하여 위원과 교육
계·지자체·유관기관 등 관계자 150여 명이 참석했다. 나는 장관
정책보좌관 겸 위원회 운영위원의 자격으로 배석했다. 회의 준비
과정 전반을 지켜보기도 하고 관여하기도 했던 나로서는 내용과
형식 모두에서 잘 마친 행사라는 생각이 들어 안도의 한숨을 쉬었
다. 노무현 대통령의 발언대로 그동안 부처 이름은 교육인적자원
부였지만 '교육만 있고 인적자원은 미미'했다. 이 행사는 과거를
넘어 인적자원정책을 핵심적 정책 아젠다로 공식화하는 행사였기
때문에 더욱 의미가 있었다.

2차 회의는 2007년 10월 11일, 3차 회의는 12월 13일에 개최되
었다. 2차 회의에서는 "국가인적자원위원회 운영세칙 제정(안)"(교
육부, 심의안건), "국가인적자원의 문화력 제고를 위한 문화부 교육

부 협력방안"(문화부, 보고안건), "글로벌 인적자원 포럼 2007 개최" (교육부, 보고안건), "2006년 인적자원개발 시행계획 추진실적 평가 결과"(교육부, 보고안건), "산업별 인적자원개발협의체 활성화 방안" (산자부, 의제제안안건) 등이 발표되었다. 그리고 3차 회의에서는 네 개의 안건이 상정되었다. "중장기 인력수급 전망과 분석"(교육부/ 노동부) 결과가 보고되었다. "제2차 영재교육 진흥 종합계획(안)" (교육부/과기부/문화부/여가부/기획예산처/특허청)과 "부처 간 협력을 통한 방과후 활동 효과 제고 방안(안)"(교육부/문화부/과기부/여가 부) 등이 심의·의결되었다.

2007년 7월은 노무현 정부 임기가 얼마 남지 않은 시점이었다. 이듬해 2월 말에 이명박 정부가 들어와 국가인적자원위원회의 흔 적을 없애려고 하면서 2007년 12월 3차 회의를 끝으로 더 이상 위 원회가 개최되지 못했다. 이명박 정부가 들어온 직후 위원회 정비 방침에 의거해 국가인적자원위원회도 폐지하려고 했지만 실행되 지는 못하였다. 현재도 '인적자원개발기본법'에 위원회 조항이 그 대로 남아 있어 법상으로는 국가인적자원위원회가 살아 있다. 김 대중 대통령 시기에 시작하여 노무현 대통령까지 '인적자원'을 핵 심 정책 아젠다로 하여 체계적인 조직을 만들었다. 현재 AI 시대 를 맞아 더욱 중요한 역할을 해야 할 조직이 법상으로만 있고 실 제로 작동되지 못하는 현실이 안타깝지 않을 수 없다.

2. 국가인적자원위원회의 설치와 기능

인적자원개발회의에서 국가인적자원위원회로 격상

2005년 2월 19일, 청와대 회의실에서는 국무총리실 산하 '인적자원개발·연구개발 기획단'이 연구한 '국가인적자원개발 정책 추진체제 개편방안'을 대통령에게 보고하는 자리가 열렸다. 노무현 대통령은 이 자리에서 기존의 '인적자원개발회의'를 대통령이 위원장인 '국가인적자원위원회'로 확대 개편하고 산업계와 노동계 등 인적자원 수요 측이 참여하여 인적자원혁신을 주도하게 했다. 그리고 사무국으로 교육부에 차관급의 '인적자원혁신본부'를 설치하도록 지시했다. 이후 체제 개편안 및 관련 법률 개정안이 마련되고(국무조정실/교육부, 2005년 2~4월), 대통령 주재 '인적자원개발회의'(2005.5.19)에서 '국가인적자원개발 추진체제 개편 방안'을 확정해 인적자원개발기본법 및 정부조직법 개정 법률안을 국회에 제출(2005.6.8)했다. 이후 2007년 3월 5일에 인적자원개발기본법 개정 법률안이 국회 교육위원회를 통과했는데, 국회 교육위 법안심사소위원회 협의과정에서 인적자원정책본부장을 정무직 차관급에서 1급으로 하향 조정되었다. 노무현 대통령은 차관급 본부장이 좌절된 것에 대해 매우 아쉬워했다. 국가인적자원위원회 제1차 회의에서의 발언에서도 확인된다.[14]

인적자원본부의 책임자 직급을 어떻게 할 거냐, 우리는 차관급을 요구했는데 1급으로 깎였습니다. 차관급이면 어쩌고 1급이면 어떻습니까만, 교육인적자원부의 업무는 앞으로 여러 부처의 인적자원 요소, 정책, 전략들을 전부 통합해서 종합적인 인적자원 정책을 세워 나가자는 것입니다. 그러자면 여러 부처의 공무원들과 조정 관련 얘기를 자주 해야 되는 것입니다. 그런데 공직사회 문화라는 것이—꼭 그것이 좋은 것은 아니겠습니다만—직급이 낮은 사람이 여러 부처에게 참석하도록 통보하면 잘 안 오지요. 차관급은 해야 각 부처의 국장들이라도 소집해서 회의라도 할 텐데, 깎아 가지고 1급 해 놔서….

2007년 4월 27일 '인적자원개발기본법' 개정으로 대통령이 위원장인 '국가인적자원위원회'가 출범했다. '국가인적자원위원회'는 김대중 정부의 '인적자원개발회의'에 뿌리를 두고 있다. 2000년 1월 3일 대통령 신년사에 "교육부장관을 부총리로 승격시켜 교육·훈련·문화·관광·과학·정보 등 인력개발정책을 종합 관장"하도록 하겠다는 내용이 포함되었다. 후속 조치로 2000년 2월 28일에 대통령령으로 '인적자원개발회의 규정'이 마련되었다. 당시 '인적자원개발회의'는 교육부총리가 주재하도록 되어 있었다. 대통령령으로 출발했던 인적자원개발회의는 2년이 지난 2002년 8월에 '인적자원개발기본법'이 제정·공포되면서 완전한 법률적 기반을 갖게 되었다. 교육부총리가 의장이었던 인적자원개발회의는 노무현 정부인 2007년 4월에 인적자원개발기본법이 개정되어 대통령이 위원장인 국가인적자원위원회로 격상되었다.

[표 4-1] 인적자원개발회의와 국가인적자원위원회 주요 내용 비교

인적자원개발회의	국가인적자원위원회
구성 ■ 의장: 교육인적자원부총리 ■ 위원: 관련부처 장관 등 13인 **기능** ■ 인적자원개발정책 수립·총괄·조정 ■ 인적자원개발 기본계획 추진실적 평가 및 투자분석	**구성** ■ 위원장: 대통령 ■ 위원: 관련부처 장관, 산업계·노동계 대표, 민간 전문가 등 30인 이내 **기능** ■ 인적자원개발정책 기획 총괄·조정·평가 ■ 인적자원개발 사업 조사·분석·평가 ■ HRD 사업 조정 및 예산의 효율적 운영
	▶지역인적자원개발 추진 법적 근거 마련

자료: 교육인적자원부 내부자료(2007.5.30.),
「인적자원정책의 현황과 향후과제−인적자원정책본부 설치를 중심으로」를 활용하여 재작성

국가인적자원위원회의 주요 기능

'인적자원개발기본법' 제7조는 국가인적자원위원회에 관한 내용들을 담고 있다. "정부는 주요 인적자원개발정책을 조정하고 인적자원개발과 관련된 예산의 효율적인 운영 등에 관한 사항을 심의하기 위하여 국가인적자원위원회를 둔다."(제7조 1항) 위원회의 주요 기능에 대해서는 법 제7조 2항에 기술되어 있는데, 간략히 표시하면 다음 그림과 같다.

[그림 4-1] 국가인적자원위원회의 주요 기능

▷ 분야별 HRD 주요 계획 및 정책의 **기획 총괄 · 조정 · 평가**

▷ 인적자원개발 사업의 **투자 우선순위 설정, 중복해소** 등 **사업 조정** 및 **예산의 효율적 운영, 평가**

【국가인적자원위원회 심의사항】

1. 기본계획의 수립 변경
2. 다음 각목의 분야별 인적자원개발계획과 정책의 기획, 조정, 평가
   가. 첨단분야 인적자원개발
   나. 법률, 의료, 경영 등 전문서비스 분야 인적자원개발
   다. 여성인적자원개발
   라. 직업교육 및 직업훈련 정책
   마. 산학협력 활성화
   바. 군인적자원개발
   사. 국가 및 지자체 등 공공부문 인력활용
   아. 장애인, 고령자 및 준고령자 등 취약계층 HRD
   자. 지역인적자원개발
   차. 그 밖에 대통령령이 정하는 사항
3. 인적자원개발과 관련된 예산 등의 투자확대에 관한 사항
4. 매년도 정부 추진 인적자원개발사업의 조정, 평가 및 예산의 효율적 운영에 관한 사항
5. 관계 행정기관의 시행계획 및 추진실적에 관한 사항
6. 인적자원개발평가센터의 지정에 관한 사항
7. 인력수급 전망을 위한 체제구축과 정보의 제공 및 활용
8. 관련 중앙행정기관의 장이 인적자원개발과 관련하여 심의요청 사항 및 위원 제안 사항
9. 다른 법령에 의한 위원회 심의사항

자료: 교육인적자원부 내부자료(2007.5.30.),
「인적자원정책의 현황과 향후과제-인적자원정책본부 설치를 중심으로」

국가인적자원위원회 위원 구성 및 체계

위원 구성에서 가장 두드러진 특징은 인적자원개발회의의 의장이 교육부총리인 데 비해 국가인적자원위원회의 위원장은 대통령이라는 점이다. 국가인적자원위원회의 위상을 확인할 수 있는 부분이다. 위원 구성과 관련하여 추가적 특징은 "산업계와 노동계 등 민간의 참여 확대를 통해 인적자원 수요부문의 요구를 반영하기 위한다"는 취지에 맞춰 산업계와 노동계 등 민간 위원들이 다수 포함되었다는 점이다. 내부적으로는 민간위원 선정 기준을 전문성보다는 대표성을 중시하여 선정한다는 원칙을 가지고 작업을 했다.

국가인적자원위원회에는 위원회에 상정할 안건을 미리 검토하고 위원회 운영에 관한 사항을 심의하기 위하여 운영위원회를 둔다. 위원회가 위임한 안건을 심의하기 위하여 특별위원회를 두도록 되어 있다. 그리고 위원회의 심의사항을 전문적으로 검토하기 위하여 운영위원회에 분야별 전문위원회를 둘 수 있게 했다. 나는 운영위원회의 당연직 위원으로 참석하여 회의에 참석했다.

〈관련 조문〉

제7조(국가인적자원위원회) ④위원장은 대통령이 되고, 부위원장은 교육인적자원부장관이 되며, 위원은 다음 각호의 자가 된다.

  1. 대통령령이 정하는 관계 중앙행정기관의 장 및 이에 준하는 기관의 장

  2. 인적자원개발에 관한 전문지식 및 경험이 풍부한 자 중 위원장이

위촉하는 자

3. '과학기술기본법' 제9조 제4항 제2호의 규정에 의한 국가과학기
   술위원회의 위원 중 위원장이 위촉하는 자

내가 정책보좌관으로 간 시점이 2007년 2월이고, 인적자원개발
기본법 개정으로 국가인적자원위원회가 법상 기구로 인정받은 것
이 그해 4월이었다. 2007년 초는 3불정책 등 대학입시제도와 관련
해서 교육부와 서울 지역 대학들 간의 긴장관계에 대응하느라 정
신이 없었던 때였다. 당시 교육인적자원부는 동시에 국가인적자
원위원회 위원 구성, 출범식 및 1차회의 준비, 사무국 역할을 할
인적자원정책본부 구성에도 역량을 집중하고 있었다. 준비 문건
으로 만든 것이 「인적자원정책의 현황과 향후과제–인적자원정책
본부 설치를 중심으로」(교육인적자원부, 2007.5.30.)라는 내부 자료
였다.

이 자료에 의하면, "인적자원정책본부 설치 전까지 관계부처 공
무원 및 민간 전문가가 참여하여 국가인적자원위원회의 사무국
기능을 수행하는 '준비기획단'을 구성 운영"하기로 했다. 준비기획
단 단장은 교육부 차관, 부단장은 교육부 차관보로 하고 조직은
조직기획팀, 정책개발팀, 투자분석팀과 같이 3개 팀으로 구성되었
다. 준비기획단의 주요 임무는 인적자원개발기본법시행령 개정 추
진 등 법제 정비, 인적자원정책본부 설치 준비(정책본부의 주요 업무
및 프로세스 설계, 기능개편에 따른 인사, 예산, 법령, 유관기관 이관·정비
등 준비), 국가인적자원위원회 위원 선정 및 운영위원회 등 산하 위
원회 구성 및 기능과 역할 설정등, 정책 의제(agenda) 개발 및 제1

차 국가인적자원위원회 회의 준비였다.

준비기획단에서 처음 계획한 인적자원정책본부 조직은 1본부 4국 16팀이었다. 그러나 행정안전부와 협의를 하는 과정에서 초기에는 4국이 아니라 2국으로 대폭 줄어드는 상황이 발생했다. 준비기획단은 매우 난감했다. 최초에 차관급으로 진행되던 조직이 1급조직으로 격하되더니 이제는 1본부 2국 체제로 쪼그라드는 상황에서 나도 가만히 지켜보고 있을 수만은 없었다. 청와대를 포함하여 백방으로 노력한 결과 아쉽긴 했지만 그나마 2국 체제로 가는것은 방어하고 3국 체제로 출범했다.

3. 윤석열 정부의 인재양성전략회의

국가인적자원위원회 대신 인재양성전략회의 운영

국가인적자원위원회는 김대중 정부의 인적자원개발회의로부터 시작해서 노무현 정부까지 이어진 사람입국 정책의 제대로 된 틀이라고 할 수 있다. 임기를 반년 정도 남겨 놓은 시점에 만들어지다 보니 다음 정부 결정에 따라 크게 영향을 받을 수 있었다. 그러나 기본법에 담아 놓은 기구라 그렇게 쉽게 없애지는 못할 것으로 기대하기도 했다. 더구나 격동하는 세계 경제 속에서 우리의 인적자원 수준이 더욱 중요해질 수밖에 없고, 이 기구를 통해 심화되는 사회 양극화도 완화할 수 있다. 정도와 속도에서는 차이가 있더라도 어떤 정부가 들어와도 유지될 것이라고 생각했다면 너무

순진한 것인가.

이명박 정부는 교육정책의 방향을 정반대라 해도 과언이 아닐 정도로 틀었다. 그 결과 국가인적자원위원회는 더 이상 개최되지 못했다. 김대중 정부와 노무현 정부의 색깔이 너무 강했기 때문이었을까. 이명박 정부는 집권 초기부터 위원회 정비 계획에 들어갔다. 국가인적자원위원회도 정비대상 위원회 중 하나였지만 인적자원개발기본법 개정이 이루어지지 않으면서 법상으로는 계속 존속했다. 그러나 이명박 정부, 박근혜 정부 그리고 문재인 정부에서도 국가인적자원위원회는 개최되지 않았고 말 그대로 유명무실한 존재로 남아 있다.

국가인적자원위원회의 설치 의의는 김대중 정부나 노무현 정부보다 그 이후에 더욱 부각되고 있다. 제4차 산업혁명은 더욱 가속화되고 디지털 혁명을 넘어 AI시대로 진입하면서 인적자원은 개인, 조직, 국가에서 더욱 중요한 요소가 되고 있는 상황이다. 2022년에 들어선 윤석열 정부는 이러한 시대적 흐름을 무시할 수는 없었을 것이다.

윤석열 정부는 "100만 디지털 인재양성"을 국정 과제로 선정하고 이를 위해 민·관협의체인 인재양성전략회의 신설을 추진했다. 인재양성전략회의 의장은 대통령으로 하고 정부위원 및 민간위원 포함해서 모두 30명 이내의 위원으로 구성하도록 되어 있다. 위원 구성 방법을 보면 국가인적자원위원회 구성 방법과 대동소이하다. 대표적으로 '국가과학기술자문회의 위원 중 의장이 위촉하는 사람' 부분의 문구도 동일하다.[15]

인재양성전략회의의 기능과 체계

주요 기능으로는 인재양성정책의 부처별 역할 분담 및 조정, 첨
단분야 인재양성 방안 마련, 인재양성 정책에 대한 성과관리체계
구축, 인재양성 관련 지식·정보의 수집, 제공, 데이터베이스 구축
및 활용이라는 사항을 심의하고 조정하는 것이다. 인재양성전략
회의의 기능 역시 국가인적자원위원회 기능에 모두 포함된다. 인
재양성전략회의의 체계도 역시 국가인적자원위원회와 거의 유사
하였다.

2023년 2월 1일 제1차 인재양성전략회의 출범식은 대통령 주재
로 개최되었다. 같은 해 5월 26일 제2차 회의와 2024년 9월 27일
제3차 회의는 국무총리 주재로, 2025년 3월 19일 제4차 회의는 대
통령 권한대행 부총리 겸 기획재정부장관 주재로 개최되었다. 1차
회의에서는 첨단분야 인재양성 전략, 2차 회의에서는 에코업 인재
양성방안, 에너지 인력양성 중장기 방안, 이공분야 인재 지원방안
이 발표되었다. 3차 회의에서는 과학기술인재 성장·발전 전략, 글
로벌 개방 혁신을 위한 첨단산업 해외인재 유치·활용 전략이 발
표되었다. 그리고 4차 회의에서는 대학-출연연 벽 허물기 추진 전
략, 5대 우주강국 도약을 위한 인재양성방안이 발표되었다.

윤석열 정부의 인재양성전략회의는 완전한 법률적 기반을 갖추
지 못하였다. 2002년에 인적자원개발기본법의 제정·공포와 함께
완전한 법률적 기반을 갖춘 김대중 정부의 인적자원개발회의보다
취약한 구조를 가진 민·관협의체이다. 정치적으로 중립적인 인적
자원을 양성·활용하는 정책을 정권이 바뀌었다고 20년 후퇴시키

는 모습을 보니 안타깝고 답답하지 않을 수 없다. 김대중 정부의 인적자원개발회의를 노무현 대통령이 국가인적자원위원회라는 제대로 된 틀로 만들었다. 그럼에도 불구하고, 사실상 동일한 취지와 기능 그리고 체계를 가진 그러나 더 취약한 인재양성전략회의를 만들고 운영하는 이유는 과연 무엇일까?

4. 국가인적자원위원회, 다시 작동시켜야

국가인적자원위원회 설립 취지는 여전히 살아 있다

국민의힘 김병욱 의원이 대표발의한 「국가인재양성 기본법안」이 제21대 국회에 제출되었다. 이 법안은 윤석열 정부의 인재양성 전략회의에 대해 완전한 법률적 기반을 갖추게 하기 위한 법안이었다. 제안 이유에는 다음 내용이 포함되어 있다.

국가적 차원의 인재양성 체계를 구축하기 위하여 「인적자원개발 기본법」에 따라 국가인적자원위원회의 설치, 인적자원개발기본계획의 수립 등 효율적 인적자원개발정책 추진을 도모하여 왔으나, 정책 총괄·조정 수단의 부재 및 국가인적자원위원회 미구성 등 운영상 한계가 존재하였음. 이에 「인적자원개발 기본법」의 운영상 한계를 보완함과 동시에 공급자 중심의 '인적자원개발'이 아닌 개인의 자아실현과 삶의 질 향상 측면을 강조한 '인재양성' 체제로 전환하고, 인재양성정책 관련 범정부·민관 협업을 위한 교육부의 지원·촉진 기능을 강화하기 위하여 「인적자원개발 기본법」을 폐지하고 「국가인재양성 기본법」을 제정하려는 것임.

_김병욱 의원 대표발의(2023.01.17.), 「국가인재양성 기본법안」 제안 이유

법안의 주요 내용에는 "정부는 인재양성정책에 관한 주요 사항을 심의하기 위하여 인재양성전략회의를 설치하고, 인재양성전략회의는 기본계획의 수립 및 변경, 인재양성정책의 조정, 부처 간 역할 분담 및 협업에 관한 사항 등을 심의함(안 제15조)"이 들어가 있다. 「국가인재양성 기본법안」을 현재의 「인적자원개발 기본법」과 비교하면, 내용상 차이는 별로 보이지 않는다. 국가인적자원위원회 대신 윤석열 정부의 인재양성전략회의를 만들겠다는 정도의 차이가 보인다. 그리고 국가인적자원위원회 미구성 등 운영상 한계 때문에 「인적자원개발 기본법」을 폐지하고 「국가인재양성 기본법」 제정이 필요하다고 주장한다. 이런 정도의 필요성이라면 구태여 기존 법을 폐지하고 새로운 법을 제정할 필요가 있었을까 싶다.

민주당 정부든 국민의힘 정부든 인적자원(인재)이 중요하고 따라서 국가수준에서 핵심적 정책 아젠다로 설정해야 한다는 점은 일치하고 있다. 그리고 법을 통해 정부가 무엇을 해야 할 것인지에 대해서도 질적인 차이는 보이지 않는다. 차이는 다른 정권에서 만든 법과 그 법에 입각한 조직 대신 새로운 이름의 법과 조직을 만들겠다는 것이다. 압축한다면 김대중 정부에서 노무현 정부로 이어지면서 만들어진 국가인적자원위원회를 보수 정부에서는 유명무실하게 하거나 아예 없애고 다른 조직 명칭을 사용하고 싶었던 것으로 판단된다.

복원을 위한 두 방안:
국가인적자원위원회 방안과 국가교육인적자원위원회 방안

김대중 정부에서 시작해 노무현 정부에서 완성한 「인적자원개발 기본법」과 그 법에 의해 만들어진 국가인적자원위원회를 발전적으로 계승하는 것이 역사의 시계를 정상적으로 움직이게 하는 방법일 것이다. 그런 관점에서 향후 다음 두 개의 방안을 검토할 필요가 있다.

첫 번째 방안은 「인적자원개발 기본법」과 그 법에 의해 만들어진 국가인적자원위원회를 그대로 두고 이명박 정부 등장과 함께 활동이 중단된 국가인적자원위원회 위원 구성과 노무현 정부의 인적자원정책본부와 같은 사무국 조직을 조속히 복원하는 방안이다. 이 경우 현재 운영 중인 국가교육위원회는 그대로 두고 현재 정지된 국가인적자원위원회를 가동하면 된다. 물론 필요하다면 세부 내용에 대한 수정 보완은 있어야 할 것이다. 대표적으로 국가인적자원개발위원회 운영을 효과적으로 하기 위해서는 무엇보다 인적자원 관련 예산편성 권한이 있어야 한다. 노무현 정부 당시 이 부분은 관철되지 못했다. 당시 교육인적자원부의 인적자원정책본부장이었던 김광조 차관보는 "과거 교육부총리의 말발이 먹히지 않은 것은 예산권이 없었기 때문이다. 그래서 개선안에 예산권한을 포함시켰지만 과기부와 예산처의 반대에 부딪쳐 '조사·분석·평가 결과를 통한 예산편성 반영'으로 조정됐다".[16]라고 말하며 예산권 확보의 중요성을 제기했다.

[그림 4-2] 국가교육인적자원위원회(방안 2)의 체계

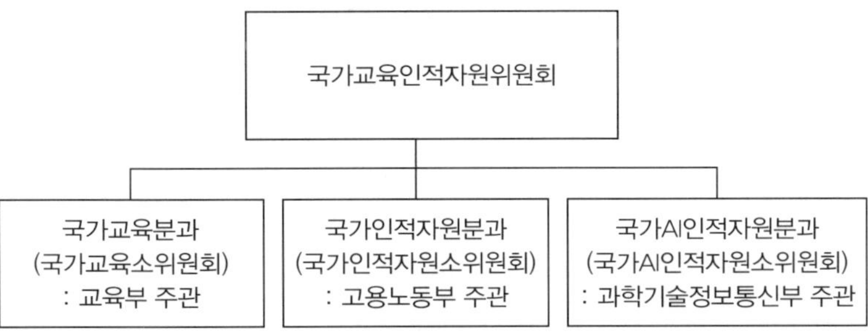

두 번째 방안은 첫 번째 방안보다는 최근의 상황을 좀 더 반영한 것으로, 국가인적자원위원회를 국가교육인적자원위원회로 확대 개편하는 방안이다. 현재 대통령 기구로 되어 있는 국가교육위원회와 「인적자원개발 기본법」상의 국가인적자원위원회를 통합하여 국가교육인적자원위원회(가칭)를 만든다. 그 하부에 국가교육분과(혹은 국가교육소위원회), 국가인적자원분과(혹은 국가인적자원소위원회), 국가AI인적자원분과(혹은 국가AI인적자원소위원회)를 두고 분업과 통합을 추구하도록 한다. AI인재의 중요성으로 인해 정부에서는 AI에 초점을 맞춘 인재양성 및 활용 정책을 추진하지 않을 수 없을 것이다. 그렇다고 별도의 또 하나의 독립 위원회를 만들기보다는 큰 우산 속의 분과 혹은 소위원회 형식으로 운영하는 것이 더욱 효과적이다. 이 방식은 여러 부처들이 관련된 정책의 경우 부처 간 조율이나 협력이 어려워 추진 자체가 제대로 되지 않은 점을 일부 보완할 수 있다. 예컨대 국가교육분과(혹은 국가교육소위원회)는 교육부, 국가인적자원분과(혹은 국가인적자원소위원회)는 고용노동부, 국가AI인적자원분과(혹은 국가AI인적자원소

위원회)는 과학기술정보통신부를 담당 부처로 맡기고 최종적으로 국가교육인적자원위원회에서 조정·총괄하게 하는 방식이다. 이 경우 국가교육인적자원위원회는 교육부 등 특정 부처의 것이라는 생각을 불식시킬 수 있다.

2부

지역에서도 청년이

행복한 나라를 꿈꾼다

제5장

지역균형발전과 인적자원개발의 상관관계

1. 김대중 정부의 교육인적자원정책위원회

구성 및 설립목적

김대중 정부는 2001년에 정부조직법 개정을 통해 이전의 교육부 명칭을 교육인적자원부로 변경했고 동시에 장관을 부총리로 격상시켰다. 교육인적자원부로 명칭이 변경된 데에는 지식기반사회로의 전환과 국가경쟁력 강화를 위해 인적자원개발을 국가 차원에서 전략적으로 추진할 필요성이 커졌다는 점이 작용하였다. 정보통신산업이 급속히 발전하고 글로벌 환경 변화에 대응하기 위해 각 부처에 분산되어 있던 인적자원개발정책을 통합·총괄·조정할 조직이 필요하다고 판단하였다. 김대중 정부는 교육부를 확대 개편하면서 명칭도 변경했다. 노무현 정부에서도 교육인적자원부 명칭을 그대로 사용했다. 2008년에 임기를 시작한 이명박 정부는 기존의 교육인적자원부와 과학기술부를 통합하여 교육과학기술부를 만들었고, 부총리급에서 장관으로 되돌려놨다.

김대중 정부는 교육인적자원정책에 대해 대통령에게 자문할 기구로 교육인적자원정책위원회를 설치하였다. 2000년 9월 30일 자로 '교육인적자원정책위원회규정'(대통령령 제16977호)을 만들었다. 이에 입각해서 2000년 10월 13일에 '대통령 자문 교육인적자원정책위원회'를 발족시켰다. 위원회 발족 당시에 나는 연구년을 맞아 코넬대학교에 있었다. 2001년 여름 귀국 직후부터 김대중 대통령 임기 종료 직전까지 전문위원으로 근무하였다. 교육인적자원정책위원회의 위원은 30명이었다. 교육 및 인적자원 관련 부처 장관들과 청와대 교육문화수석, 그리고 전문가들로 구성되어 있었다. 간사는 교육인적자원부 차관보가 맡았다. 내가 일할 당시 전문위원은 모두 8인으로 교육학 혹은 노동경제학·교육경제학 교수 및 국책연구기관 박사들이었다.

교육인적자원정책위원회의 설립목적은 "21세기 지식정보화 사회에 부응하는 인재육성을 위한 교육·인적자원개발의 추진 전략 및 관련 정책 개발 등에 관한 대통령의 자문에 응하기 위해서"였다. 주된 기능은 세 가지였다. 교육·인적자원개발의 추진 전략 및 관련 정책의 개발에 관한 사항, 교육·인적자원개발 정책의 추진 상황 점검 및 평가에 관한 사항, 기타 교육·인적자원개발에 관하여 대통령이 부의하는 사항 심의이다.

주요 활동

2000년 10월 13일에 발족된 위원회는 교육·인적자원개발 정책 및 추진 전략을 논의하기 위해 전체 회의 12회, 운영협의회 16회를 개최했다. 분과위원회는 모두 27회 개최되었다. 제1분과위원회는 학교 교육 관련 사항을 다루었다. 제2분과위원회는 평생직업교육 및 기업인적자원개발 관련 사항을, 제3분과위원회는 여성인적자원개발 및 교육인프라 구축 관련 사항을 논의했다. 특별위원회로는 교육선언특별위원회(8회)와 고등교육특별위원회(6회)를 운영했다.

2001년 2월부터 5월까지는 4개 정책 영역 11개 과제를 대상으로 교육·인적자원개발 정책에 대한 진단·점검을 실시했다. 대상 부처는 교육인적자원부, 과학기술부, 문화관광부, 산업자원부, 정보통신부, 보건복지부, 노동부, 여성부 등 8개 부처였다. 주요 내용은 국가인적자원개발 정책의 부처 간 연계·조정 사항 점검과 미추진 분야 확인이었다. 정책 개발을 위해 관계관협의회(24회), 전문가협의회(37회), 정책자문협의회(9회)를 개최했다.

교육·인적자원개발 관련 현안에 대한 의견 수렴을 위해 정책토론회를 7회 개최했다. 제1차 토론회는 '지식경제의 전망과 인적자원개발 과제'라는 주제로 2001년 10월 30일 서울에서 열렸다. 제2차 토론회는 '교육·인적자원개발 시스템 구축 방안'으로 2001년 11월 14일 부산에서 열렸다. 제3차는 '인적자원개발을 위한 교육·고용·복지 연계체제 구축'으로 2001년 12월 13일 전주에서 개최되었다. 제4차는 '교육·노동시장이행 지원체제 구축 및 도서관 정보인프라 활성화 방안'으로 2002년 2월 6일 서울에서 열렸다. 제5차는 '교육의 질 향상을 위한 고교평준화 정책 개선 방안'으로 2002년 4월 15일 서울에서 개최되었다. 제6차는 '지방교육행

정체제 개편 방안'으로 2002년 5월 22일 대구에서 열렸다. 제7차는 '대학경쟁력 강화 방안'으로 2002년 6월 5일 서울에서 열렸다. 정책토론회 제목을 보면, 20년이 지난 지금 시점에서도 여전히 중요한 주제임을 알 수 있다

그리고 '21세기 한국교육의 좌표 설정을 위한 전문가 토론회'를 2002년 8월 30일 서울에서 개최했다. 워크숍 및 세미나도 5회 개최되었다. 대통령 보고는 '21세기 지식강국을 주도할 국가인적자원개발 정책보고'라는 제목으로 2001년 6월 29일, 2002년 4월 3일, 마지막으로 2002년 11월 14일에 이루어졌다. 내가 전문위원 자격으로 내용의 초안을 작성하여 대통령 보고회에 배석자로 참석한 것은 마지막 보고회였다.

위원회는 2002년 11월 14일에 청와대에서 최종보고회를 가졌다. 당시 위원장이었던 배무기 울산대 총장은 김대중 대통령에게 그날 정책주제였던 '학교 교육의 질 향상을 위한 시스템 구축, 대학의 자율기반 구축 및 수월성 확보, 기업내 인적자원개발 활성화, 지역균형발전을 위한 인적자원개발체제'를 중심으로 직접 보고했다.

최종보고회에서 보고된 네 개의 대 정책주제 속에 들어가 있는 세부 제안과제들은 수십개에 달했다.[20] '학교 교육의 질 향상을 위한 시스템 구축'의 세부 제안과제는 초·중등교육의 질 관리체제 확립을 포함하여 17개였다. '대학의 자율기반 구축 및 수월성 확보'의 세부 제안과제는 사회적 수요를 반영하는 대학교육과정 개발·지원을 포함하여 모두 10개였다. '기업내 인적자원개발 활성화'의 세부 제안과제는 개인의 직업능력개발 투자에 대한 소득공

제 확대 등 13개였다. 그리고 '지역균형발전을 위한 인적자원개발 체제'의 세부 제안과제는 공공기관의 지방 이전 추진을 포함하여 모두 9개였다.

2. 지역균형발전을 위한 인적자원개발체제 구축

교육인적자원정책위원회가 2002년 11월 14일에 김대중 대통령에게 보고한 네 개의 정책과제 중에 내가 책임집필한 것은 '지역균형발전을 위한 인적자원개발체제 구축'이었다. 위원회의 작업방식은 먼저 주제를 정하는 과정을 거친다. 주제는 대부분의 경우 전문위원들이 제안한다. 제안된 주제들을 펼쳐 놓고 선임위원과 전문위원 등의 난상토론을 통해 주제 후보들을 선정한다. 최종 주제 선정은 위원회 전체회의를 통해 확정된다. 그리고 확정된 주제에 관한 초안 집필은 주제를 제안한 전문위원들이 맡는다. 작성된 초안에 대해 다시 선임위원과 전문위원들 그리고 사무국에 파견된 교육인적자원부 공무원들의 의견을 반영한 후 위원회 전체회의에서 최종 확정된다.

'지역균형발전을 위한 인적자원개발체제 구축'은 내가 제안하였기 때문에 초안 집필 및 최종 내용 작성도 내가 맡게 되었다. 그 과정이 쉽지 않았던 기억이 난다. 당시만 해도 '지역균형발전'이라는 아젠다의 정책적 중요성이 높지 않았던 시기였다. 내가 이 주제를 처음 제안했을 때에는 선정되지 않았다가 이후 논의에서 다시 살아난 우여곡절을 겪었다. 1년간 전문위원으로 거의 매주 부산과 서울을 왕복하는 고생을 했는데, 눈에 띄는 성과없이 전문위원 활동을 마무리해야 할 상황을 맞을 뻔도 했다. 1차 주제 선정에서 빠지게 되었을 때 겉으로 표시는 내지 않았지만 내심 적지 않은 충격을 받았던 기억이 난다.

당시 보고서 작성 포맷은 네 개 정책주제 모두에 공통적으로 적용되었다. 각 주제별로 배경 및 필요성, 현황 및 문제점, 정책방향과 과제 순으로 하기로 했다. 이 포맷은 이후 부산교육청 시민교육협의회와 부산 지역인적자원개발위원회 등 내가 참여한 부산지역 활동과정에서 만든 정책보고서 포맷으로 적용되기도 했다. 중앙의 경험이 지역에, 그리고 지역의 경험이 중앙에도 활용되는 선순환적 모습이 아닌가 생각된다. '지역균형발전을 위한 인적자원개발체제 구축'의 원문 내용을 중심으로 정리하면 다음과 같다.

배경 및 필요성

지역균형발전을 위해 인적자원개발의 중요성이 증대하고 있다. 지역 간 격차, 특히 수도권과 비수도권 간 격차 심화를 방지하고 사회통합을 달성하기 위해서는 실효성 있는 지역균형발전정책이 필요하다. 지식기반경제의 등장으로 인적자원의 중요성이 부각되면서 지역인적자원개발체제 구축은 지역균형발전의 핵심요소로 부상되고 있다. 그리고 산업구조 및 노동시장 수급구조의 지역별 차이로 인해 지역밀착형 인적자원개발정책의 필요성이 부각되고 있다. 지역인적자원개발체제 구축은 지역의 인적자원개발 활성화와 효과 제고를 통해 국가인적자원개발체제의 정책 성공에도 기여할 수 있다.

현황 및 문제점

보고 자료의 현황 및 문제점 부분에서는 중앙집권적 관리구조의 존속, 지역단위의 관련 주체 간 연계 부족, 종합정보망 구축 미비 및 전문인력 부족, 비수도권 지역 인적자원의 유출과 지역인재의 부족이라는 네 가지 측면이 기술되어 있다.

지방자치제가 도입된 이후 긴 시간이 흘렀지만, 인적자원개발정책은 여전히 중앙집권적 관리구조를 유지하고 있다. 중앙부처 주도의 예산과 기구 동원으로 인해 지역 실정에 맞지 않는 예산집행과 정책기획이 이루어지는 경우가 많다. 지방정부는 지역단위의 인력과 관련된 정책 기획 기능이 부족하다. 한국직업능력개발원의 2000년 조사에 의하면, 광역지방자치단체 인적자원개발정책 담당자의 78.8%가 정책이 중앙집권적으로 운영되고 있다고 응답하였다. 직업교육훈련촉진법이 1997년에 제정되어 인적자원개발을 위한 지역 주체의 역할이 법적으로 부여되기는 했다. 그러나 실제로 해당 역할이 제대로 수행되고 있지 않다. 직업교육훈련촉진법 제18조는 특별시·광역시·도에 직업교육훈련협의회를 설치하도록 규정하고 있으나, 예산지원이 없고 권한이 불명확해 지방자치단체들은 협의회 구성에 소극적인 입장을 보이고 있다. 현재 조례를 제정하고 협의회를 설치한 지역은 광주광역시, 경기도, 경상북도 세 곳에 불과하다. 이마저도 실질적으로 작동되지 않고 있다.

지방자치단체, 중앙정부의 특별지방행정조직(교육청, 노동청, 중소기업청) 등 지역인적자원개발 업무 담당기관이 분산되어 있다. 지역 차원의 인적자원개발 관련 위원회나 협의회를 운영하는 경우도 있으나, 명실상부한 총괄 추진주체 및 기구가 없으며 기관 간 연계도 약하다. 현재 여러 법으로 규정된 지역단위 인적자원개발 정책 관련 조직들은 직업교육훈련협의회, 지방고용심의회, 고용촉진조정협의회, 평생교육협의회 등으로 산재되어 인적자원개발 사업의 중복 및 비효율성이 초래된다. 노동부 실업자훈련, 정보통신부의 고학력 미취업자 대상 정보통신교육훈련, 지방자치단체의 독자적 교육훈련 등이 지역단위에서 통합되지 않고 분산 실시되고 있으며 유사·동일 프로그램의 중복, 방만 운영, 관련 기준 및 지원수준의 차이 등 여러 문제점으로 나타난다.

지역의 교육훈련시장과 노동시장, 두 시장 간 연계 등 지역인적자원의 개발, 배분·활용, 유지·관리 정보를 갖춘 지역기반의 종합정보망 구축이 부족하다. 지역인적자원개발사업의 전체 예산, 인원 등에 대한 기초자료의 축적과 분석도 미흡하다. 지역인적자원개발 담당 인력의 전문성이 부족하며, 전문인력 양성체제도 취약한 실정이다. 16개 시·도 지방자치단체의 인적자원개발 관련 주요 지표를 보면, 인적자원개발 담당자는 1~2명으로 지방자치단체 전체 인원대비 0.05~0.1% 수준이다. 인적자원개발 예산은 전체 예산대비 0.1~0.2%에 불과하며, 담당 공무원의 인적자원개발 업무기간도 대부분 1년 미만이다.

비수도권 지역 우수 인적자원이 수도권으로 유출됨에 따라, 비수도권 지역 개발은 매우 어려운 실정에 있다. 지방의 고등학교를 졸업한 학생이 수도권 대학에 진학한다(1차 유출). 지방 소재 대학

[표 5-1] 수능성적 상위 5% 학생의 서울 소재 대학 진학 상황(1999년)

계열	수능성적 상위 5% 이내 학생	서울 소재 대학 진학자	비율(%)
인문계	20,567	14,113	68.62
자연계	16,832	9,639	57.27
예·체능계	4,614	2,489	53.94
계	42,013	26,241	62.46

자료: 지방대학육성대책위원회, 「지방대학 육성대책(안)」, 2000.

[표 5-2] 수도권 일반대학 편입자 중 지방대 출신자 현황

구분	수도권 대학 출신자(명)	지방대학 출신자(명)	계(명)
2000년 1학기	826(38.7%)	1,306(61.3%)	2,132
2000년 2학기	713(44.5%)	889(55.5%)	1,602
2001년 1학기	2,190(60.3%)	1,440(39.7%)	3,630

주: 일반대학은 특수목적 대학을 제외한 4년제 대학
자료: 교육인적자원부, 내부자료, 2001.

재학생이 수도권 대학에 편입하며(2차 유출), 지방 소재 대학을 졸업한 후에도 수도권의 직장으로 이동하는 현상(3차 유출)이 반복된다. 이를 방지하기 위해 "지방대학에 진학하는 우수학생에게 인센티브를 주는 지방대학육성대책을 강구"하라는 대통령의 지시(제8차 국무회의, 2000.2.22.)도 있었다. 그렇지만 실질적인 방안들은 입법, 예산 등에서 여전히 한계가 있다.

지역균형발전정책의 필요성은 1960년대 중반부터 인식되어 왔다. 그동안 주요 수단들은 오지 개발, 도서 개발, 개발촉진지구 등 대상지역 설정이나 사회간접자본과 같은 이른바 하드 인프라(Hard Infra) 중심이었다. 인적자원개발이라는 소프트 인프라(Soft Infra) 구축에 대한 고려는 부족하였다.

정책방향과 과제

광역지방자치단체에 지역인적자원개발의 총괄·조정기능을 부여하여 체계적인 지역 인적자원개발체제 구축이 필요하다. 해당 지역발전의 책임과 권한을 갖는 지방자치단체의 인적자원개발 기능을 확충해야 한다. 교육청, 노동청, 중소기업청 등 기타 지역 인적자원개발 담당기관의 기능 확대도 병행하여 추진해야 한다. 광역지방자치단체에 인적자원개발 총괄 부서를 설치하도록 한다. 총괄 부서(최소 '과' 수준)는 해당 지역의 인적자원개발 기본계획 수립 업무, 정책결정과 실행 파트너십 기구에 대한 지원 업무를 담당하도록 한다. 총괄 부서 설치·운영을 위한 인원, 예산은 중앙정부 차원에서 신규 지원해야 한다.

'지역인적자원개발위원회(가칭)'라는 지역인적자원개발 파트너십 기구 구성을 통해 지역인적자원개발정책을 효과적으로 시행할 필요가 있다. 이 위원회는 해당 지역의 인적자원개발정책을 심의하고 의결하는 역할을 담당하도록 한다. 위원장은 광역지방자치단체장이 된다. 교육청·노동청·중소기업청 등 지역인적자원개발 관련 특별지방행정기관장, 지역인적자원에 대한 수요자·공급자 대표, 전문가 등이 참여하는 파트너십 조직으로 구성한다. 세부 구성 및 운영방식은 지역 자율로 결정하도록 한다. 위원회 산하에 '지역인적자원개발실무협의회(가칭)'를 설치하여 위원회에서 심의될 기초자료에 대한 실무차원의 검토, 결정 사안들을 효과적이고 체계적으로 실행하는 업무를 수행하도록 한다. 또한 중앙과

[표 5-3] 지역인적자원개발 체제하에서의 주체 간 역할 분담(안)

주요 주체	역 할
지방자치단체	– 각 주체들의 사업 간 연계 및 조정, 협력 도출, 새로운 정책방향 제시와 유인 등 시스템 설계자(system designer) – 지역단위의 산업인력개발계획 수립 – 산업인력 D/B 구축 – 과학연구단지의 조성
교육청	– 초·중등학교 중심의 인적자원개발 – 지역사회와 연계·개방된 학교사업 및 평생교육사업 발굴 추진
노동청	– 통계청과 협력하여 지역의 고용동향 및 지역의 직업훈련 육성 계획 수립 – 직업훈련에 대한 지역밀착적 지원
중소기업청	– 지역 내 중소기업의 인적자원개발 – 지역 내 중소기업의 인력수급 동향 점검 및 실태조사
대학	– 산·학·연 연계프로그램 추진 – 산업수요, 기업수요형 연구기능 개발과 활성화 – IT·BT·NT·ET·ST·CT 인력지원 연구지원 연구산업단지의 조성 및 운영

지역인적자원개발 기능의 연계 강화를 위해 교육부총리와 광역지방자치단체장간의 정례적인 인적자원개발 관련 모임(회의) 개최가 필요하다.

지역인적자원개발 관련 법령 정비 차원에서 '인적자원개발기본법'(2002.8.26. 제정·공포)과 '지역균형발전특별법'(당시 국회 계류 중)에 지역인적자원개발의 총괄·조정기관 지정, 파트너십 기구 구성 원칙 등 핵심전략을 명시한다. 인적자원개발을 지역균형발전전략의 핵심요소로 격상시키는 방향으로 두 법 간의 연계를 추진하도록 한다. 그리고 장기적으로는 지역인적자원개발 사업의 전체적인 틀과 핵심 내용을 담은 총괄법(가칭 '지역인적자원개발특별법') 제정 여부를 검토할 필요가 있다.

지역 인재의 고용확대 및 유출방지를 위해 정부는 고용효과가 높은 행정기관·공기업·정부산하기관(연구기관 포함) 등의 공공기관을 비수도권 지역으로 적극 이전시켜야 한다. 공공기관의 지방 이전 해외사례는 적지 않게 발견된다. 프랑스는 최고의 엘리트 교육기관인 국립행정학교를 프랑스 외곽 독일접경지역인 스트라스부르로 이전시키는 등 많은 공공기관들을 지방으로 이전시킨 대표적 국가이다. 독일 역시 베를린으로 수도를 옮긴 이후 과거 수도인 본(Bonn)에도 국토균형발전차원에서 행정사무소를 두고 있다. 향후 신설 중앙부처는 구동독지역에 배치하기로 결정한 바 있다. 공공기관의 지방 이전은 공공기관과 관련된 사업체도 동반 이동하도록 하는 유인을 만들어 낼 수 있어 지역균형발전전략으로서는 매우 효과적인 전략이다.

이와 함께 지방 인재 양성을 위한 지방대학 육성대책도 조속히 실시되어야 한다. 지방고교 출신이자 해당 지역대학입학자 중 우수 학생에게 해당 지역대학, 대학원까지 연계하여 공부할 수 있도록 국비 장학제도를 도입하도록 한다. 지방대학 우수 졸업생들을 대상으로 교수·연구원 육성을 위한 국비 유학지원제도 도입도 필요하다. 그리고 공기업 평가 항목에 신규채용자 중 지방 소재 대학 출신자 비율 항목을 포함하도록 한다.

행·재정 지원을 통해 지역인적자원개발을 촉진할 필요가 있다. 이를 위해 각 지역의 인적자원개발 사업을 평가하여 그 결과를 공개하고, 이를 근거로 행·재정 차등 지원을 하도록 한다. 당시 국무조정실과 행정자치부 합동으로 실시되고 있는 16개 광역지방자치단체에 대한 평가지표에 인적자원개발과 관련된 항목이 있기는 하다. 그러나 공공근로사업 추진, 고용촉진훈련, 주민 밀착형 고용서비스 제공과 같이 지방자치단체가 현재 담당하는 업무에만 한정되어 있다. 지역 전체의 인적자원개발을 위한 지방자치단체의 노력 및 성과를 평가할 수 있는 항목이 취약한 실정이다.

지원체제 중 매우 중요한 것은 종합정보시스템을 구축하는 것이다. 이를 위해 먼저 지역단위별 종합정보시스템을 구축하고 운영해야 한다. 교육정보망(EDU-NET), 직업훈련정보망(HRD-NET), 고용안정정보망(WORK-NET), 고용보험전산망 등 정부 부처의 인적자원 정보망 연계·통합이 필요하다. 지역 차원 인력예측모형의 개발·보급도 진행해야 할 것이다.

미국의 지방자치단체는 노동부 노동통계국에서 개발한 인력예측모형을 기본 틀로 하면서 해당 지역의 실정에 맞도록 일부 수정·보완한 지역인력예측모형을 구축하고 있다. 실리콘밸리의 인적자원개발 파트너십조직인 NOVA 민간산업협의회는 1994년부터 노동시장정보플러스(LMI+, Labor Market Information Plus)라는 프로젝트를 수행하고 있다. LMI+에서는 기존의 직업분야별 노동시장 정보뿐만 아니라 숙련기술의 종류와 단계별로 세분화·구체화된 노동시장 정보를 지역사회에 제공하고 있다.

3. 노무현 대통령 후보의 공공기관 지방 이전 공약 발표

나는 '지역균형발전을 위한 인적자원개발체제 구축'에서 지역인적자원개발 관련 행정 및 법 체제의 정비, 지역인재의 고용확대 및 유출방지, 지역인적자원개발 지원체제 구축이라는 세 가지 정책방향을 제시하였다. 그리고 세부과제로 광역지방자치단체에 총괄·조정 기능 부여, 지역인적자원개발 파트너십기구 구성, 공공기관의 지방 이전 추진, 지역인재 양성을 위한 지방대학 육성대책 실시, 공기업의 지방대학 졸업생 채용 확대 등을 제안하였다. 그런데 교육인적자원정책위원회가 김대중 대통령에게 마지막 보고한 시점은 김대중 대통령 임기를 불과 100여 일 남겨놓았을 때였다. 내가 책임 집필했던 '지역균형발전을 위한 인적자원개발체제 구축'에서 제시한 과제들이 김대중 대통령 재임때에는 시행될 수가 없었다. 그러나 이후 어떤 정부가 들어서든 앞으로 수도권과 비수도권 간의 경제, 문화 등 모든 측면에서 격차가 심화될 것이고 그러면 두 지역 간 격차를 완화하기 위한 정책들의 중요성이 커질 수밖에 없을 것이다. 그래서 그 핵심정책으로 사람의 문제, 즉 지역인적자원개발정책이 채택될 것이라는 희망은 가지고 있었다.

지금 시점에서 보면 공공기관의 지방 이전 추진, 지역인적자원개발 파트너십기구 구성 등 적지 않은 과제들이 시행되고 있어 다행스럽다. 그리고 일부는 충분하지는 않지만 내가 가졌던 동일한 문제의식을 가지고 시행을 위해 노력했거나 하고 있는 과제들도 있다. 보고서를 작성할 때 가장 큰 이슈였고 고민의 정도가 강했던 것은 공공기관의 지방 이전 추진이었다. 다른 과제와는 파괴력 정도에서 차원이 달랐기 때문에 대통령 보고 내용에서 끝까지 살아남아 있을지 염려도 된 것이 사실이다. 1차 주제 선정에서 제외될 뻔했던 것도 바로 이 점 때문이었을 것이다.

　대통령 보고 자료는 초안을 만들고도 몇 달간 숙의를 하고 최종적으로는 문구 하나하나까지 세밀하게 검토한 후 완성된다. 다른 세부과제들처럼 공공기관의 지방 이전 과제도 대통령 보고일인 2002년 11월 14일 훨씬 이전에 이미 초안을 만들어 놓고 선임위원과 전문위원들과 토론을 거쳤다. 그날도 위원회 회의를 위해 서울로 가려고 집 근처 공항리무진 정류장에서 김해공항행 버스를 기다리고 있었다. 버스정류장 옆 어느 가게 가판대 신문 1면의 큰 제목이 눈에 들어왔다. 노무현 대통령 후보가 공공기관의 지방 이전을 공약으로 발표했다는 기사였다. 노무현 대통령 후보는 물론이고 후보 공약팀과도 인연이 전혀 없었던 나로서는 위원회에 내가 제안한 내용과 동일하여 깜짝 놀랐다.

　노무현 대통령 후보는 2002년 9월 30일에 공공기관의 지방 이전 공약을 공식적으로 발표했다. 당시 발표된 지방 이전 공약의 핵심 내용은 수도권 집중 억제, 국가균형발전, 행정수도 건설 및 중앙행정기관 이전, 공공기관 지방 이전 및 혁신도시 건설 등이었다. 이 공약은 행정수도 신설 및 공공기관 지방 이전을 통해 수도권과 지방의 불균형 해소, 지역 성장거점 조성, 그리고 궁극적으로는 국가균형발전을 실질적으로 달성하겠다는 국가적 비전이었다. 이전의 어떤 공약보다 파급력이 큰 공약이었다. 위원회에서 공공기관의 지방 이전 공약을 처음 제안했을 때 차가운 벽을 보았다. 노무현 대통령 후보의 공약 발표 덕분에 그 벽이 무너지면서 김대중 대통령 보고 자료에 최종 들어가게 된 것이 아닌가 싶다.

2005년 6월, 정부는 176개 공공기관에 대한 시·도별 이전 배치안을 발표했다. 참여정부의 야심 찬 프로젝트인 국가균형발전 정책의 핵심이 드러나는 순간이었다. (중략) 우선 격세지감의 심정이 든다. 참여정부가 등장하기 직전에 대통령 자문기구에서 전문위원 노릇을 한 적이 있다. 수도권에 집중되어 있는 공공기관부터 지방으로 이전해야 한다는 필자 주장에 대한 당시의 냉소적인 분위기가 지금도 선명하다. 몇 년 전만 해도 철벽처럼 느껴졌던 이 사안이 지금 눈앞에서 진행되고 있으니 정말 격세지감의 심정이 들지 않을 수 없다.

_류장수(2019), 『대학과 청년』, 산지니, p.225.

4. 지역인적자원개발위원회 탄생과 걸어온 길

2013년, 지역인적자원개발위원회의 탄생

지역인적자원개발위원회는 고용노동부 주도로 지역·산업의 수요에 맞는 인력을 양성하기 위해 서울특별시를 포함해 전국 광역시도에 설치되어 있는 기구이다. 지역별로 약간의 시차는 있지만 2013년 말부터 설립되었으니 10년 이상의 역사를 지닌 기구이다. 이 기간 동안 여러 차례의 정권 교체에도 불구하고 명칭과 기능이 유지되고 있다는 특징을 지닌다. 2013년까지의 직업훈련 상황에 대해 당시 정부는 "중앙정부와 지방자치단체 차원에서 인력양성과 관련된 여러 사업들이 추진되고 있었지만 지역과 산업의 수요를 반영하여 효율적으로 연계하려는 노력은 미흡한 편"이라고 인식하고 있었다. 이러한 문제의식하에서 고용노동부는 2013년 7월 26일에 국가정책조정회의에서 '지역·산업 맞춤형 인력양성체계 구축 방안'을 보고하였다. 그리고 그해 10월에 14개 지역인적자원 개발위원회를 광역시도에 설치하였다.

늦은 감은 있지만 지역맞춤형 인력양성체계를 지역 거버넌스를 만들어 운영하겠다는 고용노동부의 판단은 매우 적절하였다. 그동안 부산에서 살면서 고용노동부 회의나 세미나 등에 참석하여 해당 지역을 제일 잘 아는 지역 주체들이 지역이 필요한 인력을 양성해야 한다는 주장을 수없이 해 왔다. 이런 나의 주장이 어느 정도 반영된 결과인 지는 모르겠지만 어쨌든 내 의견과 일치하는 방향으로 진행된 것은 나로서는 의미 있었다. 그리고 지역인적자원개발위원회 설립 기획 단계부터 고용노동부 공무원들과 심도 있는 회의를 여러 차례 했다. 때로는 늦은 시간까지 당시 고용노동부가 있던 과천에서 의견을 나누기도 했다.

지역인적자원개발위원회 모습을 어떻게 가져갈 것인지에 관해 마치 창업의 심정으로 진지하면서도 격렬하게 토론했던 기억이 난다. 내가 특히 우려했던 것은 지역 주체들이 지역에 적합한 인재 양성을 하도록 하는 것은 당연히 적절하지만 누가 주도할 것인가였다. 만약 지역의 대표성을 충분히 갖춘 기구가 되지 못할 경우 지역파트너십기구가 아니라 특정 기관 소유물이 되어 소기의 목적을 달성할 수 없기 때문이다. 당시 나는 지방자치단체에서 주관하는 모습으로 출발하길 제안했다. 고용노동부에서는 지역 및 산업 중심이라는 점을 반영하여 지역의 산업체 대표기관에 설치하고 싶어 했다. 여기에는 새로운 기관을 만드는 것이 쉽지 않은 상황에서 이미 설립되어 있는 기관에 맡겨 속도감 있게 설치하려는 의도도 담겨 있었을 것이다. 대화 속에서 그런 점이 느껴졌다.

결국 고용노동부는 지역인적자원개발위원회의 운영 기관을 각 지역의 산업체 대표기관인 상공회의소나 경영자총협회로 했다. 대신 지역대표성을 확보하기 위해 위원회에는 지방자치단체, 지방고용노동청, 노동단체 등 인력양성 관련 기관들이 참여하는 파트너십 조직으로 구성했다. 그럼에도 불구하고 나는 이런 구성이라면 시간이 지남에 따라 지역의 대표기관이 아니라 상공회의소나 경영자총협회의 하부 부서화될 것이라는 우려를 지속적으로 주장했다. 고용노동부에서도 동감했다. 그래서 만들어 낸 방식이 위원회의 위원장은 지방자치단체와 산업체 기관 대표가 공동으로 맡더라도 상임위원(나중에는 선임위원으로 명칭 변경)이 사실상 업무를 총괄하도록 하는 방식이었다. 이전에 내가 경험했던 적이 있는 대통령기구인 노사관계개혁위원회 상임위원제, 교육인적자원정책위원회의 선임위원제를 적용하는 방식이었다. 이 부분에 대해서는 고용노동부와 의견 일치를 보았다.

내가 원했던 방식은 대통령 위원회 방식과 같이 사무국 등 운영기관을 특정 기관에 맡기지 않고 독립적인 위원회를 만드는 것이었다. 그것이 현실적으로 어렵다면 운영기관은 산업체 대표기관, 사실상 업무 총괄은 상임위원(혹은 선임위원)이 맡도록 하는 절충식이었다. 여전히 불안하고 나중에 문제가 될 불씨를 가졌지만, 불가피한 결정이었다. 그리고 상임위원은 전문가로 하고 운영기관과 고용노동부가 협의하여 결정하기로 했다.

이와 같은 원칙에 따라 2013년 10월에 전국 14개 지역인적자원개발위원회가 설치되었다. 11월에 처음으로 지역인적자원개발위원회 워크숍이 개최되었다. 첫 워크숍에는 14개 지역인적자원개발위원회 선임위원, 지역상공회의소 등 운영기관, 고용노동부, 한국산업인력공단 등 관계자들이 참석하였다.

그 자리에서 나는 「지역인적자원개발 거버넌스 구축 사례 및 쟁점」이라는 제목으로 미국의 사례와 함께 지역인적자원개발위원회 초기 쟁점에 대해 발표하였다. 특히 위원회 초기 쟁점에 대해 매우 걱정스럽게 얘기했다. 첫 워크숍 자리가 축제 자리가 되어야 했음에도 불구하고 분위기가 좋지 않았던 기억이 난다. 그렇지만 나로서는 앞으로 문제 소지가 있는 것을 초기에 분명히 얘기할 필요가 있었다. 실제로 마치고 난 후에 내 생각에 동조하는 선임위원들이 많았다.

첫 워크숍 자리를 심각하게 만든
'지역인적자원개발위원회 초기 쟁점' 발표

이 발표 과정에서 나는 직전 부산 지역인적개발위원회 선임위원으로 결정되는 과정에서 부산의 운영기관 직원과 겪었던 이해대립에 대해 말했다. 이러한 이해대립은 사람이 좋고 나쁘고가 아니라 구조적인 문제로 인해 발생할 수밖에 없을 것이라는 우려를 적나라하게 표현했다. 당시 발표 후반부에서 내가 발표한 내용을 정리하면 다음과 같다.

지역인적자원개발위원회의 위상은 법이나 조례에서 근거를 가지는 위원회인지 여부가 중요한 쟁점이다. 이를 명확히 하지 않을 경우 위원회가 주관기관의 조직으로 전락할 위험이 상존한다. 또한 만약 지역노사민정협의회 혹은 지방고용심의회의 특별위원회로 설치될 경우, 특별위원회에서 결정된 사안들은 반드시 협의회 혹은 심의회를 거쳐야 할지도 모른다. 그렇다면 옥상옥 구조로 인해 의사결정과 사업 추진의 효율성이 저하된다. 그렇기 때문에 옥상옥을 방지하기 위한 장치가 필요하다. 당시 지역인적자원개발위원회를 이미 각 광역시도에 설치되어 있던 지역노사민정협의회 혹은 지방고용심의회 특별위원회로 해야 한다는 주장도 있었다.

상임위원의 위상과 역할도 중요한 문제다. 상임위원이 위원회 운영을 총괄한다고 할 때, 총괄의 의미 즉 권한과 책임의 폭과 깊이가 무엇인지 명확히 규정하지 않을 경우 주관기관과의 이해대립 가능성이 존재한다. 기관인 주관기관과 개인인 상임위원 간에 견해 차이가 발생할 경우 개인의 협상력이 절대적으로 불리해져서 상임위원의 역할이 형식적으로 전락할 가능성이 높다. 따라서 고용노동부와 한국산업인력공단이 상임위원의 전결권을 어디까지 둘 것인지, 역할과 책임은 무엇인지 등을 담은 가이드라인을 설정할 필요가 있다. 명문화된 규정을 마련해야 한다.

운영팀 직원들의 소속 역시 쟁점이다. 운영팀 직원들이 위원회 소속인지, 운영 주관기관 소속인지가 분명하지 않을 경우 문제가 된다. 운영 주관기관 소속 직원의 성격이 강할 경우 상임위원이 실질적으로 총괄 기능을 수행하기 어렵다. 당장의 문제로서 운영팀 직원 채용을 누가 주관하는지도 중요하다. 그 과정에서 상임위원의 역할이 무엇인지, 구체적으로 채용 요건과 심사, 채용 과정에서 상임위원이 어떤 역할을 할 수 있는지가 논의되어야 한다. 이 과정에서도 상임위원과 주관기관 간의 의견 불일치 가능성이 존재한다.

현장 중심 인적자원개발정책의 출발점은 이 목적에 적합한 인적자원개발 거버넌스를 구축하는 데 있다. 그런 점에서 새로 설립된 지역인적자원개발위원회의 구성과 운영은 매우 중요한 의미를 지닌다. 이 위원회의 구성은 지역, 특히 지역 산업이 요구하는 인력을 양성할 수 있는 틀을 마련했다는 점에서 큰 의의를 가진다. 그러나 지역에서 상설 사무국을 갖춘 이러한 거버넌스 형태의 위원회를 운영한 경험이 거의 없는 우리로서는 이번 정책이 기회이면서 동시에 위기가 될 수 있다.

지역인적자원개발위원회가 제대로 작동할 경우 고용노동부의 직업훈련과 고용 관련 사업들은 물론이고, 다른 부처의 관련 사업들까지도 위원회에서 검토와 심의를 거쳐 추진할 수 있다. 이렇게 되면 위원회는 명실상부한 지역 차원의 인적자원개발 및 고용 총괄기구로 격상된다. 그러나 이 위원회가 참여기관 간의 이해관계 충돌이나 역량 부족으로 인해 제대로 운영되지 못할 경우, 우리나라의 지역인적자원개발정책과 지역고용정책의 실현은 요원한 과제가 되어 당분간 재구축이 불가능하게 된다. 따라서 위원회 구성원들의 열정과 전문성, 그리고 혁신적 네트워크 구축이 성패의 관건이다.

이런 내용으로 발표했는데, 나는 그날 워크숍 마무리 시점에 만들어진 전국선임위원협의회 제1기 회장으로 결정되었다. 2013년에 처음 설립된 지역인적자원개발위원회가 10년이 넘게 지난 지금 시점에서 어떻게 되었을까. 내가 당시에 걱정했던 쟁점이 기우에 그쳤는지 아니면 불행히도 우려가 현실이 되었는지 궁금하다.

지역·산업 맞춤형 인력양성체계 구축의 기본 방향

고용노동부가 2013년 7월에 국가정책조정회의에서 '지역·산업 맞춤형 인력양성체계 구축방안'을 보고하면서 지역인적자원개발위원회의 구성 계획이 확정되었다. 그리고 직후인 8월에 고용노동부는 지역·산업 맞춤형 인력양성체계 구축의 기본 방향을 발표하였다. 주요 기본 방향은 다음과 같다. "① 지역단위의 인적자원개발위원회를 구성하여 공동으로 수요를 조사하고 공동으로 훈련을 시켜 채용하는 산업계 주도의 인력공동관리체계를 구축하고, ② 지역단위의 수요조사와 사업계획 수립 등 실질적 권한을 부여하는 한편, 모니터링과 성과평가를 실시하여 질을 관리함으로써 자율과 책임에 따른 성과 중심의 훈련을 실시하고, ③ 지역단위의 인력양성체계를 구축함에 따라 실업자훈련을 단계적으로 지역 인력양성체계에 통합한다."

고용노동부 입장에서나 지역 입장에서나 지역인적자원개발위원회의 설립과 역할은 매우 중요한 의미를 지닌다. 그동안 직업훈련 등 인력양성사업이 중앙집권적으로 진행되어 지역 특성을 제대로 반영하기 어려웠다는 비판이 지속되었다. 이 점을 고려하면, 지역인적자원개발위원회의 설립은 인력양성 영역에서 이른바 전환점(turning point)을 맞은 사건이라고 해도 과언이 아니다.

이후 작업은 매우 속도감 있게 진행되었다. 같은 해 10월에 14개의 지역인적자원개발위원회가 광역시도에 설치되었다. 그리고 지역인적자원개발위원회의 역할 등을 보다 명확하게 정립하기 위해 2015년 1월에 「지역·산업 맞춤형 인력양성 운영규칙」이 제정되었다. 그러나 지역인적자원개발위원회가 법적 지위를 가지게 된 것은 2016년 「근로자직업능력개발법」(현재 「국민평생직업능력개발법」)을 개정했을 때였다.

2016년 1월에 개정되고 7월부터 시행된 「근로자직업능력개발법」에 의하면 다음 사항을 심의하기 위해 지역별로 인적자원개발위원회를 설치·운영할 수 있다(제22조 2).

- 지역 인력양성 기본계획의 수립
- 지역 내 인력 및 교육훈련 수요조사
- 지역 교육훈련기관 및 과정에 대한 현황 조사
- 지역 내 인적자원개발 관련 재원 배분 및 조정
- 지역 내 인력양성사업의 연계와 평가
- 해당 지역에서 중앙행정기관 및 지방자치단체가 실시하는 인력양성사업의 효율화를 위한 개선 및 예산 반영 의견 제시
- 그 밖에 지역의 인적자원개발 활성화를 위하여 필요한 사항으로서 대통령령으로 정하는 사항

지역인적자원개발위원회의 구성 및 운영에 대해서는 시행령에 담겨 있다. 시행령에 의할 경우 공동위원장을 포함하여 30명 이내의 위원으로 구성된다. 위원회의 위원장은 "해당 지방자치단체의 장 또는 부단체장 중 고용노동부장관이 위촉하는 1명"과 위원 중 호선된 사람 3인 이내로 된다. 위원회의 위원은 지방고용노동관서, 지방중소벤처기업청, 지방자치단체 및 특별시·광역시·특별자치시·도·특별자치도 교육청의 소속 공무원이 포함된다. 그리

고 지역 내 사업주, 지역 내 사업주단체·근로자단체 또는 그 연합체의 구성원, 지역 내 학교의 교직원, 지역 내 인적자원개발에 관한 학식과 경험이 풍부한 사람 중에서 고용노동부장관이 성별을 고려하여 임명하거나 위촉하는 것으로 되어 있다. 사실상 지역 내 인적자원개발 관련 파트너십 조직이라 할 수 있다. 지역의 대표기구로서 매우 적합한 구성이다.

지역인적자원개발위원회 사무국 운영기관

2017년, 지역인적자원개발위원회의 운영 내용을 담고 있는 「인적자원개발위원회 운영규정」이 고용노동부 고시로 제정되었다. 이후 수차례 개정과정을 거쳤다. 제정 당시의 내용을 중심으로 지역인적자원개발위원회의 운영에 관한 주요 사항을 요약 정리하면 다음과 같다.[21]

첫째, 「근로자직업능력개발법」과 「근로자직업능력개발법 시행령」 내용에 기초하면서 지역인적자원개발위원회에 초점을 맞춰 운영 관련 사항을 체계적으로 명문화하였다는 특징을 가지고 있다. 「근로자직업능력개발법」과 「근로자직업능력개발법 시행령」에서 지역인적자원개발위원회에 관해 서술한 내용을 「인적자원개발위원회 운영규정」을 통해 보다 상세하게 기술하였다.

둘째, 「인적자원개발위원회 운영규정」에서는 지역인적자원개발위원회에 지역 내 주요 직업훈련기관 및 관계기관과 지역 내 인력양성사업을 논의하기 위한 협의회를 구성·운영하도록 되어 있다. 또한 지역인적자원개발위원회는 필요한 경우 지역 및 산업 특성을 고려하여 분과위원회를 둘 수 있으며 지역인적자원개발위원회 소속하에 사무국을 설치할 수 있게 하였다. 선임위원 위촉과 임기에 대해서도 명문화하였다. 선임위원의 경우 해당 지역의 고용 및 인적자원개발 분야 전문가를 공모 절차를 거쳐 위촉하도록 되어 있고 임기는 2년, 한 차례 연임할 수 있게 하였다.

셋째, 제5조 인적자원개발위원회에 대한 지원 조항에서는 별표를 통해 지역인적자원개발위원회 사무국 지원 내용을 명시하였다. 이외에 추가 지원할 수 있는 근거를 마련하였다. 추가 지원 가능 조항 중 '지방자치단체가 소속 공무원을 지역인적자원개발위원회에 파견하여 근무하게 하는 경우'가 포함된 것이 주목된다.

이러한 내용의 상당 부분은 이미 각 지역인적자원개발위원회에서 반영하고 있었지만, 명확히 하였다는 점에서 중요한 의미가 있다. 특히 선임위원 위촉과 임기에 대해 명문화한 것이 주목된다. 이는 위원회 사무국 운영기관이 그 기관의 조직이 아니라 해당 지역 전체의 인적자원개발을 총괄하는 기구라는 점을 부각시키려는 의도로 보인다. 선임위원 위촉과 임기에 관한 내용은 위원회 설립 준비할 때부터 위원회가 의도와 달리 사무국 운영기관인 지역상 공회의소나 지역경영자총협회의 하부 조직이 될 가능성을 최대한 막기 위한 조치 중 하나라고 할 수 있다.

2018년 기준으로 보면, 지역인적자원개발위원회는 모두 16개가 운영되고 있어 2013년 처음 시작 시점의 14개보다 2개 늘어난 상황이었다. 서울을 포함해 전국 17개 광역시도 중 대전과 세종이 함께 인적자원개발위원회를 운영한 것을 고려하면 모든 광역시도에 지역인적자원개발위원회가 설치되었다고 볼 수 있다. 매우 빠른 속도로 지역인적자원개발위원회가 만들어지고 운영되고 있었다. 16개 지역인적자원개발위원회 중 사무국 설치 기관으로 지역상공회의소가 모두 12개, 지역경영자총협회가 3개, 지자체경제진흥원이 1개(강원)이다. 대부분 지역에서 사무국 설치 기관은 상공회의소였다.

2020년 2월, 이전의 대전·세종지역인적자원개발위원회에서 세종이 분리하면서 17개 광역시도 모든 지역에 인적자원개발위원회가 운영되었다. 정책이 실시된 지 만 7년만의 성과이다. 2025년 현재 지역인적자원개발위원회의 사무국 설치기관은 설립 당시나 중간 시점에 비해 보다 다양해진 것이 특징이다. 상공회의소가 9개 지역, 경영자총협회가 3개 지역, 지역 공공기관인 경제진흥원이 4개 지역, 기타 1개이다. 공공기관으로 사무국 운영기관이 이전된 것은 지역인적자원개발위원회의 설립목적이나 성격으로 봤을 때 주목할 만한 변화이다.

2021년 11월에 고용노동부는 '지역인적자원개발위원회 사무국 개편 방안'을 발표하였다. 고용노동부는 개편 방안을 마련하게 된 것이 "지역인적자원개발위원회가 지역 사업에 대한 실질적인 결정권을 갖지 못할 뿐 아니라 사무국이 분절적으로 운영되면서 단순한 사업 전달 체계로서의 역할만 수행함에 따라 참여 주체들의 효능감이 저하되고 있다는 인식" 때문이라고 하였다. 그리고 핵심 방향은 지역인적자원개발위원회가 지역 인력양성 사업 전반에 대한 컨트롤타워로서 역할을 할 수 있도록 권한과 기능을 확대하는 것이었다. 주요 개편 내용은 다음과 같다.[22]

첫째, 인력양성팀과 일학습병행팀을 단일팀으로 운영하되, 예산과 인사 제도는 단계적으로 정비하여 2023년에 통합을 완성한다. 결재권을 보유하던 선임위원을 자문위원으로 대체하여 지역 이슈 발생 시 전문성에 기반한 자문에 집중한다.

둘째, 빅데이터 기반의 인력수급 분석 시스템을 구축한다. 인력 및 훈련 수급조사는 기초-심층 조사 체계로 개편하여 전국단위 기초조사는 전문 연구기관이 총괄하고 지역인적자원개발위원회는 심층조사에 주력한다. 지역 인력양성기본계획을 중앙 및 지방 정부, 교육청, 교육훈련기관 등에 공유하고 한국산업인력공단의 심사 대상에서는 제외한다. 다양한 지역 직업훈련 사업에 참여하여 컨트롤타워 역할을 수행하고 지역인적자원개발위원회 주도로 지역 훈련과정을 심사한다. 업무 범위를 확대하여 사업주훈련 전반에 대한 컨설팅과 홍보 업무도 수행한다.

셋째, 조직과 예산의 통합에 따라 사업계획의 심사부터 성과평가에 이르기까지 운영 절차를 일원화한다. 아울러 설치기관의 안정적 운영과 책임성을 제고하기 위해 제도를 개선한다.

내가 보기에 고용노동부가 2021년에 발표한 '지역인적자원개발위원회 사무국 개편 방안'의 핵심은 선임위원제를 없애고 그동안 조직도상 선임위원의 하부부서인 사무국장이 사무 총괄을 하는 방식으로 변경했다는 점이다. 결재권을 가지고 있던 선임위원 대신에 자문위원을 두는 것으로 했다. 선임위원과 자문위원의 책임과 역할 차이는 비교조차 할 수 없어 위원회 사무국 운영체제를 획기적으로 바꾼 것으로 판단된다.

2022년 초에 「근로자직업능력개발법」은 「국민평생직업능력개발법」으로 명칭이 바뀌고 내용 또한 개정되었다. 두 법의 가장 큰 차이는 법 적용의 대상과 범위가 근로자 중심에서 '전 국민'을 포괄하는 평생직업능력개발 체계로 확정되었다는 점이다. 「국민 평생직업능력개발법」으로 변경된 이후 일부 조항이 개정되었지만, 지역인적자원개발위원회에 관한 기존의 조항은 그대로 유지되었다.

우려가 현실로
– 지역인적자원개발위원회 전면 재구조화의 필요성

성과는 있었다.

2013년 고용노동부가 야심차게 시작한 지역주도의 인력양성체제 구축, 그 핵심인 지역인적자원개발위원회가 설립되고 운영된 지 어느덧 10년이 넘었다. 이 기간 동안 지역인적자원개발위원회는 법정 기구로 위상이 높아졌다. 평가에 대한 판단은 별개로 하더라도 지역사회에서 지명도가 높아지는 등 긍정적인 역할을 하였다는 점은 사실이다. 특히 다음 몇 가지에서 이 정책의 긍정적인 면을 확인할 수 있다.

첫째, 비록 톱-다운 정책으로 시작되었지만 이전까지의 중앙집중적 인력양성체제가 지역 주도의 인력양성체제로 전환되는 시발점 역할을 했다는 점이다. 다만 인력양성 관련 부처들 간 협의를 통한 것이 아니라 고용노동부 독자적으로 추진하여 일정한 한계는 있다. 그렇지만 지역에서의 인력양성을 위해 지역 주체들이 주도적인 역할을 하도록 한 정책이라는 점에서 의의가 높다. 그리고 지역인적자원개발위원회의 조직과 운영방식을 지역의 인력양성 관련 기관들이 함께 하는 협력적 거버넌스로 만든 것도 이 위원회가 해당 지역의 인력양성을 총괄하도록 하는 구조로서 적절하다.

둘째, 지역의 인력 및 훈련수급조사를 정기적이고 대규모로 한 것 역시 큰 의미가 있다. 지역인적자원개발위원회는 설립 첫 해인 2013년부터 매년 각 지역의 인력 및 훈련수급조사를 실시하였다. 이전에도 해당 지역의 인력수급 및 훈련수급조사가 전혀 없었던 것은 아니다. 일부 선도적인 지역에서 특정 산업 혹은 특정 인력을 대상으로 적은 표본 수로 그것도 일회적으로 시행한 적은 있었다. 그러나 매년 지역별로 수억 원의 예산을 투입하여 인력 및 훈련수급조사를 수행하지는 않았다. 그런 점에서 고용노동부가 정부 예산을 통해 각 지역인적자원개발위원회가 매년 인력 및 훈련수급조사를 실시하도록 지원한 것은 지역맞춤형 인력양성을 실현하기 위해 매우 중요했다.

아쉬운 점은 이와 같이 중요한 조사분석 프로젝트였음에도 불구하고 노력 대비 활용도가 그렇게 높지 않다는 점이다. 내가 보기에는 지역인적자원개발위원회가 인력양성계획 수립에 이 조사 결과를 적극 반영한 것을 제외하면 그 외에는 그렇게 많이 활용되지는 못했다.

2024년 하반기에 부산에서 교육부 사업인 라이즈(RISE, Regional Innovation System & Education) 사업 토론회에서 좌장을 맡은 적이 있다. 패널들 의견 중에 라이즈 사업이 효과를 보기 위해서는 부산 지역의 인력수급 조사분석을 먼저 해야 한다는 의견이 있었다. 토론회를 종합 정리하면서 나는 부산 지역인적자원개발위원회가 이런 조사분석을 오래전부터 하고 있으니, 이 결과를 적극 활용할 것을 제안했다. 지역에서 고용노동부 사업과 교육부 사업 간 연계 필요성을 절실히 느꼈던 자리였다.

지난 10여 년 동안의 성과도 있었지만 여러 한계도 있었다. 사실 한계는 지역인적자원개발위원회가 처음 설립된 후인 전국의 관련 기관 구성원들이 참여한 첫 워크숍에서 내가 우려했던 쟁점으로 모아진다.

지역인적자원개발위원회 설립을 준비할 때부터 위원회 운영기관의 역할에 문제를 제기했다. 나는 처음부터 줄곧 지역인적자원개발위원회가 지역의 인력양성을 총괄하는 대표기구여야 한다고 했다. 독립적인 조직을 만들지 않고 지역상공회의소나 경영자총협회를 사무국 운영기관으로 할 경우 그 기관의 소속 조직(부서)이 되어 처음 의도와 다르게 될 수 있다고 주장해 왔다. 그러나 현실적인 문제도 있어 지역상공회의소 등에 사무국을 두되 선임위원이 사실상 업무를 총괄하는 절충식으로 진행했다. 불안정하지만 나름 균형을 잡으려고 노력했다. 그 과정에서 여러 지역에서 선임위원과 사무국 운영기관 간의 견해 대립이 생기곤 했다. 사안에 따라 선임위원의 문제일 수도 사무국 운영기관의 문제일 수도 있었다. 그러나 앞에서 지적했듯이 이러한 견해 대립에는 사람의 문제보다는 구조의 문제가 더 근본적인 원인이었다.

그런 상황에서 2021년 11월에 고용노동부는 '지역인적자원개발위원회 사무국 개편 방안'을 발표하면서 그동안 결재권을 가지고 있던 선임위원제가 폐지되었다. 고용노동부 입장에서는 당시까지의 상황을 "지역인적자원개발위원회가 지역 사업에 대한 실질적인 결정권을 갖지 못할 뿐 아니라 사무국이 분절적으로 운영되면서 단순한 사업 전달 체계로서의 역할만 수행"한 것으로 인식하고 있었다. 그리고 앞으로 지역인적자원개발위원회가 지역 인력양성 사업 전반에 대한 컨트롤타워로서 역할을 할 수 있도록 권한과 기능을 확대하려고 했다. 이를 위해 사무국을 개편하고 그중 하나로 그동안 결재권을 포함해서 사실상 업무를 총괄하던 선임위원제를 폐지하기로 결정했다. 이러한 방안 결정으로 지역인적자원개발위원회는 이제 사무국 운영기관의 소속 조직(부서)화되었다고 봐도 무방할 것이다. 이제 지역인적자원개발위원회는 지역의 인력양성 총괄기구로서의 거버넌스 조직 기능을 수행하기에는 한계를 가질 수밖에 없다. 인력 및 훈련수급 조사를 통한 지역노동시장 정보 생성 및 제공 기능, 인력양성 사업 및 일자리 사업 추진 기능을 수행하는 기관으로 제한될 것이다. 지역밀착적 인력양성 체제 구축을 위해 반드시 필요한 지역인력양성 총괄 기능을 사실상 잃게 되었다는 점은 매우 안타까운 대목이다.

지역인적자원개발위원회의 재구조화 방향

설립 준비 단계부터 나는 지역인적자원개발위원회의 성격을 분명히 해야 한다고 생각했다. 즉 지역의 인력양성정책 및 다양한 인력양성사업을 총괄하고 조정하는 조직인지, 아니면 지역맞춤형 사업을 직접 수행하는 조직인지를 명확히 하지 않을 경우 이후에 정체성 문제를 겪게 될 것이라 주장했다. 기회 있을 때마다 이 부분을 강조했다. 나는 대통령 위원회였던 노사관계개혁위원회나 교육인적자원정책위원회와 같은 모습으로 지역의 인력양성정책 및 사업을 총괄하는 기구를 지역에 만들기를 원했다. 모든 광역시도에 인력양성관련 총괄 역할을 수행할 위원회를 신설했으면 했다. 불가피하게 사무국 운영을 지역상공회의소 등 민간기관이 맡더라도 결재권 있는 선임위원제를 통해 지역 대표성을 확보하려고 했다.

그러나 지역인적자원개발위원회의 현재 모습은 인력 및 훈련수급 조사를 통한 지역노동시장 정보 생성 및 제공 기관, 인력양성사업 및 일자리 사업 추진 기관으로서 자리매김한 상태이다. 그러면 앞으로 어떻게 할 것인가. 이제 어쩔 수 없으니 지금처럼 진행하도록 그냥 둘 것인가 아니면 처음의 문제의식을 복원시키는 방향으로 개편할 것인가.

초기의 문제의식을 복원시키면서 동시에 현재의 상황을 인정하고 반영하는 방식을 찾는 것이 현실적이라고 생각한다. 현재 사무국 운영기관들은 길게는 10년 이상 인력 및 훈련수급 조사를 통한 지역노동시장 정보 생성 및 제공 기능, 인력양성 사업 및 일자리 사업 기능을 수행해 오면서 상당한 노하우를 축적하였을 것이다. 이러한 장점을 활용하기 위해 위의 기능은 현재의 사무국 운영기관이 그대로 수행하도록 한다. 다만 기구 명칭을 기능에 적합하도록 지역인적자원개발위원회가 아니라 다른 적절한 명칭으로 변경해야 한다.

대신에 지역의 인력양성정책 및 다양한 인력양성사업을 총괄·조정하는 명실상부한 위원회 조직을 독립적인 기구로 새롭게 만들도록 한다. 위원회 명칭은 현재처럼 '지역인적자원개발위원회'

로 한다. 기능과 조직 구성 및 운영방식으로 대통령 위원회 형태를 벤치마킹할 필요가 있다. 그리고 2022년 초에 「근로자직업능력개발법」이 「국민평생직업능력개발법」으로 명칭이 바뀌고 내용 또한 개정된 것에 보조를 맞춰야 한다. 고용노동부의 지역사업뿐만 아니라 교육부의 라이즈사업을 포함하여 다른 정부 부처의 지역 인력양성 관련 사업까지도 총괄·조정하는 방향으로 확대 개편하는 것도 적극 검토하도록 한다.

제6장

지방대학이 살아야 지역도 국가도 산다

1. 계속 추락하고 있는 지방대학

지방대 입학성적의 추락:
1976년, 1980년, 2025년 대학입학성적의 비교

지방대학이 추락하고 있다. 추락 시점을 특정 짓기는 쉽지 않지만, 지방대학은 수도권 대학에 비해 지난 수십 년 동안 끊임없이 추락에 추락을 거듭했다. 지속적으로 추락하다 보니 이제는 추락한 것, 추락하고 있는 것 그리고 더욱 추락할 것이라는 걸 당연스럽게 생각하게 되었다.

지방대학이 지난 수십 년 동안 지속적으로 추락했다는 사실은 여러 지표들을 통해 확인할 수 있다. 가장 실감나게 보여주는 지표는 지방대학 입학점수의 급격한 하락이다. 편의상 수도권 대학과 지방거점국립대 입학점수를 1976년도, 1980년도, 2025년도 세개 년도를 통해 비교해 보도록 한다. 우리의 대학입학시험제도는

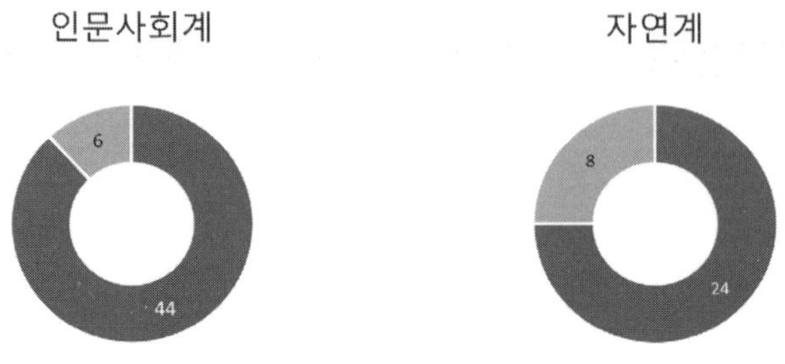

**[그림 6-1] 1976년도 대학신입생 예비고사성적 상위 학과의
수도권/지방 분포(단위: 개)**

주: 그림 속의 숫자는 인문사회계열 상위 50위, 자연계열 상위 32위(50위 중 의약계열 제외)에
포함된 수도권대와 지방대 학과(계열) 수를 나타냄
자료: "76년도 대학신입생|대학 · 학과별 예시성적판명", 〈중앙일보〉, 1976.08.02.(7면)

수차례 변경되었는데, 지금의 수능은 1976년과 1980년의 대학입학 예비고사에 해당된다.

〈중앙일보〉는 1976년도 대학신입생 대학별 학과별 예비고사성적'을 보도한 적이 있다. 이 기사는 계열을 인문사회계열과 자연계열로 구분한 후 각 계열별로 예비고사성적이 높은 학과(계열) 50개를 순위에 따라 밝히고 있다. 지방국립대인 부산대와 경북대의 여러 학과(계열)들이 50위 내에 위치하고 있다. 인문사회계열 50위 안에 지방대학의 학과(계열) 수는 6개가 있다. 부산대는 상경, 사대인문, 법정 관련 학과(계열)들이, 경북대는 법학, 경상, 행정 관련 학과(계열)들이 들어가 있다. 자연계열 50위 안에는 다수의 지방국립대 의약계열 외에도 부산대의 전기기계, 화학기계, 금속공학, 자연사대, 건축학과가, 경북대의 가정교육, 자연사대, 한국해양대 항

176

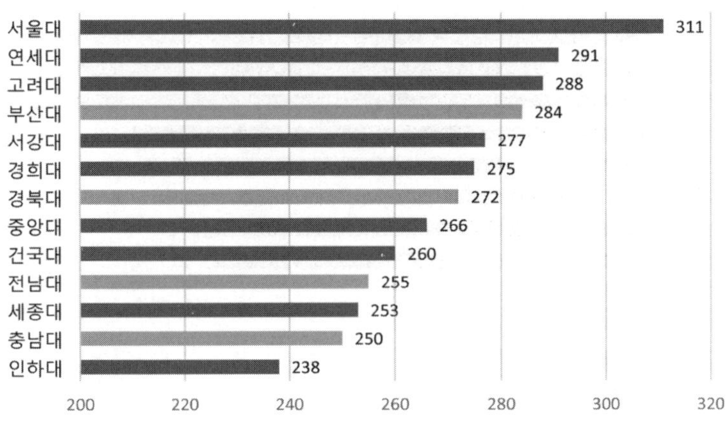

[그림 6-2] 1980년 주요 대학의 경상계열 예비고사 합격가능점수(단위: 점)

자료: 〈조선일보〉, 1979년 12월 29일 자 기사(6면)에서 주요 대학의
경상계열 예비고사 합격가능점수를 추출하여 그림으로 작성

해과가 들어 있다. 자연계열 50위 학과 내에 의약계열 학과 수는 18개이다. 의약계열 학과를 제외한 상위 32개 학과(계열) 중 8개가 지방대 학과(계열)였다. 학과(계열)별로 차이는 있지만 전체적으로 부산대와 경북대 입학생의 성적은 서울대, 연세대, 고려대 다음의 몇몇 서울 상위권 대학들 입학생의 성적과 비슷했다. 서울의 중하위권 대학들보다 높았다.

1980년 입학생의 대학별·학과별 예비고사 합격가능점수를 봐도 1976년도와 유사한 모습을 보이고 있다. 지방거점국립대들 간에도 차이는 있다. 그러나 부산대와 경북대 입학성적은 서울대, 연세대, 고려대 다음의 수도권 상위 그룹 대학의 입학성적 수준이었다. 학과에 따라서는 연세대와 고려대와 비슷하거나 더 높은 학과도 있었다.

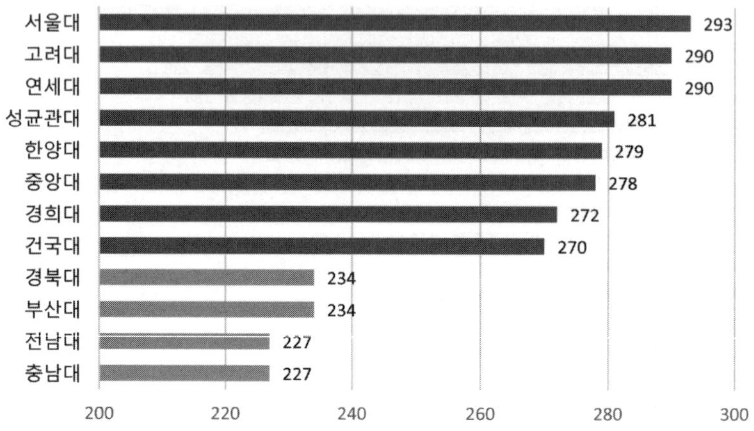

자료: 유튜브 '지식저장소'에서 주요 대학의 경영학과(학부)
수능 배치점수를 추출하여 그림으로 작성

1970년대 후반부터 1980년까지의 상황을 보면, 지방거점국립대 입학성적이 인서울 대학보다 낮지 않았으며, 특히 부산대와 경북대 입학생들의 성적은 인서울 대학의 중상위그룹에 위치하고 있었다. 지금 고등학생들의 눈으로서는 도저히 믿을 수 없는 상황이 지난 40~50년 전에는 사실이었다. 지난 수십 년 동안 지방대 전체는 물론이고 부산대와 경북대를 포함한 지방거점국립대의 입학성적은 엄청난 하락을 겪었다.

2025년 종로학원에서 발표한 서울소재 대학들과 지방거점국립대 수능 커트라인을 보면 지방대학의 추락을 명확히 알 수 있다. 2025학년에 오면 지방거점국립대, 그중에서도 1980년에 인서울 대학들과 비교해도 중상위그룹에 위치해 있던 부산대와 경북대

[표 6-1] 2025학년도 종로학원 정시 실채점 대학 배치표(인문계열)

	학과(학부/계열별) 수능 점수
서울대	경영대 293, 경제학부 293, 사회학과 292, 인문계열 291, 영어교육과 290
연세대	경영학과 290, 경제학부 290, 교육학부 287, 영어영문학과 287, 행정학과 289
고려대	경영대 290, 경제학과 290, 사회학과 289, 영어교육과 287, 국어교육과 287
성균관대	경영학부 281, 사회과학계열 279, 인문과학계열 278, 교육학과 277, 자유전공 281
한양대	경영학부 279, 국어국문학과 275, 영어영문학과 277, 행정학과 281, 국제학부 275
중앙대	경영학전공 278, 경제학부 275, 사회학과 274, 영어교육과 272, 사회복지학부 272
경희대	경영학부 272, 경제학과 272, 사회학과 270, 국어국문학과 269, 사학과 262
건국대	경영학과 270, 경제학과 269, 응용통계학과 270, 국어국문학과 260, 사학과 256
부산대	경영학과 234, 경제학부 231, 국어교육과 231, 영어영문학과 227, 사학과 223
경북대	경영학부 234, 경제통상학부 232, 국어교육과 231, 영어영문학과 227, 사학과 224
충남대	경영학부 227, 경제학과 221, 국어교육과 224, 영어영문학과 215, 사학과 211
전남대	경영학부 227, 경제학부 221, 국어교육과 231, 영어영문학과 215, 사학과 211

주: 국+수+탐(2) 백분위 단순 합계 기준 예측, 대학별 반영방식과 비율,
영어, 한국사 반영 등에 주의
자료: 유튜브 '지식저장소' 자료를 활용하여 재작성

조차 인서울 대학들의 입학성적에 비해 매우 낮은 입시결과를 보인다. 지금과 같은 성적 격차라면 비교조차 할 수 없는 수준이다. 1980년에는 서울 소재 대학들과 지역거점국립대들 간에 동일한 대학입학 시장을 형성하고 있었다. 그러나 현재는 양자 간에 엄청난 서열화로 사실상 분단된 대학입학 시장을 형성하고 있다고 할 수 있다. 대학입학 시장의 분단은 노동시장에서의 이중구조화로 연결되어 수도권 대학 출신자와 지방대 출신자는 극복하기 어려운 구조적 분단 상황에 놓일 수밖에 없을 것이다.

수도권 일극주의로 인한 지방대 위기 심화

지방대학 중 가장 입학점수가 높았던 부산대와 경북대도 지난 수십 년간에 걸쳐 입학점수가 서울소재 대학들에 비해 급격히 떨어졌다. 이제 지방명문대라는 용어는 사라졌다고 보는 것이 정확하다. 이런 현상은 왜 발생하였을까.

여기에는 크게 두 개의 가설이 있을 수 있다. 하나는 지방의 초중등 학생들의 학업능력이 떨어져 지방대 입학생들의 입학성적이 낮아졌을 것이라는 가설이다. 최근 들어 서울을 중심으로 한 수도권 교육환경이 지방에 비해 절대적·상대적으로 더욱 좋아졌다. 이런 환경 속에서 학교를 다닌 수도권 초중등 학생들의 학업능력은 좋아질 수밖에 없고 이 격차는 더욱 확대되는 추세에 있을 것이라는 가설이다. 이 가설에는 특히 학원 등 사교육시장의 경쟁력 차이가 중요한 역할을 한다는 인식이 깔려 있다. 또 다른 가설은 지방의 우수한 고졸자가 수도권 대학으로 대거 이동한 결과로 지방대학 입학생들의 점수가 떨어졌다는 가설이다. 이유는 다양하겠지만 수십 년 전에는 지방에서 고등학교를 졸업한 성적 우수 학생들 중 적지 않은 학생들이 지방의 명문대학에 입학했다. 하지만 이제는 우수 학생 대부분이 서울소재 대학으로 유출된다는 사실에 주목한 가설이다.

두 가설 중 어느 것이 맞는지에 따라 정책의 방향은 달라지게 된다. 만약 첫 번째 가설이 맞다면 지방의 교육환경을 크게 개선하는 방향으로 정책의 초점이 맞춰져야 한다. 두 번째 가설이 맞다면 지방의 우수 고졸자들이 지방의 대학에 입학할 수 있도록 유인하는 정책에 초점을 맞춰야 한다. 그동안의 각종 연구결과에 의하면 두 가설 모두 인정하는 것이 옳다고 판단된다.

첫 번째 가설과 관련해서는 초중등 학생들 간 학업성취도 격차의 가장 큰 원인은 학생들의 사회경제적 배경, 교육환경(사교육, 시설, 교사 등), 지역 내 교육 인프라의 차이인 것으로 분석되었다. 지방의 초중등 학생과 서울의 초중등 학생 간에 학업능력 차이가 있으며 그 격차는 더욱 확대되고 있다는 연구들이 계속 발표되었다. 특히 사회경제적 배경에 의한 차이는 지방-서울뿐만 아니라 서울 내부에서도 확대되어, 이것이 학업성취도 차이 확대를 만들어 냈다는 연구결과도 있다.

두 번째 가설에 대해서는 지방인재 유출 분야에 많은 연구들이 축적되어 있다. 지방의 고등학교 우수 졸업생들이 수도권 대학에 입학하는 것은 이제 당연한 사실이 되었다. 지방대의 의약계열 정도에서만 지방의 우수 고졸자들이 입학하고 있다. 다른 계열의 학과에는 지방의 우수 고졸자들이 입학하지 않는 것이다. 구체적으로 어느 정도의 지방인재들이 수도권 대학으로 유출되는지, 유출되는 학생들의 질은 어떤지에 대한 연구를 나와 몇몇 동료교수들이 시작한 지도 거의 25년이 되고 있다. 우리가 수행한 연구결과에 대해서는 제8장에서 상세히 설명할 것이다.

두 가설 모두가 지방대 위기를 가속화하였다고 한다면 둘 중 어느 가설이 더 강력한 영향을 미쳤는지 정확히 분석하는 것은 앞으로 중요한 연구과제라 할 수 있다. 그러나 분명한 것은 두 가설이 작동하게 된 기본적 이유는 수도권 중심의 발전이라는 이른바 수도권 일극주의에 있다. 정치, 경제, 사회, 문화가 서울을 중심으로 한 수도권에 몰려 있을 뿐만 아니라 더욱 심화되고 있다. 수도권은 대부분의 영역에서 블랙홀처럼 흡수하고 있다. 시간이 흐를수록 수도권과 지방 간의 격차는 더욱 확대되고 있다. 생산함수에서 핵심인 노동과 자본도 수도권에 집중되어 있다는 것은 잘 알려져 있다.

교육환경이 더 좋은 것도, 좋은 일자리가 몰려 있는 것도 수도권 일극주의의 결과이다. 이로 인해 지방 및 지방대학의 상황이 좋지 않아 지방인재들이 또 수도권으로 떠나 수도권 일극주의는 더욱 심해지고 있다. 어떻게 해서든지 지방을 떠나 수도권 대학에 입학하려고 하는 현 상황은 개인 입장에서는 합리적인 선택이다. 그렇지만 지방 및 지방대학의 위기는 단순히 이들만의 위기가 아니라 국가 전체의 위기로 파급될 수 있다. 면적 대비 과잉 인구가 거주함으로써 주거, 교통, 공기 등에 따른 비용이 크게 높아진다. 지방 및 지방대학의 위기는 결국 수도권 위기로 연결되어 국가의 위기를 야기시킬 수밖에 없다. 그런 점에서 수도권 일극주의를 획기

적으로 바꿔 지방 및 지방대학도 상생하는 국가균형발전을 실현
해야 한다.

2. 지방대학정책의 역사

지방의 위기, 지방대학의 위기가 일차적으로는 지방주민들의 삶
의 질을 저하시키지만 종국적으로는 수도권 및 국가 전체의 위기
로 진행된다는 문제의식하에서 그동안 정부는 다양한 정책을 실
시해 왔다. 그럼에도 불구하고 상황은 더욱 악화되고 있다. 앞으
로 국가균형발전정책은 훨씬 강력하게 시행되어야 한다. 그리고
그 전제는 교육정책, 인력정책, 산업정책, 문화정책, 주거정책 등
다양한 영역에서의 정책이 종합적으로 실시되어야 한다는 점이다.
이상의 문제의식을 가지면서 여기에서는 지방대학정책에 초점을
맞춰 그동안 어떤 정책들이 시행되었는지 검토할 것이다.

노무현 정부 이전의 지방대학정책

노무현 정부가 국가균형발전정책을 어느 정부보다 강력히 실시
하였다는 것은 잘 알려져 있다. 정부부처 및 공공기관의 지방 이
전만큼 국가균형발전에 영향을 미친 정책은 지금까지도 없다고
볼 수 있다. 또한 노무현 정부는 국가균형발전을 위해 지방대 발
전을 필수적으로 인식하여 지방대 발전을 위한 대표적인 사업인
「지방대학혁신역량강화사업(누리사업)」을 시행하였다. 노무현 정

[표 6-2] 교육인적자원부 지방대학 지원 현황

사업명	지원기간	지원목적	총지원액	지원현황
특성화 공대 육성	1978 ~1994	주요 거점대학을 특성화 공대로 육성	314억 원	부산대(기계공학), 경북대(전기/전자), 전북대(화학공학), 충남대(공업교육)
국책지원 공대	1994 ~1998	권역별 우수공대 특성화	2,000억 원	경북(경북대, 영남대), 경남(부산대, 창원대), 충청(충남대, 충북대), 전라(전남대, 전북대)
지방대학 특성화	1994 ~1998	분야별 특성화 대학 집중 육성	780억 원	국제/공학/기초/인문/기타 등 5개 분야 28개교
BK21 (지역대학)	1999 ~2005	지역대학의 교육·연구 내실화	3,208억 원 (예정)	38개 대학 42개 BK사업단(주관 13, 참여 29)선정·지원
공·사립 대학 특성화	1999 ~2005	인센티브 제공을 통한 특성화노력 적극 유도	2003년 1,150억 원	156개교 일반지원 및 30개교 선별지원(수도권 대학 포함)
국립대학 발전계획 추진	2000 ~계속	국립대학 특성화 기반 조성 및 발전 계획 추진	2003년 400억 원	43개 대학에 일반지원 및 13개(2001), 24개(2002) 대학 집중 지원(수도권 대학 포함)
지방대학 육성사업	2002 ~2006	지방대 특성화를 통한 자생역량 강화	2003년 500억 원	'02년 43개 대학 선정·지원
전문대학 다양화·특성화	1997 ~계속	현장 중심의 내실 있는 직업교육 지원	2003년 1,656억 원	전문대학 특성화 180개 프로그램 선정·지원 이외 기타 4개 개별사업(수도권 대학 포함)

자료: 교육인적자원부 내부자료(2003), 류장수 외(2007),
『균형발전 정책교본―누리사업』, p.25에서 인용

부 이전과 이후에도 다양한 지방대학 육성정책 및 사업들이 시행되었지만, 노무현 정부의 누리사업은 지방대학 육성에 전환점을 이룬 사업이라고 생각된다.

노무현 정부 이전에도 수도권 중심 발전이 진행되고 있었다. 그로 인해 지방대학은 위기에 빠져 있었기 때문에 정부에서는 지방대학을 육성하려는 정책 및 사업을 시행해야만 했다. 이에 대해서는 내가 대표집필자로 참여한 『균형발전 정책교본-누리사업』(류장수 외, 2007.02.)을 활용하여 소개하려고 한다.

먼저 교육부를 중심으로 한 대표적 사업으로는 특성화 공대 육성지원사업(1978~1994), 국책지원공과대학사업(1994~1998). 지방대학특성화사업(1994~1998), 지역우수대학육성사업(BK21사업: 1999~2005), 지방대학 자체사업계획평가지원사업(2002~2003) 등을 들 수 있다. 그리고 「교육발전 5개년 계획 시안」(1998.03.), 「지방대학육성대책」(2000.12.) 등을 통하여 지방대학 육성책을 제시한 바 있다. 정책 추진의 실질적 기반을 마련하기 위하여 「산업교육진흥법」을 개정하였고(산업교육진흥및산학협력촉진에관한법률, 2003.04.), 「지방대학육성을위한특별법」의 제정을 추진하였다.

이 밖에 산업자원부의 지역전략산업 석박사 연구인력 양성 사업과 테크노파크(TP) 및 지역기술혁신센터(TIC) 사업, 정보통신부의 S/W연구센터 사업, 과학기술부의 지역협력연구센터(RRC) 및 우수연구센터(SRC, ERC) 사업 등이 지방대학 육성과 연계, 추진되어 왔다. 전문대학 육성과 관련해서는 우수공업계 전문대학, 우수 자연계 연구소, 특성화 프로그램, 산학협동 우수전문대학, 향토산업 기반 거점 전문대학 지원 사업 등이 추진되었다.

그러나 이러한 중앙정부의 지방대학 육성방안은 종합적 · 체계적인 지원이 미흡하였다. 일관성 있는 지속적인 정책 추진 의지의 부족, 대학의 자구노력 유도 미흡 등으로 인해 실효를 거두지 못한 것으로 평가받고 있었다. 정부 부처 차원에서 추진된 대부분의 지방대학 육성방안이 지역 특성화 산업과 연계한 개별 대학에 대한 지원 방식이었다. 중앙정부 부처 간 연계 · 조정이나 지방자치단체의 적극적 참여가 배제된 중앙주도형 특징을 갖고 있었기 때문에 지방 소재 대도시권 대학에의 집중 · 중복 지원과 지역 차원의 리더십 및 협력 부재 문제가 지적되어 왔다.

노무현 정부 이전의 교육부 지방대학 지원사업들을 분석한 결과, 다음과 같은 시사점을 얻을 수 있었다. 사실 이 시사점은 노무현 정부 이전에는 물론이고 이후 사업에도 적용될 수 있는 내용이다. 첫째, 지방대학 육성을 위한 종합적인 대책 마련이 필요하다는 점을 들 수 있다. 단편적인 재정지원 사업을 분산하여 실시할 경우 사업 간 중복 또는 대학의 역량을 오히려 분산시킬 우려가 있다. 각 사업단계별로 사업목적, 추진방향, 선정방식 등 사업기획과 내용이 조금씩 달라졌다. 이에 따라서 대학의 신청 분야 또한 조금씩 달라짐에 따라 중장기적으로 지방대학의 특성화를 이끌어내기가 곤란하였다.

둘째, 지방대학에 대한 지원이 지방대학 자체 발전으로 끝나는 것이 아니라 지역발전을 견인해 갈 수 있도록 지원체계를 갖출 필요가 있다. 지방대학 지원분야가 지역발전과 밀접한 관련을 가질 때 지역과 대학의 지속적인 상생발전이 가능하다. 지역 실정과 환경에 맞고 지역발전 계획과 부합하는 분야를 집중 육성하는 지역중심의 바텀-업(bottum-up) 방식으로 사업을 추진할 필요가 있다.

셋째, 대학의 자발적인 특성화 노력에 대한 재정지원과 제도개선이 동시에 추진될 필요가 있다. 즉, 특성화 분야에 대한 재정지원사업과 함께 대학의 경쟁력 강화를 위한 시스템 구축도 필요하다. 구조조정, 대학 내 내부혁신, 학사제도 개선 등의 제도개선이 동시에 추진되도록 해야 할 것이다.

노무현 정부의 '지방대학 혁신역량강화사업(누리사업)'

노무현 정부의 대통령직 인수위원회는 2003년 2월 18일에 '12대 국정 과제'를 확정했다. 그중 하나가 '지방분권과 국가균형발전' 관련 과제였다. 그리고 '지방분권 및 국가균형발전'을 실현하기 위한 추진 과제로 '국가균형 및 지역별 특성화 발전'과 '지방대학 및 지방문화 육성'을 포함한 네 개를 제시하였다. '국가균형 및 지역별 특성화 발전' 과제에서는 산학연관이 유기적으로 연계된 지역혁신체계(RIS)를 강조하였다. 지역혁신체계 구축을 통해 '국가균형 및 지역별 특성화 발전'을 추진할 지역 주체로서 지방대학의 역할은 매우 중요하다. 이에 착안하여 만든 노무현 정부의 대표적 지방대학 사업이 바로 '지방대학 혁신역량강화사업(New University for Regional Innovation, NURI)'이다. 사업의 범위와 깊이 면에서 차이는 있지만 누리사업의 문제의식을 이어받은 것이 윤석열 정부 교육부가 실시한 '지역혁신중심대학지원체계사업(Regional Innovation System & Education, RISE)'이라 할 수 있다.

누리사업의 비전은 "지방대학의 경쟁력 저하와 그에 따른 우수 학생·인력 유출로 지역산업이 침체하고 일자리가 부족해져 다시 인구와 산업 등 모든 부문이 수도권에 편중되는 악순환 구조를 '지역발전을 선도하는 지방대학을 육성하여 지역의 교육, 경제, 문화를 발전시킴으로써 지역주민이 체감하는 삶의 질을 향상시켜 선순환 구조로 전환'시키는 데 있다. 즉 지역의 경제, 문화, 환경 등의 발전에 필요한 우수한 인적자원을 지역 내 대학에서 배출할 수 있도록 지방대학의 역량을 높이는 것이다. 그리고 이러한 인재 육성을 통해 지역이 발전하고 이에 따라 우수한 인재가 다시 지역으로 모이는 지역발전의 상승작용을 촉진하려는 것"이다.

나는 누리사업의 관리위원회 위원, 누리사업 선정평가위원 그리고 성과보고서 집필책임자로서 누리사업의 시작부터 끝까지를 자세히 볼 수 있었다. 내가 보기에는 성과도 있었고 한계도 분명히 있었다. 노무현 정부가 지방대학을 지역발전의 핵심기관으로 설정하면서 시행한 누리사업은 이전의 지방대학정책 및 사업에 비해 시각을 넓혔다는 데 중요한 의의를 지닌다. 누리사업은 지방대학에 대해 특정 목적의 분산된 재정지원정책 중심에서 지방대학이 지역의 산학연관과의 네트워크 속에서 작동하도록 하는 것을 공식화하였다. 그리고 대학 간 연계를 강조하여 주관대학과 협력대학들로 사업단을 구성하여 대학의 강점을 상호 활용하여 시너지 효과를 얻도록 설계되었다. 그러나 산학연관이라는 지역 주체들 간의 연계 경험이 적어 실질적 연계효과를 얻기 어려웠다. 사업단에 참여한 대학들 간에 실질적인 협력보다는 '참여는 하되 사업은 각자 하는 방식'으로 진행되는 경우가 많아 처음 구상한 의도를 충분히 얻지는 못했다. 그럼에도 불구하고 노무현 정부의 누리사업이 이후 지방대학정책의 시각을 한 단계 높이는 데 기여한 것은 분명하다.

노무현 정부 이후의 지방대학정책

이명박 정부는 노무현 정부와 달리 제한적 지방대학 지원정책을 실시했다. 이에 비해 박근혜 정부는 지방대 육성법을 제정하는 등 보다 적극적인 지방대학정책을 실시한 것으로 평가받고 있다. 문재인 정부는 지방대 역할을 강조하고 대학협력 기반 지역혁신사업을 출범시켰다. 이 부분은 노무현 정부의 기조를 띠었다고 볼 수 있다. 윤석열 정부에서는 라이즈 사업을 통해 지자체 중심의 권한 위임과 지자체-대학-산업 연계 플랫폼을 강조하였고 글로컬대학사업도 추진하였다. 라이즈 사업은 재정 규모나 성격으로 볼 때 앞으로도 주목되는 사업이 될 것이다.

라이즈 사업의 문제의식은 사실상 누리사업에 뿌리를 두고 있으며 누리사업에 비해 지자체 역할을 더욱 강화한 특징을 가지고 있다. 다만 지자체에 권한을 위임함으로써 지자체가 지원보다는 간섭을 하게 될 가능성이 있다. 더구나 지방자치단체장이 선거로 결정된다는 점 때문에 라이즈 사업 목적과 달리 지나치게 정치적으로 이용될 위험성도 가지고 있다. 지자체의 역할을 강화하면서도 이와 같은 우려를 막을 수 있는 방안 마련이 필요하다. 한편 라이즈 사업은 수도권 대학을 포함해서 모든 지역의 대학을 대상으로 지원하는 사업이다. 지방대학 입장에서는 지방대학정책이라고

[표 6-3] 정부별 지방대학정책 개관

구분	지방대학정책기조 및 주요 추진정책	지역발전정책기조 및 주요추진정책
노무현 정부	• 지방대학 발전방안 발표 • 누리사업 • 산학협력중심대학육성사업	• 국가균형발전특별법 제정 및 위원회 설립 • 국가균형발전5개년계획(2004~2008) • 균형발전특별회계 도입 • 지역혁신체계 구축 • 공공기관 지방 이전 추진
이명박 정부	• 제한적 지방대학지원 정책 • 산학협력 사업 통합 재편 → LINC 출범	• 일자리와 삶이 보장되는 글로벌 경쟁력 갖춘 지역발전 • 균형발전보다 지역특성 발전전략 • 광역경제권 전략 • 지역발전5개년계획(2차국가균형발전 5개년 계획 2009~2013) 수립
박근혜 정부	• 지방대육성법 제정, 제1차 기본계획 수립 • 적극적 지방대학정책, 지역발전정책과 지방대학정책 연계 • 부처 협업과제로 지방대 정책 추진: 지방대 육성 방안	• 지역주민의 행복한 삶을 위한 고른 기회 보장, 생활권 중심의 주민정책 체감도 제고 • 지역행복생활권 구축, 맞춤형 패키지 • 지역발전5개년계획(3차국가균형발전 5개년 계획 2014~2018) 수립
문재인 정부	• 지방대 역할 강조, 제2차 기본계획 수립 • 지방대 특화 재정지원 사업 확대 • 국공립대 중심의 지방대 지원 • LINC 3.0, 지자체–대학 협력기반 지역 혁신사업 출범	• 혁신적 포용성장 중심 국가균형발전 • 지역주도의 자립적 성장기반 마련 • 추진체계/특별회계/계획체계 정비와 개편, 지역발전투자협약제도 도입 • 4차 국가균형발전5개년 계획(2018~2022) 수립
윤석열 정부	• 지자체 중심의 권한 위임, 지자체–대학–산업 연계 플랫폼 강조 • 기존 경쟁 유도, 성과 차등 지원방식에서 포괄적·유연한 접근 변화 • 라이즈, 글로컬대학 30 추진	• 지방주도 균형발전, 중앙권한의 지방이양으로 지방주도권 강화 • 기회발전, 교육발전 등 특구지정 • 지역발전5개년계획 및 지방분권종합계획 통합: 제1차 지방시대 종합계획(2023~2027) 수립

자료: 최해인(2025.8.21.), 『지방대학 육성정책 평가』, p.25를 활용하여 요약

보기 어려운 측면도 있다. 그러나 이재명 정부 입장에서 라이즈 사업을 이어받는다 하더라도 정치적인 문제 때문에 수도권 대학을 제외하기 어려울 것이다. 누리사업의 취지를 살리면서 당시 미비한 문제를 보완하는 사업 설계가 필요하다.

3. 「가고 싶은 지방대학 만들기」

지방대 · 전문대 발전위원회

2010년 이주호 장관이 취임한 직후에 만들어진 것이 지방대 · 전문대 발전위원회였다. 위원장을 맡았는데, 2010년 후반기부터 2011년 초까지였으니 기간은 길지 않았다. 기간은 짧았지만 위원들은 교육부와 함께 매우 밀도 있게 작업해 정책과제 형태로 정리했다. 당시 정리된 내용은 지금 시점에서 봐도 현재 지방대와 전문대 상황이나 과제와 대동소이하다.

당시 이주호 장관으로부터 정책보좌관 자리를 제안받은 적이 있다. 이전 정부의 정책보좌관으로 일해 본 경험과 노동경제학자로서는 드물게 교육 문제까지 연구해 왔다는 공통점을 지닌 후배라는 점이 고려되지 않았나 싶다. 그러나 적절하지 않다고 판단해서 사양했다. 대신 맡은 자리가 새로 만들어진 지방대 · 전문대 발전위원회의 위원장이었다.

정책보좌관 제안을 사양하고 대신 내가 관심 가지고 있는 정책의 위원장을 맡는 것은 정권과 관계없이 내가 할 일이라 생각했기 때문이다. 이 위원회는 지방대와 전문대 발전이라는 특정 목표를 두고 운영된 단기 위원회였다. 그런 만큼 위원들이 매우 집중적으로 회의와 작업을 수행해야 했다. 만들어진 내용에 코멘트를 하는 전문가가 아니라 직접 집필작업을 할 수 있는 전문가 위주로 위원을 구성했다. 그러다 보니 그동안 교육부와 일을 해 본 경험이 없었던 전문가도 포함되었다. 몇몇 위원은 내가 직접 추천하기도 했다.

위원들과 교육부 담당 공무원들이 함께 만든 초안의 제목은 「대학 특성화 및 산학협력 강화를 위한 가고 싶은 지방대학 만들기」였다. 2010년 12월에 만들어진 초안을 가지고 교육부 담당 부서는 이주호 장관에게 보고했다. 이후 최종 내용은 약 한 달 후인 2011년 1월 말에 「산학협력 강화를 통한 지역대학과 지역산업의 동반 성장 방안」으로 공식발표되었다. 제목이 변경되었고 내용도 일부 수정된 부분이 있으나 초안과 최종안 사이에 큰 차이는 없다. 그래도 초안에 내 입장과 생각이 좀 더 스며들어 있기 때문에 여기에서는 그동안 공개되지 않은 초안의 내용을 소개하려고 한다. 최종안은 교육부 보도자료에서 확인할 수 있다.

초안의 목차는 지방대학이 당면한 문제와 원인분석, 「가고 싶은 지방대학 만들기」 기본 방향, 추진 과제, 실행수단 그리고 검토과제로 모두 5개의 절로 구성되어 있다. 이하에서는 이 순서에 입각하여 핵심 내용을 중심으로 요약할 것이다. 현상 진단에 관한 설명은 2010년 당시 상황 설명이라는 점을 염두에 둬야 하지만 구체적 수치를 제외하면 현재 상황과 질적인 차이는 보이지 않는다.

지방대학이 당면한 문제와 원인분석

지방대학이 당면한 가장 큰 문제 중 하나는 지역 인재의 수도권 유출이다. 2010학년도 시도교육청별 조사 결과에 의하면 대학 진학 시 비수도권 학생의 약 13%가 수도권 대학으로 진학하였다. 특히 충남은 21.5%, 제주는 20.2%에 달한다. 수도권 대학의 정원 외 선발 확대는 이러한 인재 유출을 더욱 심화시키고 있다. 또한 지방대학 학생들의 수도권 대학으로의 편입도 증가하는 추세이다. 지방대 졸업자 상당수가 취업을 위해 수도권으로 진출하고 있다. 이는 수도권에 지역 내 총생산의 49%, 기업의 64%, 연구개발비의 64%가 집중되어 있기 때문이다.

청년 취업난과 더불어 취업 미스매치도 공존하고 있다. 글로벌 금융위기 이후 청년 고용률은 회복되지 못했으며, 지방대 졸업생의 취업률은 수도권 대학 졸업생보다 취약한 실정이다. 대학 졸업생들은 대기업 등 양질의 일자리를 선호하지만, 실제 노동시장에서 중소기업이 차지하는 비중은 77.1%로 압도적이다. 이로 인해 중소기업은 인력난을 겪고 있다. 이는 지방대 졸업생들이 가고 싶어 하는 중소기업이 부족함을 보여준다.

학령인구 감소에 따른 구조조정의 필요성도 제기된다. 2015년부터 대입 정원이 고교 졸업생 수를 초과할 것으로 예상되어 지방대학의 신입생 충원이 더욱 어려워질 전망이다. 이러한 문제의 원인은 지방대학이 몸집을 불리며 고학력자를 과잉 공급했기 때문으로 분석된다. 1996년 대학정원 자율화 및 설립 준칙주의 도입으로 지방대학 수가 급증하며 전체 대학 진학률도 급증하였다.

또한 지역 산업이나 대학의 강점 분야를 중심으로 특성화 노력을 기울이기보다는 백화점식으로 학과를 증설한 점도 문제점으로 지적된다.

지방대학의 또 다른 문제점은 '교육 따로, 취업 따로'인 산학협력 미흡에 있다. 산학협력단 제도가 도입되었으나, 대학과 기업 간 목표 미스매치가 존재한다. 기업은 실용성 있는 기술을 원하고 대학은 연구비 지원이 가능한 과제 수행에 집중하는 경향이 있다. 또한 대기업은 대학의 연구 능력에 대한 불신이 있고, 중소기업은 영세성으로 산학협력에 여유가 부족하다. 논문 실적 중심의 교수 업적 평가 또한 산학협력에 대한 유인을 부족하게 만든다.

지방대학 구조조정과 특성화 지원 정책의 일관성도 부족하였다. 국립대학 통폐합을 추진하여 입학 정원 감축 등의 성과가 있었지만, 통합대학 내에 유사·중복 학과가 존치하는 등 완성도가 미흡하다. 1990년대 이후 지방대학 역량 강화를 위해 상당한 재정이 투입되었다. 그러나 부처별로 사업이 경쟁적으로 진행되었고 대학들이 각 부처의 재원 확보에만 몰두하면서 대학의 특성화 목표에는 오히려 역작용을 가져왔다. 또한 산학협력 지원이 일부 사업에 한정되어 있어 대학 전체의 체질 개선에는 한계가 있다. 지역 산업 육성에서 지자체의 역할이 미흡한 점도 문제로 지적된다.

「가고 싶은 지방대학 만들기」 기본 방향과 추진 과제

「가고 싶은 지방대학 만들기」의 기본 방향은 지역산업과 지방 대학의 동반 성장을 이루는 것이다. 이를 위해 2015년까지 지방대 취업률을 70%로 높이고, 가족회사를 3만 개, 스타 중소기업을 300개 육성하며, 지방대학 재정 지원액을 9,500억 원으로 2배 확대하는 것을 목표로 한다. 이를 위한 추진 과제로는 대학교육을 고용연계형으로 탈바꿈, 지방대학 주도 지역중소기업 육성을 통한 지역경제 성장 견인, 공간적 통합을 통한 산·학 일체화, 산학협력단 혁신을 통한 산·관·학 협력 강화라는 네 개의 과제를 설정하였다.

첫 번째 추진 과제는 대학교육을 고용연계형으로 탈바꿈하는 것이다. 이를 위해 '학·석사 통합과정'과 '산업박사 제도'를 도입한다. 5년제 학·석사 통합과정을 통해 현장 실습과 연구 과제 참여를 확대하여 현장성과 전문성을 높이고자 한다. 산업박사 제도는 대학과 기업이 공동 운영하며, 기업의 현장 문제 해결을 중심으로 하는 학위로, 산업단지 캠퍼스에 우선 도입할 계획이다. 또한 산업 수요에 부합하는 교육 프로그램을 운영해야 한다. 대학은 지역 기업의 요구를 반영해 특성화 전공을 개설하고, 주기적으로 '현장 적합도 평가'를 실시한다. 졸업 후 취업을 전제로 하는 취업 보장형 교육 트랙(School-to-Work System)을 확대한다. 실무 및 융합 교육을 강화하기 위해 창의적 공학 설계(Capstone Design)를 정규 필수 과목으로 개설하고, 산업체 강사를 활용한다. 학생 창업 교육 프로그램도 강화하여 창업동아리나 경진대회 참가를 지원한다.

교육과 취업의 연계를 강화하기 위해 현장 실습과 인턴십을 활성화한다. 계절 학기 현장 실습을 필수화하고, 산업단지 캠퍼스를 중심으로 학기 단위 현장 실습을 확대할 계획이다. 인턴제는 대학-정부-기업 간 유기적 협력 체제를 구축하여 내실을 다진다. 산학연 협력에 적극 참여한 기업을 '산학연 협력 우수 기업'으로 인증해 국가 연구개발 과제 지원 등에서 우대하는 제도를 도입한다. 해외 인턴십도 내실화하여 해외 취업 거점 대학을 중심으로 해외 기업과의 협약을 통한 취업 연계형 인턴십 운영을 확대한다. 산업 현장 친화형 교원 인사 제도를 강화하는 방안도 포함된다. 학위나 논문 위주의 교수 채용 관행을 산업체 경력 위주로 개편하여 산업체 경력자의 교수 임용을 확대한다. 산학협력 전담 교수제를 도입하여 일반 교수와 분리된 별도의 평가 체계를 운영한다. SCI 논문 등 연구 실적 위주의 교수 업적 평가를 개선하여 산학협력 실적이 승진 및 승급의 주요 요소가 되도록 유도한다. 교수 업적 평가 기준에 산학협력 반영 비율을 재정 사업 지표로 포함하여 산학협력 분야가 30% 내외로 반영되도록 추진한다. 또한 교원의 현장 연수를 확대하여 산업체 연수 등을 통한 연구개발 활동을 장려한다.

두 번째 추진 과제는 '대학 주도 중소기업 육성을 통한 지역경제 성장 견인'이다. 가족 회사를 2015년까지 3만 개로 확대한다. 이를 기반으로 중소기업 'AllSET(All Support for EnTerprise) 시스템'을 도입해 스타 중소기업 300개를 육성한다. 이 시스템은 기술 지원뿐만 아니라 디자인, 마케팅, 회계 등 중소기업의 취약 분야 전반에 대한 지원 확대를 목표로 한다. 또한 경영 혁신, 기업 문화 등에 대한 컨설팅을 제공하여 지방대 졸업생이 가고 싶어 하는 우수 기업을 육성한다. 지자체와 공동으로 2015년까지 '글로벌 선도센터(LGRC)' 30개를 육성하여 지역전략산업과 연계한 기초 및 원천 R&D의 거점으로 발전시킨다.

　세 번째 추진 과제는 '공간적 통합을 통한 산·학 일체화'이다. 2013년까지 산업단지 캠퍼스 15개를 구축하여 교육-R&D-고용이 연계된 상시적이고 현장 밀착형 산학협력 체제를 만든다. 이를 통해 약 15,000명의 우수 인력을 배출한다. 기업부설연구소나 산학융합연구실 등 기업 지원 시설을 입주시켜 기업 지원을 강화할 계획이다. 또한 지방과학연구단지를 기초 및 원천 연구의 허브로 육성하고, 산·학·연 융합 연구실을 30개로 확대하여 창조형 지역 R&D를 활성화한다. 대학 내에 집적된 산학 협력 시설 및 장비의 활용도를 높여 중소기업이 고가 장비를 손쉽게 활용할 수 있도록 지원한다. 대학 내 기업의 랩(Lab)이나 부설 연구소 입주를 통해 중소기업의 R&D 역량 강화와 학생의 취업 연계를 확산시킨다.

　네 번째 추진 과제는 '산학협력단 혁신을 통한 산·관·학 협력 강화'이다. 산학협력단을 산학협력 및 취업 지원 중심 조직으로 혁신한다. 기존에 연구비 관리에 치중했던 산학협력단의 역할을 학생 취업 지원과 산학연 공동연구 촉진 등으로 확대한다. 학생 취업 지원 업무를 산학협력단으로 이관한다. 산학협력단장의 위상을 부총장급으로 격상하고, 전문 경영인을 단장으로 보임하도록 유도한다. 또한 산학연 연계와 취업 지원을 전담하는 '산학 매치 메이커'와 같은 전문 인력을 확충한다. 지자체와 지방대학, 지역 기업 간의 파트너십을 강화하는 방안도 마련된다. 지방 공무원 채용 시 해당 지역 지방대학 졸업생 채용 할당제를 도입하거나 협약을 통해 채용을 확대하는 방안을 검토한다. 또한 지자체 주도의 '대학생 일자리 확대 프로젝트'를 추진하여 중소기업 방문 프로그램, 우량 중소기업 백서 발간 등을 통해 중소기업과 지방대 졸업생 간의 취업 미스매치를 해소한다. 지자체의 기업 유치 활동을 지역대학의 산학협력단이 지원한다. '지역 일자리공시제' 내용에 지방대학과의 연계 및 협력 내용을 강화하도록 협의한다.

4. 세계적 수준의 지방대학 만들기: '서울대 10개 만들기' 평가

아이디어의 출발

문재인 변호사가 2012년 사상구에서 제19대 국회의원선거에 출마했을 때 나는 공약개발팀에 참여하여 주로 일자리와 인재 분야의 정책공약을 만들었다. 당시 문재인 변호사는 그동안 계속 피해왔던 정치 세계에 첫발을 내딛은 것으로 주목을 받았다. 덕분에(?) 나도 사실상 처음으로 선거 공약팀에 참여하게 되었다. 이 선거에서 문재인 후보는 출마 지역인 사상구는 물론이고 부산 지역 전체 선거를 이끌어야 하는 상황이었다. 따라서 선거공약 역시 사상구 맞춤형 공약과 부산 전체 맞춤형 공약을 만들어야 했다.

사상구 맞춤형 일자리 공약으로 내가 제안한 것은 크게 '생활과 직장이 함께하는 공단'으로의 리모델링, 공단과 지역주민 연계형 '교육-고용-복지' 벨트 구축 및 활성화, 청년층 및 경력단절 여성 관련 고용 공약이었다. 사상구는 공단지역이 많아 거기에 특화된 공약이 필요하였다.

'생활과 직장이 함께하는 공단'으로의 리모델링 공약에서는 공단 내에 독신자 임대주택 건립 및 (공공)아파트, 첨단시설을 갖춘 보육시설 및 초중고 설립, 스포츠센터·문화센터·영화관 설립 지원을 통한 문화시설 확충이 포함되었다. 그리고 대학캠퍼스 설치 지원을 통한 실질적 산학협력시스템 구축, 대중교통 편리성 제고, 공동주차시설 확충 및 환경개선(특히 사상 공단지역)을 제시하였다. 공단과 지역주민 연계형 '교육-고용-복지' 벨트 구축 및 활성화 공약에는 (공단 소재) 기업들과 연계한 마을기업형 기업의 설립 확대를 통해 지역주민에 적합한 일자리 창출, 공단 외부에 거주하는 지역주민들의 출퇴근을 지원하기 위한 셔틀버스 운행이 들어갔다. 또한 맞벌이 직장인과 홀부모 직장인을 위해 공단내부 및 인근에 공공 보육시설 확충과 관련 시설에 지역주민 채용 우대를 세부 공약으로 넣었다.

청년층 및 경력단절 여성 관련 고용 공약에서는 다문화 학생이 특히 많은 지역이라 다문화 학생 대상 멘토링사업과 방과후 교육학습 교사 및 코디네이터 사업 전면 실시를 제안하였다. 다문화 학생 대상 멘토링사업 아이디어는 이후에 부산고용포럼의 국비 확보로 연결되어 부산교육청에서 부산 전체를 대상으로 실시하기도 했다.

사상구 맞춤형 공약과는 별개로 부산 지역 전체 공약으로 내가 제시한 것은 부산인재의 지역 유출 방지 방안에 관한 걸로 기억한다. 특히 부산에서 고등학교를 졸업한 우수 학생들이 수도권 대학으로 유출되는 현상을 매우 심각하게 봤다. 이를 방지하기 위한 방안들을 다수 제시했다. 부산에 있는 대학들을 발전시키는 것이

유출을 막는 충분조건은 아니지만 하나의 필요조건이라는 생각으로 관련 공약을 만들었다. 이때 제안한 아이디어를 좀 더 다듬어 문재인 후보가 2013년 제18대 대통령 선거에 출마했을 때 동남권 지역 공약에 넣었다.

'세계적 수준의 거점 국립대' 육성을 대통령 후보 공약으로 만들다

나는 제18대 대통령 선거에 출마한 문재인 후보 캠프에서 두 가지 역할을 했다. 하나는 문재인 후보가 직접 위원장직을 맡은 '일자리혁명위원회'의 위원으로, 다른 하나는 동남권 정책공약팀 일원으로 참여했다. 지방대의 발전방안이나 인재 유출 방지 방안에 관한 내 생각은 동남권 정책공약팀을 통해 중앙으로 전달되었다. 2012년 8월 「문재인의 동남광역권 구상」이라는 제목으로 만든 정책공약 자료집은 다음 내용들로 구성되었다. 동북아 글로벌 경쟁의 중심축-동남권 메가시티 구축, 우수 인재가 모여드는 네트워크형 광역경제권 구축, 동남권의 미래변화 의제에 대한 공동대응 전략 수립, 남북경제 협력을 위한 교두보로 교류거점의 축 형성, 그리고 동남권 주민의 안전과 삶의 질 개선이라는 5개 대주제였다.

5개의 대주제 중 내가 참여해서 만든 것은 '우수 인재가 모여드는 네트워크형 광역경제권 구축'이었다. 여기에서 '우수 인력 유출 방지 및 지방대 육성'이 내가 전담해서 만든 공약이었다. 나는 다음과 같은 내용을 공약에 담았다.[23]

부울경 동남권의 인재 수지는 항상 적자 상태다. 지역의 인재 유출은 1차 유출과 2차 유출 형태로 지속적으로 발생한다. 1차 유출은 지역의 우수 고교 졸업자가 수도권 등으로 진학하는 것이고, 2차 유출은 지역대학 졸업생이 수도권으로 취업하는 것이다. 2008년 8월과 2009년 2월 대학 졸업자를 기준으로 보자. 부울경의 1, 2차 순유출 수는 총 17,390명으로, 부산 9,663명, 울산 2,089명, 경남 5,638명 수준이다. 수도권과의 순유출 인원은 11,121명이다. 부울경 고교 졸업자 중 대학 진학자의 약 10%가 수도권으로 이동한다. 이들은 성적 우수자로 추정된다. 울산의 경우 지역 내 대학 정원이 적어 타지역 대학 진학 비율이 매우 높다. 울산 지역대학 진학 비중은 37.4%에 불과하다.

지역 인재 유출은 지역 소득 유출로도 이어진다. 1차 인재 유출에 따른 소득 유출액을 환산하면 세 지역 합계는 총 1조 5,879억 원이다. 수도권과의 적자 추정치는 6,621억 원이다. 소득 유출액에 취업유발계수를 적용하면 부산 5,875개, 울산 4,660개, 경남 9,950개의 일자리가 손실된다.

수도권으로의 인재 유출은 대체로 우수 인력으로, 수도권으로 유출된 졸업생의 성적이 부산에 남은 졸업생보다 우수하다. 고교 졸업자의 어학 성적과 취업 성과도 부산 지역대학 진학자보다 더 좋다. 대학 졸업자의 경우도 같은 패턴이다. 수도권에 진학한 학생 대부분은 수도권에서 취업하고 거주한다. 부산 지역 고교 졸업 후 수도권 대학을 졸업한 학생의 81.6%가 수도권에 취업하며, 불과 8.9%만 부산으로 돌아온다. 따라서 지역에 필요한 인재는 지역

대학에 진학하도록 유도하는 정책이 필요하다.

이러한 상황을 개선하기 위해 먼저 동남권 인재위원회를 구성하여 부산, 울산, 경남 세 지역의 연계 시스템을 구축해 수도권으로의 우수 인력 유출을 방지한다. 위원회는 지자체, 대학, 산업체, 전문가들로 구성해 우수 인재 양성과 활용 방안을 마련한다. 또한 울산과 경남 고교 졸업자의 부산 소재 대학 진학을 지원하고, 부산 대학 졸업자의 울산과 경남 일자리 채용을 연계하는 시스템을 구축한다. 울산과 경남 고교 졸업자가 부산 소재 대학에 진학할 경우 주거지를 지원하고, 동남권 소재 대학 졸업자 공동 채용할당제를 시행한다.

동남권 졸업생에 대한 공공부문 채용 할당제와 채용 목표제를 실시한다. 지방공무원, 공공기관, 공기업 채용 시 의무적으로 채용 할당 비율을 충족시키고, 기관 특성에 맞는 채용 목표 비율을 제시한다. 채용 성과는 기관 평가 자료로 활용하며, 면접 시 출신 학교 블라인드 제도를 적용한다. 동남권 공동 채용할당제와 공동 채용목표제를 시행해 부울경 어느 대학에서 졸업하더라도 공공기관과 공기업 채용 시 동일하게 적용한다. 이를 위해 동남권 지자체 간 MOU를 체결한다. 공공기관 채용 시 지방 중소기업 근무 경력에 가산점을 부여한다. 또한 정부 사업으로 다문화 학생 및 가족의 학습과 생활을 지원하는 청년 교사 멘토링 사업을 신설하고, 지방대 졸업생을 상근 청년 교사로 활용한다. 이들은 연봉 2,000만 원 수준으로 채용되어 초중등학교에서 근무한다.

'우수 지방대학생 육성사업'을 시행한다. 동남권 우수 대학생 연간 3천 명을 선정해 등록금과 생활비를 지원한다. 지역 내 대학에 진학하는 우수 학생을 대상으로 등록금 50~100%와 생활비 일부를 지원한다. 이 중 최우수 신입생 300명은 '미래 인재 장학생'으로 선정해 등록금 전액과 월 30만 원의 생활 보조금을 지급하며, 졸업 후 좋은 일자리를 제공한다. 이를 위해 동남권 인재위원회 산하에 '대학생지원위원회'를 설치하고, 해외 인턴 사업 확대와 양질의 일자리 취업 지원을 추진한다.

세계적 수준의 동남권 거점 국립대를 육성하고 국립대 간 공동 학위제를 추진한다. 광역권에 3개 내외의 국립대를 선정해 학생 1인당 교육비를 대폭 높여 세계적 수준의 대학으로 발전시킨다. 학생 1인당 교육비는 5년 내에 서울대 대비 60%를 목표로 한다. 2010년 기준 학생 1인당 교육비는 서울대 3,308만 원, 동남권 국공립대 1,053만 원, 전국 국공립대(서울대 제외) 1,031만 원, 지방거점국립대 1,151만 원 수준이다.

전체 국립대 등록금을 절반 수준으로 인하한다. 동남권 거점 대학 성과를 인근 국립대 및 사립대로 확산시키는 시스템을 구축한다. 지방 국립대는 단계적으로 발전 전략을 추진한다. 1단계에서는 획기적인 재정 지원을 통해 자생적 발전 능력을 높인다. 2단계에서는 서울대를 포함한 각 지역 국립대 간 공동학위제를 추진한다. 지방자치단체의 지방 국립대 지원도 확대하도록 유도한다. 지방자치단체 평가 항목에 '지역대학 지원 정도'를 추가하고, 지방 국립대 재정 지원 시 해당 지자체의 지원 금액을 반영한다.

나는 동남권 공약을 통해 '세계적 수준'의 거점 국립대 육성을 강조했다. 그동안 지방대 발전정책은 오랫동안 시행되어 왔지만 소극적인 목표에 약소한 정책수단이 주를 이루었다는 것이 당시 나의 생각이었다. 그래서 다소 추상적이기는 하지만 훨씬 큰 목표로 '세계적 수준'을 설정하였다. 내심으로는 서울대, 고려대, 연세대 수준을 생각했다. 그러나 특정 대학명을 사용하는 건 정책적으로는 적합하지 않아 '세계적 수준'이라는 용어를 사용하였다. 그 당시에도 SKY는 세계 대학 순위에서 높은 순위는 아니었지만 세계적 수준으로 볼 수 있었기 때문이다.

나는 지금도 모든 거점국립대를 '세계적 수준'으로 만드는 것이 가능하지 않다고 생각한다. 당시에는 그런 생각을 더욱 강하게 가지고 있었다. 물론 각 지역의 거점국립대 전체를 '세계적 수준'의 지방대로 만들어 거점국립대를 중심으로 지역의 발전을 견인하면 더없이 좋을 것이다. 그러나 예산의 제약은 불가피할 것이고 이런 제한 속에서 무리하게 정책을 추진할 경우 거점국립대 모두 '저수준의 균형'에 빠질 가능성이 높기 때문이었다.

다음으로 고민했던 것이 목표를 '세계적 수준'으로 잡는다고 했을 때, 구체적으로 어떤 지표를 활용할 것인가였다. 대학의 기능인 교육, 연구, 사회봉사 활동 수준을 판단하기 위해서는 수많은 지표들이 필요하다. 그렇지만 그런 작업은 쉽지도 않고 지표 설정에 대한 시각차에 따라 논란도 있을 수 있어 고심 끝에 생각해 낸 것이 대학별 학생 1인당 교육비 지표였다. 교육비 지표는 지금은 '서울대 10개 만들기'의 핵심 지표로 사용되는 등 많은 곳에서 사용되지만 내 기억으로는 당시에 이를 사용한 경우는 보기 어려웠다. 물론 자료를 찾지 못한 나의 한계일 수도 있지만 당시에 학생 1인당 교육비 지표를 이런 곳에 사용한 것은 보지 못했다. 내가 이런 생각을 떠올릴 수 있었던 것은 대학공시제가 시행된 2008년 12월부터였다. 우리가 학생 1인당 교육비 지표를 접할 수 있었던 시기도 2012년 대선 시점에서 보면 초기였기도 했다.

18대 대통령 선거에서 문재인 후보는 대통령으로 당선되지 못했다. 따라서 '세계적 수준의 거점국립대 육성사업'도 시행될 수가 없었다. 물론 문재인 후보가 대통령으로 당선되었다고 하더라도 이 정책사업이 시행되기 위해서는 여러 단계를 거쳐야 했을 것이다. 그러나 당선되지 못한 상황에서는 시행되기가 사실 불가능했다.

'글로컬대학 육성사업' 신설을 2013년 정책보고서에서 제안

18대 대통령 선거에서 동남권 공약으로 제시했던 '세계적 수준의 거점국립대 육성사업'을 좀 더 다듬어 2013년 정책보고서에 넣었다. 이 보고서는 한국대학교육협의회 주관의 연구과제 보고서였다. 그런데 처음부터 교육부와 함께 논의하고 작업한 보고서라는 점에서 교육부 정책보고서의 성격도 가지고 있었다. 『고등교육 재정지원사업 현황 분석 및 추진계획 수립 연구』(하연섭·류장수 외, 2013.08.)라는 제목의 보고서에서 내가 집필한 부분의 제목은 '지역발전의 중핵 역할을 담당할 수 있는 지방대학의 육성'이었다.

그동안 30여 년간 지방대학의 어려움과 대안에 관해 적지 않은 글을 썼지만 이 보고서에서 쓴 글이 가장 압축적으로 정리한 글이라 기억에 많이 남는다. 일단 제목에서도 지방대학이 단순히 지방대학 교직원과 학생들의 문제일 뿐만 아니라 지역발전 차원에서도 핵심적인 역할을 해야 한다는 점을 반영하고 싶었다. 그래서 아예 제목에 '지역발전의 중핵 역할'이라는 문구를 넣었다. 이 글은 크게 지방대학의 실태와 위기, 지방대학의 육성을 위한 기본 방향, 그리고 지방대학의 육성 방안과 같이 세 개의 파트로 구성되어 있다.

지방대학의 실태와 위기를 적은 절에서는 당시 지방대학이 전체 고등교육의 63% 내외를 담당하고 있음에도 불구하고 심각한 상황에 놓여 있다는 점을 지적하였다. 먼저 지역인재의 수도권 유출로 지방대학 위상이 약화되었다. 지방대 졸업생의 좋은 일자리 진입이 어려웠다. 지방대학의 교육·연구 여건과 재정지원 규모에서 열악하였다. 정부의 재정지원 사업 측면에서는 지방대 특성에 적합한 맞춤형 사업 발굴이 미비하였다. 그리고 세계 수준 지방대학 육성의 중요성에 대한 인식이 부족하고, 지방자치단체의 고등교육 책무성 부여가 미비하였다.

이러한 지방대학의 어려움을 타개하기 위해 '지방대학의 육성을 위한 기본 방향'으로 세 가지 방안을 제시하였다. 하나는 종합적인 국가균형발전 및 지역발전정책 관점에서 정책을 추진해야 하는 것이다. 또 하나는 지역 중심, 지역 주도의 정책을 추진해야 한다는 것이다. 마지막으로 성과 중심 정책 추진을 강조하였다. 첫째와 둘째의 기본 방향에서 강조하고 싶었던 것이 있었다. 지방대학을 육성한다고 했을 때 지방대학에만 초점을 맞추면 성공하기 어렵고 보다 거시적인 관점에서 접근해야 지속가능한 성과를 얻을 수 있다는 것이었다. 그런 점에서 지방대학 육성정책은 교육부

뿐만 아니라 관련 부처와 지방자치단체 모두가 함께 나서야 해결의 실마리를 찾을 수 있다.

지방대학의 실태와 위기, 지방대학의 육성을 위한 기본 방향을 정리한 후 마지막 절에서 지방대학의 육성 방안을 제시하였다. 크게 네 개의 방안 속에 세부과제들을 담았다. 당시까지 내가 여러 지면을 통해 제안했던 과제들도 들어가 있다. 다소 중복되더라도 보고서 내용을 그대로 활용하려고 한다.

먼저, 지역과 대학의 특성을 강화하는 방향으로 사업을 재편한다. 이를 위해 지역과 대학의 특성화를 지원하는 학과 및 학문 분야별 특성화 사업을 새로 신설하도록 한다. 이 사업은 지역 산업과 지방대학의 강점 분야에 초점을 맞추어 지역과 대학이 함께 발전하는 것을 목표로 한다. 또한 지방대의 백화점식 학과 증설로 인한 폐해를 막고 경쟁력 있는 학문 분야를 특화하도록 한다. 이를 통해 입학 자원의 감소에 대응하고 대학 경쟁력을 강화한다. 특성화 학과, 학부, 단과대학을 대상으로 특성화 계획을 평가하여 선정·지원한다. 특성화 사업비 지원과 더불어 우수 인재 유치를 위해 특성화 학과, 학부, 단과대학의 입학생들에게 전액 장학금과 생활비를 지원하는 사업으로 설계한다.

둘째, 소수 대학에 대한 집중 지원을 통해 지역거점대학이면서 세계적 수준의 지방대학을 육성한다. 이를 위해 지금까지와는 질적으로 다른 획기적인 지원사업을 시행한다. 우수 인재 확보, 질 높은 인력 양성, 우수 연구 성과 생산, 견실한 산학협력 등을 통해 지역과 대학의 발전을 선도하는 실질적인 '지방거점대학' 지원사업으로 '지역선도대학육성사업(글로컬대학 육성사업)'을 신설한다.

이 대학들은 지역의 교육, 연구, 지역사회 봉사 기능 전 영역에서
지역발전을 주도하고 동일 지역 내 다른 대학과 상호협력하는 시
스템 구축 기능을 수행하도록 한다. 글로컬대학으로 선정된 지방
대학은 교육 여건을 5년 내, 연구 여건을 10년 내에 서울대를 포함
한 국내 최우수 대학 수준으로 끌어올릴 수 있도록 대규모 재정을
지원받는다.

셋째, 지역발전을 선도할 우수 인재를 유치하고 양성하도록 한
다. 특성화 분야 우수 인재 지원사업과는 별도로 미래 지역발전
을 주도할 인재를 유치하기 위해 '지역미래인재유치사업'을 실시
한다. 일정 성적 이상의 지역 우수 고교 졸업생이 해당 지역대학
에 입학할 경우 등록금 전액과 생활비를 지원하고 지역 내 양질의
일자리 제공 등 획기적 지원책을 마련한다. 지방대학의 우수 인재
유치 계획을 심사하여 사업 시행 대학을 선정하고 대상 학생 수를
결정한다. 교수 채용, 공공기관 및 대기업 채용 우대 방안을 유치
계획에 포함시켜 수도권 대학으로의 인재 유출을 방지한다. 이를
위해 대학, 공공기관, 대기업 간 미래인재장학생 채용 약정을 위한
MOU 체결을 의무화한다. 우수 고교 졸업생을 유치한 대학에는
학생 지원금 외에 추가 재정 지원도 제공한다. 또한 '지역혁신인력
양성사업'을 확대하여 지역과 현장 특화 인력양성을 활성화한다.
앞으로는 산학협력을 기반으로 지역 기업이 필요로 하는 인력양
성을 더욱 활발히 추진할 필요가 있다.

넷째, 지방자치단체 등 지역 주체들의 고등교육기관 재정 지원
을 강화한다. 지방자치단체, 기업체, 연구기관, 대학 등이 참여하
는 협력 체제를 구축하여 지역발전의 큰 틀 안에서 지방대학 육성

정책을 기획하고 추진한다. 지방자치단체는 지역발전의 총괄 기관으로서, 기업체는 지방대학이 배출하는 인력의 수요자로서 대학 발전을 위한 재정 지원을 분담한다. '지역미래인재유치사업'에는 지방자치단체가 대응 자금을 의무적으로 부담하도록 한다. 지방자치단체 평가 시 '대학 지원 정도' 항목을 신설한다. 지방자치단체의 대학 지원 금액은 중앙정부의 재정 지원 규모 결정에도 반영되도록 한다.

당시 보고서에서 내가 주장한 지방대학의 육성방안을 2025년의 시점에서 보면, 두 번째 방안으로 제안한 '글로컬대학 육성사업(지역선도대학 육성사업)'은 현재 '글로컬대학 30사업'과 매칭된다. 네 번째 방안으로 제안한 것은 '라이즈사업'으로 매칭될 수 있다. 교육부 간부가 '글로컬대학 30사업'을 시행하는 중에 나에게 이런 농담을 한 적이 있다. "오래전에 교수님이 '글로컬대학 육성사업' 실시를 제안했지만 특허를 내지 않았기 때문에 지금 교육부가 '글로컬대학 30사업'을 실시하고 있어도 법적으로는 문제가 없습니다."

그러나 2013년에 '글로컬대학 육성사업'을 시행할 것을 제안할 때 염두에 둔 것이 있다. 해당 지역대학들을 선도하고 지역발전의 중핵 역할을 맡는 지역거점대학의 지위를 갖는 지방대학을 육성하는 것이었다. 그런 점에서 '글로컬대학 30사업'과 같이 30개의 사업단, 그 이상의 대학을 선정하는 방식은 당시 내 생각과 상당히 다르다. 우리나라에서 어떻게 지역선도대학이 이렇게 많이 필요하겠는가. 내가 2013년에 제안한 사업 명칭과 지금의 교육부 사업 명칭이 유사한 측면이 있지만 상당히 다른 방향을 지향하는 것

이었다. 나는 '저수준의 함정'에 빠질 수 있는 너무 많은 대학들이
글로컬대학으로 선정되는 것을 제안한 게 아니었다. 향후에는 내
가 제안해 왔던 방식의 재정지원사업을 시행할 필요가 있다. 내가
구상한 사업은 소수의 지역거점대학을 선정하여 전례 없는 대규
모 재정지원을 통해 해당 지역의 대학들을 선도하고 지역발전의
핵심 역할을 맡아 종국적으로는 지역소멸의 길을 막고 국가균형
발전을 실현하는 것이다. 너무나 중요하고 시급한 사업이라 더 이
상 지체할 시간이 없다.

서울대 10개 만들기에 대한 평가

'서울대 10개 만들기'의 문제의식은 내가 2012년에 문재인 대통
령 후보 공약 작업을 위해 만든 '세계적 수준의 거점국립대학 육
성사업'을 발전적으로 계승한 2013년의 '지역선도대학육성사업(글
로컬대학 육성사업)'과 대동소이하다. 지역에도 서울대 수준의 지방
대학들이 있어야 한다는 점, 서울대 수준으로 만들기 위해 정책적
지표로 학생 1인당 교육비 지표를 활용하고 있다는 점, 내가 2012
년에 제안했을 때 초점을 맞췄던 거점국립대학에 한정하고 있다
는 점 등에서 유사한 점이 적지 않다.

그러나 내가 2013년 제안했던 정책사업과 '서울대 10개 만들
기'가 문제의식면에서 유사성이 있다고 하더라고 몇 가지 차이가
있다.

먼저, 2012년 문재인 대통령 후보 공약을 만들 때 나는 세계적
수준의 지방대학은 지역거점국립대학에 한정해야 된다고 생각했

다. 그러나 이후 지역선도대학이라는 용어를 쓰면서 국립대학뿐만 아니라 사립대학도 포함시키는 것이 적합하고 효과적이라고 봤다. 우리와 같이 사립대학도 고등교육에서 상당한 기여를 하고 있는 국가에서는 지역선도대학을 거점국립대학으로 한정하는 것이 공정성에 문제가 발생할 수 있다. 또한 경쟁 제한으로 거점국립대학이 지역선도의 역할을 충분히 하지 않을 가능성도 있다. 다른 사정이 일정하다면 대부분 지역에서 지역거점국립대학이 지역선도대학으로 선정될 가능성이 절대적으로 높을 것이다. 그렇다고 해도 선정 범위를 넓히는 것이 지역거점국립대학에 긴장감도 줄 수 있다. 지역에 따라서는 사립대학이 지역을 선도하는 모델로 되더라도 나쁘지 않다는 판단을 가지고 있다.

둘째, 서울대 수준 혹은 세계적 수준의 대학을 지방에 10개나 만든다는 것은 무리이다. 초광역권별로 한 개 기준으로 모두 3~5개의 지역선도대학을 선정한다는 것이 현실적이다. 물론 예산만 충분하다면 10개가 아니라 수십 개를 만들어도 좋겠지만, 전례 없는 대규모 재정지원이 있어야 한다는 점을 고려하면 이는 불가능하다. 현재 우리나라의 고등교육기관에 대한 정부재정규모가 OECD 평균에 미달해서 더 투입해야 한다는 논리를 갖더라도 이 논리만으로는 감당하기에 천문학적인 예산이 소요된다. 3~5개 내외의 지역선도대학 사업을 시행하여 성공 사례를 만들고 이것이 국민적 공감대를 충분히 형성된 후에 그 이상의 대학들을 선정할지 여부를 판단하는 것이 필요하다.

셋째, '서울대 10개 만들기'는 정치적 슬로건이지 정책적 슬로건은 아니다. '서울대 10개 만들기'는 선거 국면에서 국민들에게 무엇을 하겠다는 점을 명확히 보여준 효과적인 정치슬로건이었다. 그러나 정책적인 측면에서 보면 이 슬로건은 적지 않은 문제점을 내포하고 있다. 우선 특정 대학 명칭을 사용하면서 다른 대학들도 이 대학 수준으로 만들겠다는 정책은 적절하지 않다. 서울대라는 대학 명칭을 사용하는 의도는 짐작 가지만 서울대가 지역거점국립대의 미래 모델로서 정말 적합한 것인지에 대해서는 논란이 있을 수 있다. 내가 2012년에 서울대, 고려대, 연세대 수준의 대학이 지방에도 있어야 한다고 생각했음에도 '세계적 수준의 대학'이라는 용어를 사용한 이유이기도 하다. 21대 대통령 선거에서 민주당이 '서울대 10개 만들기' 공약을 사용했다. 그렇더라도 이재명 정부는 '서울대 10개 만들기' 대신 이 문제의식을 담은 정책사업명을 만들 필요가 있다.

한편 또 하나 염두에 둬야 할 것은 저량(stock) 개념과 유량(flow) 개념을 구분해야 한다는 점이다. '서울대 10개 만들기'를 위해 거점국립대의 학생 1인당 교육비를 서울대 수준으로 맞추기 위해 매년 3조 원 정도를 투입해야 한다고 주장한다. 다른 대리변수보다 학생 1인당 교육비 지표가 대학 간 비교를 위해 편리하고 적절하다고 생각해서 나도 자주 사용해 왔다. 그러나 매년 예산을 맞춘다는 것은 유량만 맞춘다는 것에 불과하다. 현재 서울대와 지역거점국립대 간에 저량에서 엄청난 차이가 있음에도 불구하고 유량만 맞춘다면 지역거점국립대는 절대로 서울대 수준으로 될 수가 없다. 격차는 단지 그대로 유지될 뿐이다. 매년 거점국립대의 학생 1인당 교육비 수준을 서울대 수준보다 많이 높여야 양 대학 간의 격차가 조금씩이나마 줄어들 수 있다. 적어도 예산 측면에서 볼 때 거점국립대가 서울대 수준으로 되려면 상상 이상의 예산이 소요될 것이다. 저량과 유량 개념을 고려하지 않는 논의가 진행되고 있어 매우 안타깝다.

OECD의 지역대학 프로젝트: 지역발전을 위한 대학의 역할

1. 민간이 더 많이 재정 부담하는 우리의 고등교육

국가 간에 교육에 대한 투자 규모를 비교할 때 가장 널리 사용되고 있는 지표는 GDP 대비 재정투자 비율이다. 투자액의 절대값도 중요하지만 국가 간 경제상황을 고려하면서 투자액을 비교하는 것이 더욱 적절하기 때문이다. OECD는 매년 회원국과 일부 비회원국을 대상으로 교육에 관한 주요 지표들을 발표하고 있다. 이 자료를 통해 우리는 다른 조사대상 국가들 및 OECD 평균과 비교하면서 우리의 교육 현황을 파악할 수 있다.

OECD는 GDP 대비 고등교육(대학)의 재정투자 비율을 발표하면서 전체는 물론이고 정부재원과 민간재원이 어느 정도인지도 보여주고 있다. 2025년 9월에 발표한 OECD 보고서에 의하면, 우리나라의 GDP 대비 고등교육 전체 재정투자 비율은 1.4%로 OECD 평균과 동일하다. 2018년부터 지금까지 비교해도 이 수치는 우리나라와 OECD 평균 간에 거의 차이가 없다. 즉 우리는 총

[표 7-1] GDP 대비 정부·민간의 고등교육 재정투자 비율

		2018	2019	2020	2021	2022
한국	정부재원	0.6	0.6	0.7	0.7	0.6
	민간재원	0.9	0.9	0.9	0.9	0.8
	계	1.6	1.5	1.6	1.5	1.4
OECD	정부재원	1	0.9	1	1	0.9
	민간재원	0.5	0.5	0.5	0.5	0.5
	계	1.5	1.5	1.5	1.5	1.4

자료: OECD, Education at a Glance, 각 년도 DB

재원투자 측면에서 GDP 대비 고등교육 재정투자 비율이 낮지 않다.

그러나 고등교육에 대한 전체 재정투자를 재원별로 구분해서 보면 OECD 평균과 차이가 보인다. 한마디로 우리는 고등교육 재정투자 재원을 정부보다 민간에 더 의존하고 있는 반면에 OECD 평균은 정부가 민간보다 더 투자하고 있다. 2022년에 우리는 GDP 대비 정부재원 비율이 0.6%, 민간재원 비율이 0.8%로 민간재원 비율이 0.2% 포인트 더 높았다. 이와 달리 OECD 평균은 정부재원 비율이 0.9%, 민간재원 비율이 0.5%로 정부재원 비율이 훨씬 더 높았다. 이러한 특징은 이전 연도에서도 일관되게 나타났다. 이는 앞으로 우리 정부가 고등교육 재정투자를 더욱 늘릴 필요가 있음을 보여주는 특징이다.

한편 초중등교육에서는 GDP 대비 교육 재정투자 비율이 고등교육과 다른 양상을 보인다. 2022년 GDP 대비 초중등교육 전체 재정투자 비율은 4.2%로 OECD 평균인 3.3%보다 0.9% 포인트나 높다. 우리와 OECD 평균 간의 격차는 2021년까지는 거의 없었는

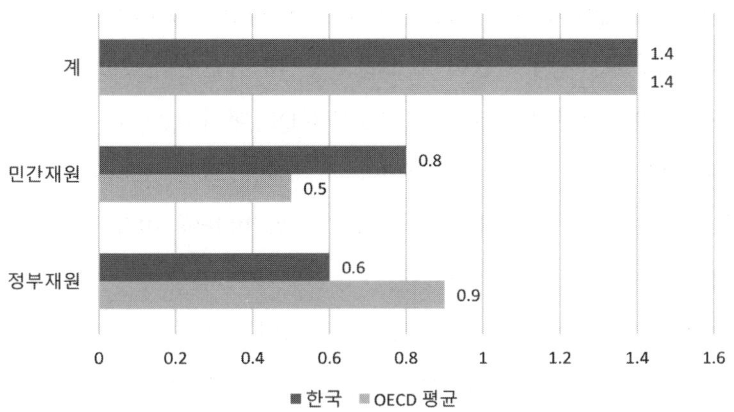

[그림 7-1] GDP 대비 정부 · 민간의 고등교육 재정투자 비율(단위: %)

자료: 교육부 · 한국교육개발원(2025.9.9.), 「'경제협력개발기구(OECD) 교육지표 2025' 결과 발표」 보도자료, p.2의 표를 활용하여 그림으로 작성

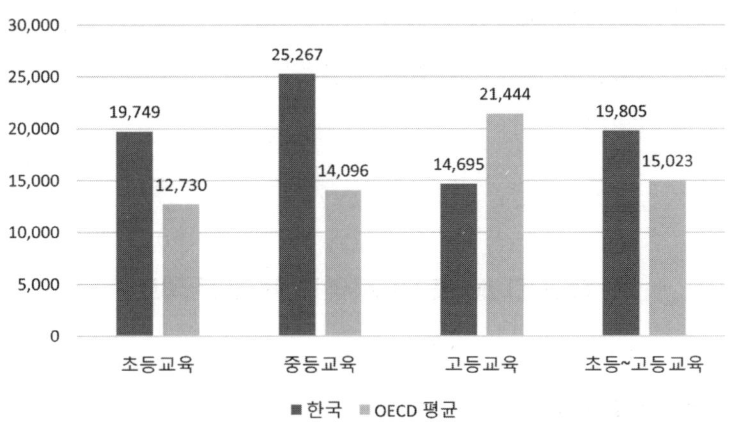

[그림 7-2] 초중등 대비 고등교육 학생 1인당 공교육비 지출액(단위: $(PPP))

자료: 교육부 · 한국교육개발원(2025.9.9.), 「'경제협력개발기구(OECD) 교육지표 2025' 결과 발표」 보도자료, p.3의 표를 활용하여 그림으로 작성

데 2022년에 우리의 투자가 크게 증가하면서 이런 격차를 만들어 냈다. 2022년에 우리의 초중등교육 전체 재정투자 비율이 이렇게 높아진 데에는 정부재원이 크게 증가한 데 기인한다. 2021년 대비 2022년 민간재원이 차지하는 비율은 GDP 대비 0.2%로 동일하고 정부재원 비율이 3.4%에서 4.0%로 크게 높아졌다. 그리고 시점에 관계없이 초중등교육에서는 늘 민간재원 비율에 비해 정부재원 비율이 압도적으로 높았다.

이처럼 우리나라의 경우 초중등교육에서는 정부재원 비율이 민간재원 비율에 비해 압도적으로 높고, 고등교육에서는 OECD 평균과 달리 민간재원 비율이 정부재원 비율보다 약간 더 높다. 이는 고등교육에 대한 정부재원 확충이 필요하다는 점, 초중등교육과 고등교육간에 정부투자액 조정이 필요하다는 점을 말해 준다. 교육에 대한 정부투자액은 아무리 많아도 지나치지 않다. 그러나 현실적으로 정부 예산에 한계가 있다는 점을 고려해 초중등교육 재원을 고등교육 재원으로 일부 전환하는 방안 마련도 시급한 것으로 판단된다.

2. OECD IMHE의 지역대학 프로젝트[24]

추진 배경 및 목적

OECD는 산하기구인 IMHE(Institutional Management in Higher Education)를 통해 2004년 하반기에 회원 국가들의 주요 지역을 분

석 단위로 선정하여 지역발전을 위한 고등교육기관의 역할을 공통된 분석 틀에 따라 평가하기로 결정하였다. 그리고 상호 방문 기회를 통해 타 지역의 유사사례를 경험하고 벤치마킹할 기회를 제공하여 참여국가, 지역, 단위 고등교육기관에 보다 실천적인 정책적 시사점 제공을 목적으로 하였다.

보다 구체적인 목적으로 다음 여섯 개를 제시하였다. 지역 차원의 주도성(initiatives)과 협력의 효율성·효과성을 평가할 필요성에 대한 인식수준 제고, 모니터링 방식과 국제 사례의 벤치마킹 방식 제공, 지역발전 관련 주체들 간의 협력 기회 제공, 이러한 지역 주체들의 역할과 책무 설정, 고등교육기관들의 자체 발전에 대한 지원, 모범 사례 전파를 위한 국제 네트워크 구축이다.

그리고 OECD가 주관한 이 국제프로젝트의 참가지역은 우리나라의 부산을 포함하여 유바스큘라(핀란드), 베름란드(스웨덴), 트벤테(네덜란드), 선샤인 코스트(호주), 발렌시아(스페인), 노스 이스트(영국), 외레순(덴마크-스웨덴), 유틀란트-퓐(덴마크) 등 모두 14개 지역이었다. 부산은 아시아 국가 지역으로는 유일하게 선정되어 참가하였다.

그동안 OECD 회원국은 국가경쟁력 강화를 위한 발전전략의 일환으로 지역혁신체제의 구축과 그 운용 과정에서 고등교육기관의 잠재력과 역할에 주목하고 있었다. 고등교육기관은 그 자체로서 지식의 생성, 이전, 적용을 담당하는 지식집약기관이다. 더 나아가 산발적으로 시행되고 있는 각 부처의 정책들을 발전적으로 통합하고, 지역 내 정책 관련자(지방정부, 기업, NGO 등)들의 다양한 이해를 수렴할 수 있는 가장 적합한 매개체로 생각되고 있었다.

당시 상황을 보면 지역발전을 위한 고등교육기관의 역할과 관련하여, 개별 고등교육기관을 분석 단위로 한 피상적이고 기술적(discriptive)인 연구는 많았다. 그러나 국제비교적 관점에서 이러한 노력들을 동일한 틀에 따라 심층적으로 비교 분석하려는 시도는 부족하였다. 특히 우리의 경우 중앙정부가 주도하는 대학정책이 중심이었다. OECD 연구 참여는 지방정부의 적극적 협조하에 지방대학의 혁신역량을 점검해 볼 수 있는 좋은 기회였다. 지역발전을 위한 대학의 역량 파악, 이해당사자들 간의 협력방안을 모색하는 것은 타당성 있는 '지역혁신발전계획' 수립을 위한 필수적 사전단계였다. 당시 교육인적자원부 차원에서도 누리 사업, 대학구조조정 등과 관련해 지방정부와 연계한 지방대학 혁신역량에 대한 심층적 진단·평가가 절실히 필요하였다. 그런 점에서 OECD 국제프로젝트 참여는 매력적이었다. 교육부에서는 부산광역시를 선정하였다. 부산은 지방도시로서 메트로폴리탄(metropolitan)이기 때문에 타지역으로의 파급효과가 크다. 특히 지역혁신을 위한 인적자원개발기구가 상근조직으로 만들어져 있었고 그 기구의 핵심 역할을 지역대학들이 맡고 있다는 점도 작용하였다.

OECD IMHE 프로젝트 참여 국가/지역을 위한 가이드라인

OECD는 이 프로젝트에 참여한 국가와 지역의 연구진에게 매우 구체적인 가이드라인을 제공하였다. 가이드라인은 수십 페이지에 이르는 분량으로 사업의 추진 배경 및 목적에서부터 시작한다. 그리고 사업 추진 방법, 사업관리, 자체평가보고서에서 다룰 이슈뿐만 아니라 보고서 작성 방법까지 프로젝트 전 과정에 대해 세밀한 부분까지 담고 있었다. 다수의 국가들과 지역들이 참여하기 때문에 공통의 형식과 내용을 담아야 한다는 점을 고려했을 것이다. 국내 연구에서 내가 경험했던 가이드라인과는 차원이 다를 정도로 구체적이었다.

나는 이 국제프로젝트의 한국 측 코디네이터와 부산 지역 연구의 책임자로 참여하면서 전 과정을 백서 형식으로 정리하고 싶었다. 일반적으로 정책연구는 주제가 주어지고 여기에 맞춰 보고서를 제출하는 것으로 마무리된다. 그러나 OECD 국제프로젝트에서 내가 흥미로웠던 부분은 '진행과정'이었다. 주제 자체가 앞으로 우리나라 지역 및 대학에서 중요하게 부각될 것이므로 우리의 많은 지역이 참여하는 프로젝트로 발전시킬 수 있겠다는 판단이 들었다. 즉 이 프로젝트의 참여 국가를 우리나라의 지역으로 해서 작업해 보는 것이 필요해 보였다.

이런 생각으로 당시 OECD IMHE가 참여 국가와 지역에 제공한 가이드라인 전문을 우리의 최종보고서에 번역해 실었다. 이 가이드라인은 20년이 지난 지금에도 여전히 유용하다는 확신을 가지고 있다. 그리고 지역발전이나 지방대학에 관한 강의와 토론, 원고 등을 통해 OECD 국제프로젝트와 동일한 방식으로 우리나라에서 시도할 필요가 있다고 주장해 왔다. 공감은 있었지만 아직은 추진되지 않고 있다. 많은 내용을 담고 있는 가이드라인 내용 중 특히 주목되는 일부분만 여기서 소개하려고 한다.

본 프로젝트는 OECD와 참여 지역 간의 연계를 매우 강조하고

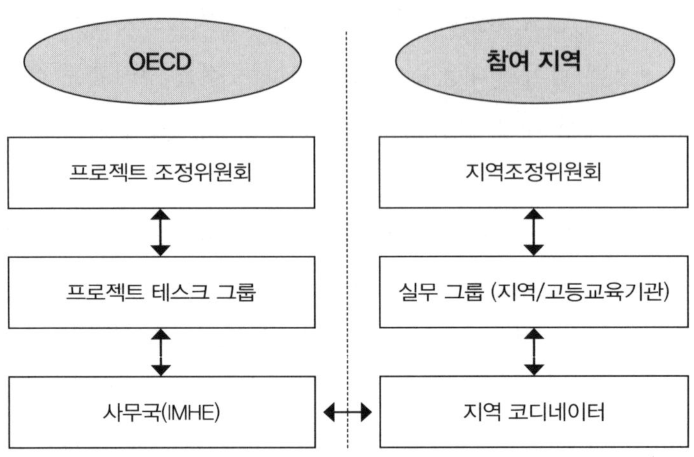

있다. OECD와 참여 지역의 기능, 그리고 각 조직 내 기구들의 역할 분담 및 연계 방법에 대해 자세히 설명하였다. OECD 자체 내에서는 프로젝트 조정위원회, 프로젝트 테스크 그룹(Project Task Group), 사무국의 역할이 중요하다. 참여 지역 내에서는 지역조정위원회, 실무 그룹(지역/고등교육기관), 지역 코디네이터의 역할이 중요하다. OECD와 참여 지역 간의 연결 통로는 사무국과 지역 코디네이터이다.

이 프로그램의 한국 코디네이터로 활동한 나는 처음부터 끝까지 관여했기 때문에 매우 현장감 있는 경험을 할 수 있었다. 다른 국가·지역들의 코디네이터와 연구진들의 경우 OECD 사무국과는 물론이고 그들 간의 인적 네트워크가 강했던 반면 우리는 그렇지 못했다. OECD 등 국제기구 프로젝트에 참여 경험이 있던 우리 전문가들도 이 부분은 늘 느껴왔던 점이다. 경험을 축적하기도 전에 새로운 국제프로젝트가 나오면 수시로 교체되는 우리와 달리 다른 국가들은 그 전문성 및 인적 네트워크를 지속하는 것이 일반적이다. 앞으로 개선해야 할 과제 중 하나이다.

프로젝트 조정위원회는 OECD, IMHE Directing Group, 여러 후원 기관의 대표자들로 구성되고 사무국은 IMHE가 운영한다. 프로젝트 조정위원회의 주요 임무는 프로젝트를 감독, 조정하고 프로젝트에 대한 참여 주체들의 책임의식이 지속되도록 하는 것이다. 또한 프로젝트의 중간 및 최종 결과물의 출판 및 배포를 승인하며, 프로젝트 테스크 그룹의 활동을 모니터링한다. 프로젝트 테스크 그룹은 프로젝트의 실행에 관해 책임을 지며 조정위원회의 감독을 받는다. 프로젝트 테스크 그룹은 OECD 교육국과 공공행정 및 지역개발국의 구성원들, 프로젝트 관련 용역을 수행하게 될 외부 전문가, 후원 기관, 그리고 관련 국가 또는 지역 대표들로 구성된다. 사무국의 운영은 IMHE에서 책임진다. 프로젝트 테스크 그룹의 주요 역할은 참여 자격 기준과 프로젝트 참여 지역 목록에 관해 조정위원회에 자문을 하는 것이다. 그리고 각 지역의 자체평가를 실시하기 위한 공동의 틀을 개발하며, 자체평가 보고서 및 피어 리뷰(peer review) 보고서를 검토하고 국제 종합 보고서를 작성한다.

각 참여 지역과 지역조정위원회는 협의를 통해 프로젝트의 실행을 조율할 지역 코디네이터를 임명한다. 코디네이터의 주요 역할은 매우 많다. OECD 사무국과의 프로젝트 관련 커뮤니케이션, 대상 지역 및 국가 내의 프로젝트 관련 커뮤니케이션을 담당하고, 자체평가 보고서가 예정 기한 내에 완성되도록 관리한다. 리뷰 팀의 방문과 관련 OECD 사무국과 연락 유지, 프로젝트의 결과물인 보고서 관련 자료에 대한 지역 내 피드백 조정, 프로젝트 관련 결과물 배포·확산 활동 등으로 핵심적인 역할을 맡도록 되어 있다.

각 지역은 고등교육과 지역개발 부문에 관련된 이해당사자 집단들로 지역조정위원회를 구성하여야 한다. 이 위원회는 지역 내 모든 고등교육기관, 지역 내 관련 당국 및 기업, 관련 중앙 정부부처 또는 정부 기관을 대표하는 인사로 구성된다. 지역 내에 사립 고등교육기관이 있는 경우 이들 또한 프로젝트에 참가하도록 적극 권유한다. 지역조정위원회는 지역 내 주요 이해당사자들 간의 의견 차이가 있을 때 합의를 도출하는 데 도움이 되는 이상적인 포럼의 기능을 수행할 수 있다. 그러므로 적임자를 위원장으로 선출하는 것이 매우 중요하다. 따라서 위원장은 독립적인 외부 인사로서 저명한 학자, 정치인 또는 기타 인사 중 조정위원회의 결정에 더욱 강한 정당성을 부여할 수 있는 인물이 바람직하다. 위원회의 주요 임무는 프로젝트에 대한 지역의 약속과 참여를 감독, 조정, 유지하고, 재정 및 제도적인 지원을 제공한다.

지역 내 실무 그룹(working group)은 지역 코디네이터가 조율한다. 각 지역(그리고 고등교육기관)에 실무 그룹을 만들어 자체평가 실시와 관련한 실무적인 업무를 처리하고 지역 코디네이터의 업무 전반을 보조하도록 한다.

본 프로젝트에 참여하는 모든 지역은 자체평가보고서를 작성해야 한다. 이 작업의 목적은 크게 세 가지이다. 검토 대상 지역에 대한 기본적인 정보를 제공하고, 지역 정책의 맥락에서 고등교육체계의 특징을 설명한다. 그리고 대상 지역 고등교육기관의 지역적인 공헌 의지에 영향을 미치는 주요 요인들을 분석하며 더불어 몇몇 세부 부문과 관련한 정책에 대한 우려를 분석한다. 자체평가보고서는 다음 다섯 독자 그룹을 대상으로 한다. 즉 프로젝트 작업팀, 대상 지역을 방문한 리뷰팀, 보고서를 작성하는 지역 내에서 (또 그 나라 전체에서) 고등교육기관이 그 지역발전을 위해 할 수 있는 역할에 대해 관심을 가지고 있는 사람들이 포함된다. 또한 본 연구 프로젝트에 참여하는 다른 지역 및 국가들, 본 연구 프로젝트에는 참여하지 않았지만 고등교육기관이 국제적인 수준에서 지역발전을 위해 할 수 있는 역할에 대해 관심을 갖고 있는 지역 혹은 국가 그룹이다.

각 지역의 자체평가보고서는 다음 내용을 담아야 한다. 제1장 연구대상 지역 개관(분량 약 10쪽), 제2장 고등교육체계의 특징(약 10쪽), 제3장 지역혁신에 있어서 연구의 역할(약 15쪽), 제4장 노동시장과 숙련에 관한 교수·학습의 역할(약 15쪽), 제5장 사회적·문화적·환경적 발전에의 기여(약 10쪽), 제6장 지역협력을 위한 역량 구축(약 15쪽), 제7장 결론: 더 밝은 미래를 향하여(약 5쪽)이다. 지역대학의 역할을 지역에서의 교육, 연구, 봉사 그리고 지역협력 역량 구축에서 찾고 있다.

제1장 연구대상 지역 개관에서는 연구 대상 지역의 지리적 조건, 인구학적 조건, 지역경제의 토대, 지배구조를 다뤄야 한다. 각 항목에 대해서도 상세한 가이드라인을 제시하고 있다. 제2장 고등교육체계 특징에서는 국가고등교육체계 개관, 국가고등교육정책 '안에' 반영된 지역적인 차원, 지역고등교육체계와 지배구조 내용

으로 작성되도록 되어 있다. 제3장 지역혁신에 있어서 연구의 역할에서 다룰 내용은 지역의 필요와 요구에 부응, 연구와 혁신을 증진하기 위한 기본 여건, 지식의 개발과 이전을 촉진하는 접점 부분이다.

노동시장과 숙련에 관한 교수·학습의 역할을 다루는 제4장에서는 학습과정의 현지화, 학생 모집과 지역 고용, 교육서비스 전달 방식의 변화, 지역 학습체계 개선에 관한 내용을 담고 있다. 제5장 사회적·문화적·환경적 발전에의 기여에서는 지역대학의 사회봉사 기능으로 사회적 발전, 문화적 발전, 환경적 지속가능성에 관한 내용으로 구성되어 있다. 제6장 지역협력을 위한 역량 구축에서는 고등교육기관과 지역 간 협력과 참여를 증대하는 제도적 장치, 지역 내의 대화 촉진과 공동 마케팅 노력, 지역 고등교육체계의 영향 평가를 다루도록 제안되어 있다. 제7장 결론(더 밝은 미래를 향하여)에서는 자체평가 과정에서 얻어야 할 교훈, 지역에 대한 고등교육기관의 기여도를 높일 수 있는 가능성과 문제 그리고 기회와 위협, 지역의 미래를 위한 정책적 비전에 대한 논의로 구성되어 있다.

OECD의 가이드라인은 자체평가보고서의 장별 주제는 물론이고 그 주제를 위해 담아야 하는 세부 과제까지 매우 구체적으로 포함하고 있다. 지역대학의 기능과 역할을 고민하는 이해관계자들은 가이드라인 전체를 일독하기를 권한다. 그리고 우리나라 여러 지역들을 대상으로, 또한 각각의 지역별로 이 가이드라인에 따라 자체평가보고서 작성 작업을 실행했으면 하는 마음이다.

OECD 리뷰팀의 권고 내용

각 국가와 지역의 연구팀이 자체평가보고서 초안을 만들고 지역조정위원회가 보고서를 승인하면 자체평가보고서가 완성되고 OECD에 제출된다. 그리고 OECD에서는 지역별로 국제전문가 2인과 국내전문가 1인 총 3인으로 자체평가보고서에 대한 피어-리뷰팀을 구성하였다. 그리고 피어-리뷰팀은 보고서에 대한 사전 검토와 현장 방문 인터뷰 등을 거쳐 리뷰 보고서를 작성하는 역할을 맡는다. 리뷰 보고서의 핵심은 해당 지역에 대한 권고 내용이다. 각 지역이 피어-리뷰팀이 제안하는 내용을 반드시 이행해야 하는 것은 아니지만 향후 추진과정에서 반영하는 노력을 권고받는다.

당시에 부산 지역 피어-리뷰팀은 80페이지 분량의 리뷰 보고서를 통해 매우 많은 권고를 했다. 그중 지금 시점에서 봐도 유익한 내용들이 적지 않다. 각 주제별 주요 권고 내용을 요약 정리하도록 한다.

부산 지역의 가능성 및 전망

- 분권화 및 지역발전 전략에 있어 중앙정부와 지자체 사이의 협력 연계는 필수적이므로 우선과제로 여겨야 할 것이다.
- 부산은 타 지역의 접근방식과 사례를 면밀히 검토하고 일부를 선별하여 실험해 볼 것을 권고한다. 이러한 실험을 교육인적자원부가 면밀히 주시하고 지지를 보내줄 것을 권고한다.
- 한국의 중앙정부 및 지자체 모두 고등교육기관과 관련된 효과적인 지역기구를 설립하기 위해 국제적 모델을 고려할 것을 권고한다. 지역 행

정적 경계는 대학들과 기업 간의 협력에 반드시 도움을 주는 것은 아니다. 지자체는 기업과 대학의 활동이 행정적 경계를 초월함을 인식해야 하며, 동시에 지역 내, 지역 간 협력을 활성화하는 데 일조해야 한다.

- 한국정부, 부산시, 부산 지역 고등교육기관들이 지역발전을 위해 다양한 방식의 전문화, 협력, 합리화를 고려할 것을 권고한다. 여기에는 연계, 연합이나 전면적인 통합을 비롯한 기타 협력 방식이 포함된다.

- 경쟁력 있고 인정받는 대학은 해당 지역에 인재를 유인한다는 믿음 하에, 부산이 향후 지역 리더가 되려면 부산 지역에 최소 2개의 세계적인 대학을 갖는다는 목표를 설정할 것을 권고한다.

- 부산이 장기적인 신기술 연구개발과 기존 기술의 활용과 보편화를 위한 실용적 연구개발 사이의 바람직한 균형을 고려하여 상호보완적인 기관 간 협력 및 파트너십을 개발할 것을 권고한다.

- 부산이 저급/중간급 기술력을 보유한 중소기업들에게 1차적으로 학생들과 기술전문가의 지원을 제공하고 난이도가 높은 사례의 경우 교강사진의 지원을 제공하는 일련의 연계활동을 개발하여 점차적으로 대상 기업의 범위를 확장할 것을 권고한다.

- 부산이 현재의 시스템 역량을 토대로 지역발전을 가속화할 것, 특히 통합 고등교육구조 및 2년제와 4년제 고등교육기관 간 협력을 적극 활용할 것을 권고한다.

- 부산광역시는 대학을 중심으로 혁신계획을 지속적으로 입안 · 집행할 수 있는 지역적 방식을 수립할 것을 권고한다.

- 부산이 지역대학들과의 협력하에 부산의 정체성을 문화적 활력, 가고 싶은 곳으로 바꿀 것을 권고한다.

- 정책입안 과정에서, 특히 정책목표 및 이행전략을 수립하는 데 있어 주

요 이해당사자들 사이에 명확하고 명시적인 공감대를 형성할 것을 권
고한다. 또한 지자체, 고등교육기관, 업계 등 지역 이해당사자들은 공
감대 형성 과정에 적극적으로 참여할 것을 권고한다.

- 부산 지역이 학습하는 지역이 되어야 하므로 지역의 의사결정 및 발전
과정에서 대학을 지자체 및 기타 지역 이해당사자들과 동등한 주체로
인정할 것을 권고한다.

- 한국 동남권 지역의 3개 지자체는 중기적으로 공동 발전방법을 모색하
는 데 있어 대구경북 공동지역협의회를 본받을 것을 권고한다.

- 이번 국가적, 부산 지역적 평가에 참여한 사람들과 관련하여, 지속적
발전에 이번 평가를 활용하고자 하는 그들의 의도를 높이 평가한다. 지
역적, 국가적 확산을 도모할 것과 함께, 교육인적자원부가 동 사안들을
특히 아태 지역에서 보다 진전시키는 것을 주제로 국제 OECD 세미나
주최 가능성에 대해 OECD와 상의할 것을 권고한다.

부산 지역 고등교육기관

- 부산 지역의 4년제 대학은 학부 정원을 감소하고 지역 인적자원 수요
에 맞춰 조정할 것을 권고한다. 또한 대학은 산업의 요구를 교육과정에
보다 적극적으로 반영해야 한다.

- 국립대학과 사립대학 사이의 분업을 진지하게 고려해 볼 것을 권고한
다. 국립대학은 학부과정을 축소하고 이를 교수 역량을 갖춘 사립대학
으로 넘겨야 한다.

- 각 대학은 공과대학 및 자연과학대학에 여학생 입학을 늘이는 노력을
배가할 것과 인턴십제도 등 여학생을 위한 고용촉진활동을 더 강조할
것을 권고한다.

- 부산 지역의 대학은 의식적으로 서로 간의 장단점을 학습하고 성공적인 우수사례를 벤치마킹할 것을 권고한다.
- 대학의 기업 연계 역량을 확대하기 위한 모델을 모색할 것을 권고한다. 즉, 개별적인 산학관계에서 보다 포괄적이고 범조직적인 대학·기업관계로 확장함으로써 역량 및 효율성을 개선하는 동시에 고비용 시설의 중복을 방지할 수 있을 것이다. 여기서 목표는 교수진 개개인에 대한 지나친 부담을 억제하는 동시에 대학 연계 노력의 효과를 증대하는 것이다.
- 고유의 특화된 학문분야를 시너지효과가 기대되는 관련 분야와 함께 개발할 것을 권고한다. 같은 맥락에서 대학 내에서 교육/연구프로그램을 개발하는 데 있어 학제 간 접근방식을 취할 것을 권고한다.
- 부산 지역 각 대학에 대해 지역학습제도 도입, 평생학습에 대한 관심 증대, 상호협력 강화 등을 권고한다.
- 대학 리더들이 부산 지역대학들 사이의 협력관계를 열어가도록 노력할 것과 대학이 시 지자체와 지역사회 각 분야와 생산적인 파트너십을 구축할 수 있는 역량을 강화할 장치를 개발하고 감독할 것을 권고한다.

국가 차원의 정책 개발 및 이행

- 본 평가팀은 이번 국가 차원의 평가에 참여한 사람들과 관련하여, 지속적인 발전을 위해 평가과정을 활용하려는 그들의 의도를 높이 평가하는 바이다. 관련 정보의 지역적, 국가적 확산을 추구하고 교육인적자원부에서 동 사안들을 특히 아태 지역에서 보다 진전시키는 것을 주제로 국제 OECD 세미나 주최 가능성에 대해 OECD와 상의할 것을 권고한다.

- 중앙정부가 한국의 인구학적 변화 및 인구고령화, 이에 수반되는 인력의 변화 등을 고려하여 고등교육에 미칠 영향에 대해 시급히 고려할 것을 권고한다.

- 중앙정부 및 지자체 사이의 긴밀한 조율 및 협력을 지방분권화 및 지역발전 전략에서 필수적인 요소로서 급선무로 다룰 것을 권고한다.

- 지역의 역량 및 지역발전의 내부적 여건을 강화하려면 중앙과 지역 사이에 명확한 역할분담이 있어야 하며 지역균형발전을 원활히 하기 위해 지자체의 역량 강화가 필요하다고 권고한다.

- 교육인적자원부는 외국에서 시도한 고등교육 혁신방식과 관련하여 부산시 차원의 실험에 대해 면밀 주시 및 지지의 자세를 유지할 것을 권고한다.

- 연구기관들의 재배치는 지역발전에 필요한 정도에 도달할 수 있는 방향으로 관리할 것을 권고한다.

- 교육인적자원부는 지역역량을 개발할 졸업생 및 부산출신의 타지역 인사들을 활용하는 전략에 대한 조언과 지원에 초점을 맞출 것과 이러한 목적을 위해 부산이 다양한 방식을 시도해 볼 것을 권고한다.

- 산업자원부 및 과학기술부에서 지원하는 다양한 정부 재정지원 대학 프로그램들과 함께 NURI 프로그램의 새로운 전략이 검토, 확대, 통합될 것을 권고한다. 그리고 이러한 새로운 인센티브장치의 지속가능성을 확보할 수 있는 장기적 비전을 개발하고 공유하여 대학들도 장기적인 책임감을 갖고 적절한 전략을 채택할 수 있도록 독려할 것을 권고한다.

- 부산을 중심으로 한국 동남권을 아우르는 초 행정·경제지역 개발을 고려할 것을 권고한다. 이는 국가적, 국제적으로 경쟁하고 성공하는 데

필요한 규모를 확보하기 위한 것이다.

- 한국의 중앙정부 및 지자체 모두 고등교육기관과 관련된 효과적인 지역기구를 설립하기 위해 국제적 모델을 고려할 것을 권고한다. 지역 행정적 경계가 대학들과 기업 간의 협력에 반드시 도움을 주는 것은 아니다. 지자체는 기업과 대학의 활동이 행정적 경계를 초월함을 인식해야 하며, 동시에 지역 내, 지역 간 협력을 활성화하는 데 일조해야 한다.
- 한국은 경쟁적인 글로벌 경제 속에서 현대사회의 요구에 부응하는 유연하고 다양한 고등교육제도를 위한 시나리오 구축 과정에 국가 및 지역 차원에서 참여할 것을 권고한다. OECD 고등교육시나리오를 하나의 토대로 삼을 수도 있고, 이러한 시나리오 구축 및 기획 과정에서 지역적, 국제적 리더역할을 자임할 수 있을 것이다.

OECD 피어-리뷰팀의 권고 사항은 매우 많았다. 일부는 지난 20여 년 사이에 시행되었지만 여전히 중요한 사항들도 있고 일부는 지금도 우리가 해결해야 할 과제로 남아 있는 것들이 있다. 이러한 관점에서 관련 있는 권고사항들 중심으로 정리했다. 특히 주목되는 내용은 다음 세 가지로 요약된다. 먼저, 부산 지역대학들 간의 연계 및 협력 강화를 포함하여 통합도 적극 검토할 필요가 있다는 점이다. 둘째, 이제 지역대학은 공간적으로 지역 안에 있는 대학이 아니라 지역을 위한 대학이 되어야 한다는 점이다. 셋째, 지역대학들이 지역발전을 위한 핵심 기관으로서 자리매김하도록 하기 위해 지자체를 중심으로 한 지역 주체들이 보다 적극적으로 참여해야 한다는 점이다. 여기에 추가하여 피어-리뷰팀은 부산을 대상으로 한 이 프로젝트를 다른 지역도 벤치마킹할 필요가 있다는 점을 권고하고 있다.

　이상의 과제들은 이전에도 중요했고 지금도 중요하며 앞으로도 중요할 과제이다. 피어-리뷰팀이 부산 지역에 대해 권고한 내용은 우리의 다른 지역에도 대부분 적용될 수 있는 내용이라 우리의 모든 지역과 지방대학에 시사하는 바가 매우 크다. 지방대학의 위기, 소멸 지경에 이른 지역위기를 극복하고 지방대학과 지역이 동시에 발전할 수 있는 선순환을 만들어야 하는 과제를 우리는 안고 있다. OECD와 같은 국제기구들과 다른 나라들의 사례들을 우리의 관점에서 벤치마킹을 하여 지금의 위기를 극복해야 한다. 지금의 라이즈사업과 글로컬사업 등과 같은 국책사업들을 정밀하게 검토하여 이들 사업이 위기의 지방대학과 지역을 동시에 발전시킬 수 있도록 하는 방안 마련이 시급하다. 그런 점에서 OECD IMHE의 국제프로젝트, '지역발전을 위한 지역대학들의 기여도 분석'은 우리에게 시사하는 바가 매우 크다.

제8장

지방인재의 유출, 해법은?

수도권으로 떠나는 지방청년

통계청이 2025년 9월에 발표한 '최근 20년간 수도권 인구이동' 자료에 의하면, 2020년 처음으로 수도권 인구가 비수도권 인구를 추월한 후 지난 4년간 이 현상이 지속되고 있다.[25] 그리고 수도권 인구 집중 현상은 향후 30년간 지속되고 그 강도는 더 높아질 것으로 전망된다. 수도권으로 인구가 집중되는 현상은 지방청년들의 이동 때문이다. 청년기본법의 청년 나이를 기준으로 통계청은 수도권 인구이동 실태 분석을 위해 전체 인구와 함께 청년층과 중장년층으로 구분하였다.

지난 20년간의 자료를 보면, 40~64세 중장년은 2007년부터 수도권에서 지방으로 순유출하는 상황이 일어나고 있다. 반면에, 19~34세 청년층은 수도권으로 계속 순유입되고 있다. 1인 이동자 중 청년층이 지방에서 수도권으로 순유입하는 사유로는 직업과 교육이 우선순위에 있다. 1인 중장년층에서 직업과 자연환경 사유

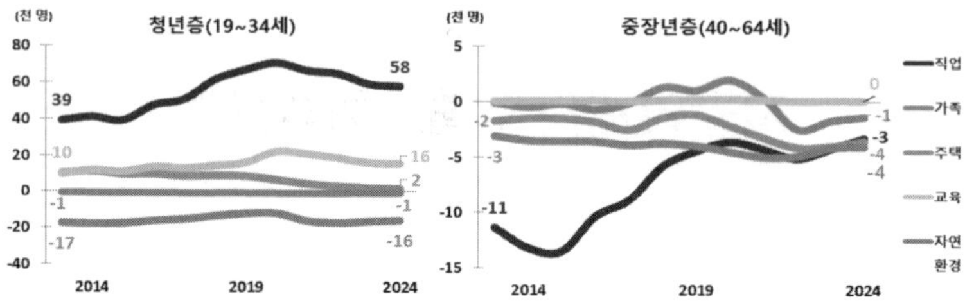

자료: 통계청(2025.9.17.), 「최근 20년간 수도권 인구이동−청년층(19~34세)과 중장년층(40~64세)을 중심으로」, p.2.

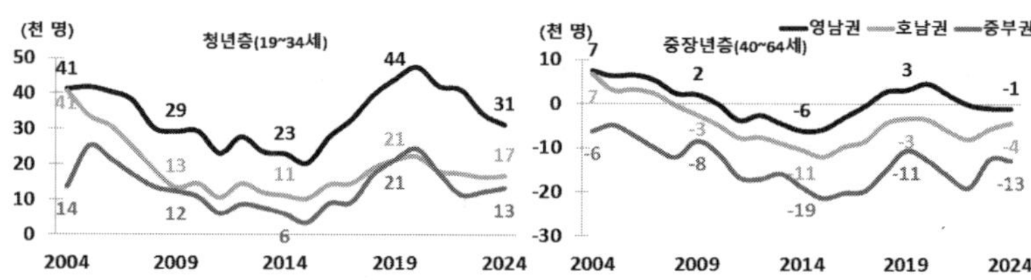

자료: 통계청(2025.9.17.), 「최근 20년간 수도권 인구이동−청년층(19~34세)과 중장년층(40~64세)을 중심으로」, p.2.

로 순유출이 많은 것과 대비된다. 즉 많은 지방청년들은 학교 졸업 후 직장을 구하기 위해, 상급 학교에 진학하기 위해 고향을 떠나 수도권으로 이동했다. 그리고 2013년 대비 2024년 지방청년 유출 규모가 더 컸다는 점에서 지방에서의 인재 위기와 지역소멸 위기는 한층 더 심각해졌다.

그리고 청년층은 영남권(부산·대구·울산·경북·경남), 호남권(광주·전북·전남·제주), 중부권(대전·세종·강원·충북·충남) 모두 수도권으로 순유입했다. 역시 지난 20년간에 걸쳐 연도별로 차이는 있지만 순유입이라는 현상은 지속되었다. 2024년에 영남권 청년들의 수도권으로의 순유입 규모는 3.1만 명으로 호남권 1.7만 명, 중부권 1.3만 명보다 많았다.

한국고용정보원의 「대졸자직업이동경로조사」를 발견하기까지

내가 지방대와 지방인재에 대해 관심을 가지게 된 것은 25년 전으로 거슬러 올라간다. 2001년부터 1년간 대통령자문기구인 교육인적자원정책위원회에서 전문위원으로 일하면서 지역인적자원개발과 지방대 문제에 관심을 갖는 계기가 만들어졌다. 외부에 있었다면 접근하기 어려웠을 자료를 대통령위원회에서 접하면서 보다 구체적인 분석을 하고 싶었다. 그럼에도 불구하고 지역과 지방대에 관한 자료를 구하는 것은 사실상 불가능에 가까웠다. 중앙에서는 지방이 보이지 않으니 지방인력에 관한 구체적 자료가 부족한 것은 당연하였다.

내가 작성하여 2002년 말 청와대에서 김대중 대통령에게 보고되었던 「지역균형발전을 위한 인적자원개발체제 구축」 내용도 자료 측면에서는 많이 부족하였다. 지방의 인재 실태를 거시적으로 보여줄 수 있는 자료는 없었다. 교육부 내부에서 가지고 있던 단편적 자료를 사용할 수밖에 없었다. 당시 특히 내가 관심을 두고 있었던 것은 다음 몇 가지였다. 지방에서 고등학교를 졸업한 학생들이 대학 입학을 위해 수도권으로 얼마나 빠져 나가는지, 수도권 대학이 아니라 지방대학에 입학하여 졸업한 청년들 중에 취업을 위해 수도권으로 얼마나 빠져 나가는지, 지방에서 수도권으로 유출된 청년들의 인적 특성은 어떤지 등이었다. 우리는 경험적으로 지방의 우수 고교졸업자들이 수도권 대학으로 입학한다는 걸 알고 있다. 그리고 비록 지방대학에 입학하여 졸업했다 하더라도 지방대의 우수 졸업생들이 직장을 구하기 위해 수도권으로 이동한다는 것도 잘 알고 있다. 그러나 당연한 이 사실을 구체적 수치로 보여주면 문제의 심각성을 더욱 부각시켜 해결을 위한 정책 노력을 배가할 수 있다는 생각을 가졌다. 그래서 백방으로 자료를 찾아봤지만 찾을 수가 없었다.

그나마 찾을 수 있었던 것은 지방대학 졸업생과 수도권 대학 졸업생 간의 구직활동과 직장 특성을 분석할 수 있는 자료였다. 한국산업인력공단 중앙고용정보원의 「제1차 청년패널조사」 자료(2001)였다. 물론 이 자료도 이 목적으로 만들어진 것이 아니라 청년 전체의 실태를 파악하기 위한 자료였다. 이 패널조사자료를 가공한 후 발표한 논문이 「지방대학 졸업생의 노동시장 이행 실태와 성과 분석 – 수도권 대학 졸업생과의 비교」(『산업노동연구』 제9권 제1호, 2003)였다. 「제1차 청년패널조사」뿐만 아니라 그 이후의 2차패널조사 자료까지 활용하면서 지방대 졸업생들의 직장 특성을 수도권 대학 졸업생들과 비교 분석하기도 하였다.

그러나 최초에 내가 관심을 가졌던 지방인재의 유출 실태와 특성에 관한 자료는 여전히 찾을 수 없었다. 제7장에서 소개한 OECD의 지역대학 프로젝트에서 OECD는 참여 지역 대학의 입학생이 어디에서 오고 졸업 후 어디로 가는지에 대한 자료가 반드시 포함되어야 한다고 요구했다. 2004년 당시에는 이런 자료가 구축되어 있지 않아 불가피하게 부산 지역의 대학들에게 표 양식을 주고 만들어달라고 요청하였다. 이런 자료가 있을까 싶었지만 OECD 프로젝트인데다 교육부의 협조공문까지 가서 그런지 우려보다는 잘 만들어졌다. 다른 국가의 지역들보다는 부족했지만, 자료가 구축되어 있지 않은 우리로서는 그것이 최선이었다.

그리고 또 시간이 지났다. 2006년 2월부터 1년간 교육부총리 정책보좌관으로 근무할 때도 이러한 자료를 찾지 못했고 새롭게 만들기도 쉽지 않았다. 그러던 중 우연히 한국고용정보원의「대졸자직업이동경로조사(GOMS)」의 수십 페이지에 이르는 코딩북에서 지방인재 유출 규모와 취업실태를 알 수 있는 코드를 발견했다. 당시 동일한 관심으로 같이 연구를 하던 경성대학교의 김종한 교수, 박성익 교수와 함께 이 코드를 확인했을 때 벅차 오르던 감정을 지금도 기억하고 있다. 데이터를 만드는 것의 힘과 의미를 이때처럼 강하게 느낀 적은 없었던 것 같다.

「대졸자직업이동경로조사」는 전문대학과 4년제 대학 졸업생 약 18,000명을 대상으로 한 표본조사이다. 이용 가능한 변수가 매우 많다는 장점을 가지고 있다. 특히 우리가 관심을 가지고 있던 출생지, 고교 소재지, 대학 및 취업소재지가 조사되어 있어 인력의 지역별 유출입을 파악할 수 있었다. 우리가 처음 활용했던「대졸자직업이동경로조사」자료는 2009GOMS 자료였던 걸로 기억한다. 이 자료는 2008년 8월 및 2009년 2월 졸업자를 대상으로 2년 뒤 추적조사를 한 자료이다.

우리는 2009GOMS 자료를 처음 이용한 이래 이 조사가 종료된 2019GOMS 자료까지 사용하면서 지방인재 유출 실태를 분석해왔다. 우리가 이 자료들을 활용해서 만든 몇 편의 글을 통해 자료의 가치가 알려지기 시작했다. 이후 많은 지역인재 연구자들이 이 자료를 활용하여 유익한 결과를 발표하였다. 그러나 안타깝게도 「대졸자직업이동경로조사」는 2019년 조사를 끝으로 추가적인 조사가 이루어지지 않았다. 중간에도 예산상의 문제로 조사가 중단될 뻔하다 다시 살아나기도 했지만 결국 종료되었다. 적어도 지역인재 연구자들에게는 이보다 더 귀한 자료가 없었다는 점을 생각하면 너무나 안타까운 일이다.

지방인재의 1차 유출과 2차 유출 규모

지방인재 유출의 핵심은 지방인재가 수도권으로 이동하는 문제이다. 지방인재가 대규모로 수도권으로 유출하는 첫 번째 시점은 지방에서 고등학교를 졸업하고 수도권 대학으로 입학할 때이다. 두 번째 시점은 지방대학을 졸업한 후 직장을 수도권에서 구해 이동할 때이다. 물론 지방대 재학 중에 수도권 대학으로 편입하는 경우도 있다. 그러나 앞의 두 경우보다는 규모가 적기도 하고 세부적인 분석에 필요한 자료를 구하기가 어려워 제외하는 것이 일반적이다.

지방인재 유출에 관한 분석 초기에 나는 지방인재 유출 시점에 초점을 맞춰 1차 유출, 2차 유출, 3차 유출이라는 용어를 사용했다. 지방 고등학교 졸업 후 수도권 대학으로 입학할 때의 유출을 1차 유출, 지방대 재학 중 수도권 대학 편입할 때의 유출을 2차 유출, 그리고 지방대 졸업 후 수도권 직장에 취업해 이동할 때의 유출을 3차 유출로 구분지었다. 그러다 편입을 위해 유출하는 유형은 이후 제외했다. 수도권 직장에 취업해서 지방을 떠나는 지방대 졸업생의 유출을 2차 유출로 부르기로 했다. 편의상 내가 구분한 1차 유출, 2차 유출이라는 용어는 이후 여러 연구자들이 사용해 이제는 관련 연구에서 적지 않게 볼 수 있다.

1차 유출 규모를 파악하기 위해 2019GOMS를 활용해 분석하였다. 지방 고등학교 졸업생 중 14.3%가 수도권 대학으로 입학했다. 강원·제주지역에서는 23.7%가 수도권 대학으로 진학해 가장 높은 수치를 보였다. 다음으로 충청권이 18.6%로 높았다. 강원지역과 충청권역이 수도권과 가깝다는 거리상의 특성이 주요하게 작용한 것으로 추측된다. 호남권, 동남권, 대경권이 각각 14.0%, 12.2%, 10.4%를 기록하였다. 수도권 고등학교 졸업생 중 비수도권 대학으로 입학한 비율은 25.6%에 이르고 있다. 비수도권 우수 고졸자들이 수도권 대학으로 몰리면서 수도권 고등학교 졸업생의 약 1/4이 비수도권 대학에 입학할 수밖에 없는 상황이 발생한 것이다. 졸업한 고교 소재지와 대학 소재지가 같은 비율은 충청권 69.8%, 호남권 75.4%, 대경권 76.0%, 동남권 70.5%, 강원·제주 52.4%였다.

지방대를 졸업한 후 수도권에서 직장을 구해 지방을 떠난 2차 유출 규모는 1차 유출보다 더욱 컸다. 1차 유출과 마찬가지로 2019GOMS를 활용하여 분석한 결과, 취업한 지방대 졸업생 중 30.4%가 수도권에서 직장을 구했다. 지방권역별로 이 비중은 적지 않은 차이를 보이고 있다. 강원·제주와 충청권은 각각 50.8%와 48%로 취업한 졸업생 중 절반이 대학을 졸업한 지역을 떠나 수도권에서 직장을 얻었다. 강원·제주의 2차 유출률이 높은 것은

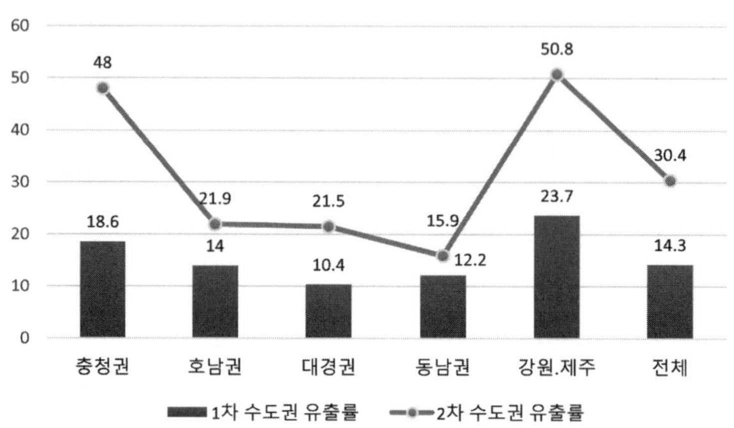

주: 1) 1차 수도권 유출률=(수도권 대학 진학자수/해당권역 고교 졸업자수)×100
2) 2차 수도권 유출률=(수도권 직장 취업자수/해당권역 대학 졸업자수)×100
자료: 2019GOMS를 분석하여 작성

제주 지역보다는 강원 지역의 대졸자들이 수도권으로 유출한 비중이 높았기 때문이다. 충청권과 강원 지역 대졸자들의 수도권 유출률이 높은 이유는 거리상 수도권과 가깝다는 점에 기인한다. 더 들어가면 수도권에서 고등학교를 졸업한 학생 중 수도권 대학에 입학하기 어려운 학생이 가까운 충청권이나 강원지역 소재 대학으로 입학했다가 대학 졸업 후 다시 고향인 수도권으로 가려는 동인이 매우 크기 때문일 것이다.

호남권과 대경권도 21%대로 낮지 않았고 동남권은 15.9%가 수도권으로 떠났다. 한편 수도권 대학 졸업생 중 비수도권에서 직장을 구한 비율은 11.3%였고 나머지 88.7%는 수도권에 체류하였다. 졸업한 대학 소재지와 직장소재지가 같은 비율, 즉 졸업한 대학이 있는 권역에서 취업한 비율은 충청권 43.4%, 호남권 67.2%, 대경권 61.6%, 동남권 71.2%, 강원·제주 41.3%였다.

인재 유출로 소멸위기에 빠진 지방

한국고용정보원의 이상호 박사는 2016년 이후 거의 매년 우리나라 지역을 대상으로 소멸위험지역을 분석해 왔다. 마스다 히로야 전 도쿄대 교수가 자신의 저서에서 '지방소멸'이라는 용어를 사용했고, 이를 당시 사이타마대학에 재직하고 있던 우종원 교수가 한국에 소개했다. 현재 호세이대학 교수로 있는 우종원 교수는 일본의 고용실태와 대책에 관한 자료와 분석결과를 발표와 글을 통해 한국의 연구자들에게 수시로 전달해 온 고마운 학자이다. 특히 지역에 초점을 맞춘 일본의 고용정책을 매우 구체적으로 소개하고 우리에게 시사점을 제시해 주었다. 나도 많은 도움을 받았다. 우종원 교수와는 20여 년 전부터 공동연구와 함께 친분을 이어왔는데, 나에겐 행운이었다.

우종원 교수가 마스다 히로야 교수의 '지방소멸' 연구를 소개하는 자리에서 정보를 얻었던 이상호 박사는 2016년부터 마스다 히로야가 사용했던 방법을 우리나라 지역에 적용했다. 2016년 연구에서 이상호 박사는 우리 시군구의 약 30%가 인구감소로 인한 지방소멸을 우려해야 할 것이라는 연구결과를 발표했다. 매우 충격적인 연구결과였다.

최근에도 이상호 박사는 통계청의 『주민등록인구통계』를 이용하여 2024년 3월 기준 소멸위험지역 현황을 분석했다.[26] 소멸위험

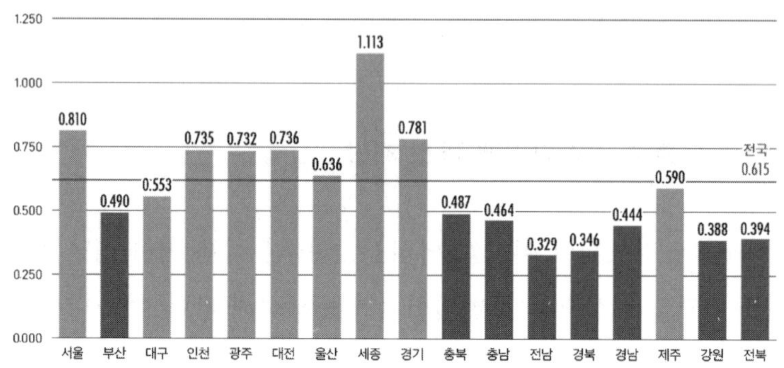

자료: 국가통계포털(www.kosis.go.kr) 2024년 3월 『주민등록인구통계』 자료를 이용하여 산출함.
이상호(2024.06.), p.127에서 인용.

지역은 소멸위험지수를 통해 측정된다. 소멸위험지수는 '20~39세 여성 인구수를 65세 이상 인구수로 나눈 값'이다. 가임연령인 20~39세 여성 인구가 그 지역에 얼마나 정주하는지가 핵심이다. 소멸위험지수 값이 0.5 미만이면 소멸위험진입단계, 0.2 미만이면 소멸고위험단계로 구분된다.

2024년 연구에서 특히 우려스러웠던 것은 부산이 광역시 중 최초로 소멸위험단계에 진입했다는 점이다. 이전에도 17개 광역시도 중 대부분의 도 지역은 소멸위험단계에 진입했지만 광역시가 소멸위험단계에 진입한 적은 없었다. 지방소멸위험이 도 지역을 넘어 이제는 광역시로 넘어오고 있다는 것은 부산은 물론이고 한국 전체에 지방소멸의 위기감을 피부로 느끼게 한 분석 '사건'이었다. 그리고 전남, 경북, 강원, 전북 등 네 지역은 소멸위험지수 값이 0.4에도 미치지 않았다.

그리고 시군구를 대상으로 하면, 2024년 3월 현재 전체 228개

시군구 중에서 소멸위험지역은 130곳으로 57%에 달했다. 2016년 연구에서 이 비중이 35%였다는 점을 고려하면 10년도 안 된 기간 동안 소멸위험지역은 크게 늘어났다. 더구나 20~39세 여성인구가 65세 이상 인구의 20%에도 미치지 못하는 소멸고위험지역도 57곳에 이르고 있었다. 전북은 전체 14개 시군 중 13곳이 소멸위험지역이었다. 광역시 중 처음으로 소멸위험지역에 들어간 부산광역시에서는 11개의 구군이 소멸위험지역에 속했다. 다른 사정이 일정하다면, 이러한 추세는 향후에도 지속될 것으로 예상된다.

많은 지방이 소멸위험지역으로 들어간 것은 모든 지역에 공통적인 저출생과 고령화 현상과 함께 지방의 청년층이 수도권 지역으로 이동했기 때문이다. 특히 광역시의 경우 청년층이 1차와 2차에 걸쳐 수도권으로 이동한 것이 소멸위험지역으로 들어갔거나 들어갈 가능성을 높인 결정적 요인이다. 그런 점에서 지방의 청년들이 지방에서 교육을 받고 일할 수 있도록 하는 것은 지방소멸을 막고 지방을 발전시켜 국가균형발전을 실현하는 데 무엇보다 중요하다. 지방이 소멸하고 있는데 수도권과 국가 전체가 어떻게 지속적으로 발전할 수 있겠는가.

지방소멸의 길을 지방발전의 길로 전환하기 위해서는 단편적인 정책으로는 불가능하다. 정부의 전력과 종합적인 대책이 있어야 그나마 실마리를 풀 수 있다. 수도권 일극주의라는 극단적인 불균형발전이 구조적인 문제로 고착화되어 있기 때문이다. 그리고 이런 문제의식을 가지고 강도의 차이는 있지만 모든 정부에서 국가균형발전을 위한 노력을 했던 것도 사실이다. 국가균형발전을 위해 특히 노무현 대통령이 한 역할은 지대하다. 행정수도로 세종시를 만들고, 공공기관들을 지방으로 이전한 것은 획기적인 것이었다. 노무현 정부의 국가균형발전을 위한 대개혁이 직후 정권 교체로 주춤하긴 했지만 동력은 여전히 작동하고 있다.

여기에서는 지방발전의 길로 전환하기 위해서 종합적인 대책이 동원되어야 한다는 전제하에 지방인재의 유출을 막기 위한 방안 제시에 초점을 맞출 것이다. 지방인재의 유출을 막기 위해서는 무엇보다 지역 내 좋은 일자리 창출을 위한 선순환체계 구축이 필요하다. 즉 '좋은 일자리 창출 → 지방인재의 지방대학 입학 → 지방대학 졸업생의 지역 정주 → 지역발전 → 좋은 일자리 확충'으로 연결되는 선순환체계가 정립되어야 한다. 물론 지방대학이 그 지역 초중등 학생들에게 매력적이어야 하는 것은 당연하다. 지방대학의 발전에 초점을 맞춰 지방대학의 매력을 더 높이고 우수 입학 자원들이 지방대학에 입학하도록 하는 방안들에 대해서는 제6장에서 제시한 바 있다. 여기에서는 좋은 일자리 창출과 확충에 초점을 맞춰 몇 가지 방안을 제시한다.

공공기관의 지방 이전, 속도감 있게 추진해야

2003년 6월 정부의 '국가균형발전을 위한 공공기관 지방 이전 추진 방침 발표'로부터 공식화된 공공기관의 지방 이전 정책이 시행된 지 20년을 넘어서고 있다. 수도권 과밀 해소와 자립형 지방화를 통한 수도권과 지방의 상생발전을 목적으로 시작된 공공기관의 지방 이전 정책은 정부 성격에 따라 강약의 차이는 있었지만 지금까지 지속적으로 추진되고 있는 정책이다. 정부 소속기관을 포함하여 전체 153개 이전 대상 공공기관은 2019년 12월에 모두 이전되었다.

공공기관 지방 이전 정책의 핵심 목적인 국가균형발전을 달성하기 위한 정책수단은 다양하다. 무엇보다 인프라의 균형, 산업과 기업의 균형, 권한과 책임의 균형 등이 이루어져야 하는 것은 당연하다. 그러나 인재의 양성-확보-배치의 균형이라는 이른바 휴먼웨어의 지역 간 균형, 특히 수도권과 지방 간의 균형은 국가균형발전의 실현뿐만 아니라 지속가능성 측면에서도 매우 중요하다. 그런 점에서 공공기관의 지방 이전 정책은 지방의 인재들에게 좋은 일자리를 제공할 수 있다는 점에서, 그리고 제공해야 한다는 점에서 특히 주목되는 정책이다. 좋은 일자리를 가진 공공기관이 지방으로 이전함으로써 지역인재들에게 좋은 일자리 제공을 확대하고 더 나아가 수도권 지역으로 유출되고 있는 지방의 우수 인력을 지방대학에 입학하게 하는 유인으로 작용하게 하는 것은 매우 중요하다.[27]

이러한 문제의식을 가지고 나는 경성대학교 조장식 교수와 이전 공공기관의 지역인재 채용에 관한 연구를 한 적이 있다. 당시 우리가 초점을 맞춘 것은 공공기관의 지방 이전에 따른 좋은 일자리 창출에 관한 것이었다. 정부는 좋은 일자리 제공이라는 공공기관의 지방 이전 정책의 취지를 고려하면서 동시에 시장 기능에만 맡길 경우 이전 지역인재들에게 공공기관 취업기회를 늘리기가 어려울 수 있다는 현실적 상황을 고려하였다. 그래서 이전 공공기관들로 하여금 해당 지역인재 채용을 확대하는 제도적 장치를 마련해 왔다.

　지역인재의 수도권으로의 유출을 방지하기 위해, 특히 지방대학 발전과 지방대 졸업자들의 취업 상황 개선을 위해 정부는 공공기관들이 지방인재 채용을 확대하도록 하는 정책들을 시행해 왔다. 대표적인 것은 두 가지였다. 먼저, 2014년에 제정·시행된 「지방대학 및 지역균형인재 육성에 관한 법률」 약칭 지방대학육성법이다. 지방대학육성법의 지역인재 채용 확대에 관한 내용에서 특징적인 점 몇 가지가 있다. 먼저 이전 공공기관에만 한정한 것이 아니라 모든 공공기관을 대상으로 했다는 점, 공공기관뿐만 아니라 민간 대기업도 대상으로 했다는 점이다. 다음으로 지역인재 중 대졸자만을 대상으로 하였고 대졸 신규 채용 인원 중 지방대 졸업자 비율을 35%로 명문화했다는 점, 지방대 졸업자 비율 35%의 기준은 공공기관이 소재한 지역의 지방대 졸업자에 한정하지 않고 다른 지역의 지방대 졸업자까지 포함했다는 점을 들 수 있다. 그리고 지방대 채용 비율은 의무사항이 아니고 권고사항으로 명문화했다는 점 등이다. 지방대학육성법은 공공기관의 지방대 채용 비율을 권고사항으로 했다는 한계가 있다. 그렇지만 공공기관의 지역인재 채용 비율을 명시적으로 제시하면서 지역인재의 채용 확대를 법적으로 독려한 사실상 최초의 법이라는 특징을 지닌 법이다.

　공공기관의 지역인재 채용 확대를 강화한 두 번째 법은 「공공기관 지방 이전에 따른 혁신도시 건설 및 지원에 관한 특별법」 약칭 혁신도시법이다. 2018년 1월 25일 시행된 혁신도시법은 혁신도시 등 지방 이전 공공기관이 지역인재를 의무적으로 채용하도록 개정되었다. 혁신도시법의 지역인재 채용 확대에 관한 내용에서 특징적인 점은 다음과 같다. 먼저 지방대학 육성법과 달리 이전 공

[표 8-1] 공공기관의 지역인재 채용 관련 법령과 주요 내용 비교

	지방대학 및 지역균형인재 육성에 관한 법률	공공기관 지방 이전에 따른 혁신도시 건설 및 지원에 관한 특별법
적용 대상	공공기관 전체 및 상시근로자 300인 이상 기업	지방으로 이전한 공공기관
지역인재 개념	지방대학 졸업자 (졸업예정자 포함)	이전지역 대졸자 혹은 고졸자(예정자 포함) 대졸자의 경우 고교 소재지는 미반영 대학원 졸업지역 미반영
채용비율	35%	연도별로 비율 차이 있음 : '18년 18%, '19년 21%, '20년 24%, '21년 27%, '22년 이후 30%
권고제/의무제 여부	권고제	의무제 중 채용목표제

자료: 류장수 · 조장식(2018.12.), 「이전 공공기관의 지역인재 채용 실태와 채용 결정요인 연구」,
『지역사회연구』 제26권 제4호, p.50.

[그림 8-5] 공공기관의 비수도권 지역인재 신규채용 현황
(2019~2023년, 단위: 명)

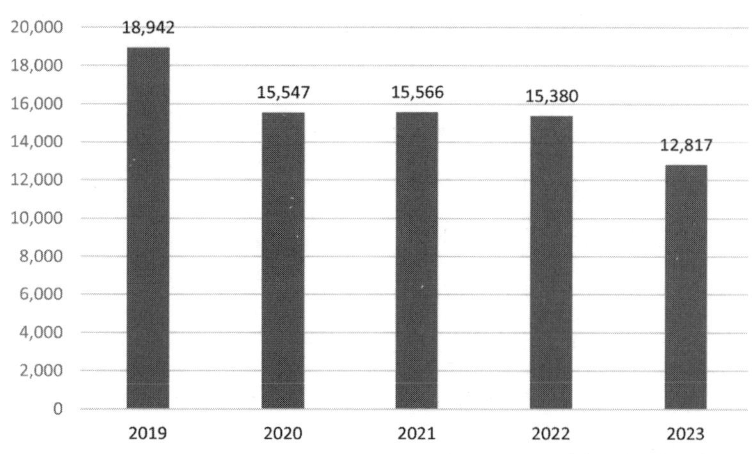

주: 공공기관 부설기관 12개 제외
자료: 국회예산정책처(2024.09.), 「2024 정기국회 · 국정감사 공공기관 현황과 이슈Ⅰ」,
p.138 표를 활용하여 그림으로 작성

공기관만 대상으로 했다는 점, 이전 지역의 채용 의무 대상이 되는 사람의 합격 비율을 연도별로 제시하고 관련 법조항이 시행되는 2018년부터 의무화시켰다는 점이다. 또한 의무 비율 대상으로는 대학 및 고교 졸업지역인재 중 대졸자뿐만 아니라 고졸자도 포함하되 최종 학력(대학원 졸업자의 경우 대학원 소재지는 반영하지 않음)을 마친 지역의 소재지가 중요하다는 점 등이다. 혁신도시법은 지방대학육성법과 달리 지역인재 채용 비율을 권고사항이 아니라 의무사항으로 하였다는 데 큰 의의를 두고 있다. 혁신도시법의 지역인재 채용 의무화는 지역인재를 우선적으로 채용하는 채용할당제 방식이 아니다. 합격자 가운데 지역인재가 목표 비율에 미달하는 경우 모집인원 외로 추가로 합격시키는 채용목표제 방식이다.

국회예산정책처 자료에 의하면, 2023년 기준 공공기관의 비수도권 지역인재 신규채용인원은 총 12,817명이었다. 이 수치는 공공기관이 소재하는 지역의 인재가 아니라 비수도권 인재를 얼마나 신규채용했는지를 보여준다. 한편 이 수치는 전년에 비해 2,563명 감소, 2019년 18,942명에 비해서는 더욱 많이 줄어든 것이다. 윤석열 정부가 들어서면서 전체 신규채용자 수가 줄었던 데 원인이 있는 걸로 추측된다.

다른 지역의 인재는 제외하고 이전 공공기관이 소재하고 있는 지역인재 신규채용 규모는 2023년 기준 1,768명이었다. 비수도권 지역인재 채용자 수 대비 13.8%가 이전 지역인재였다. 2023년의 이 비중은 2022년의 14.1%와 거의 차이가 없었다. 그러나 2019년 10.8%보다는 높은 것으로 나타나 최근에 올수록 이전 지역의 인

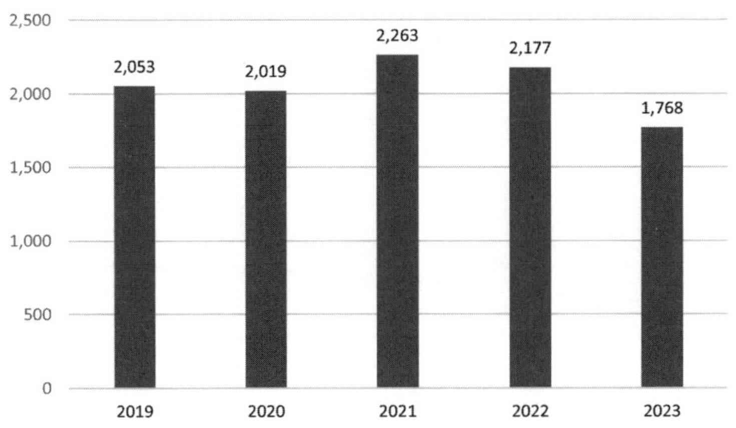

주: 공공기관 부설기관 12개 제외

자료: 국회예산정책처(2024.09.), 「2024 정기국회 · 국정감사 공공기관 현황과 이슈 I 」,
p.137 표를 활용하여 그림으로 작성

재를 신규 채용하는 비중이 높아지고 있음을 알 수 있다.

최근 자료가 아니라 한계는 있지만, 공공기관의 지방 이전 및 지역인재 채용제도의 효과를 파악하기 위해 2018년에 발표한 류장수 · 조장식의 연구를 보자. 우리는 기획재정부에서 운영하는 '공공기관 경영정보공개시스템'인 알리오(www.alio.go.kr)에서 직접 관련 정보를 추출하였다. 이전 공공기관 전체의 2017년 정규직 신규채용 인원은 10,592명이었다. 분석대상 첫 해인 2013년에는 7,660명이었는데 이후 계속 증가 추세를 보였다. 정규직 신규채용자 중 이전 지역의 지역인재 수는 2013년 512명에서 매년 증가하여 2017년에는 1,455명이었다. 정규직 신규채용 인원 대비 이전 지역 지역인재 채용률은 2013년 6.7%에서 시작하여 매년 높아

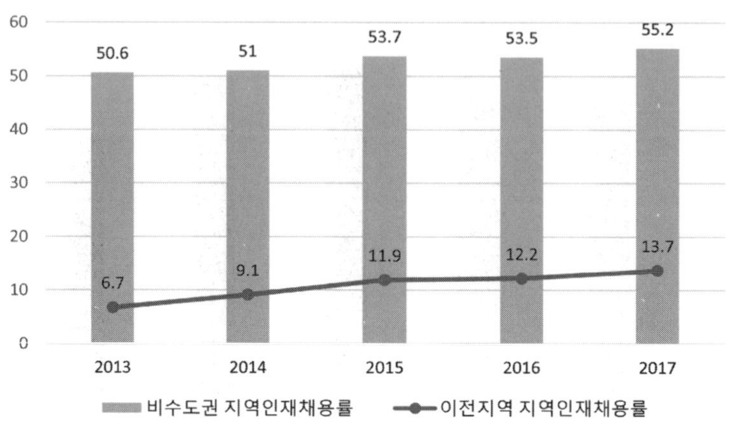

자료: 류장수·조장식(2018.12.), 「이전 공공기관의 지역인재 채용 실태와 채용 결정요인 연구」,
『지역사회연구』 제26권 제4호, p.53의 표를 활용하여 그림으로 작성

져 2017년에는 13.7%로 5년 사이에 약 2배 높아졌다. 또한 이전 공공기관 전체의 정규직 신규채용자 수 대비 비수도권 지역인재 채용률도 약간씩 증가 추세를 보였다. 이처럼 2013년부터 2017년까지 자료를 통해 공공기관의 지방 이전으로 지역인재 채용이 이전에 비해 많아지고 있음을 알 수 있다. 그러나 공공기관이 지방 이전 정책 취지에서 보면 아직까지는 그 비율이 낮아 속도를 높일 필요가 있다.

153개의 공공기관을 지방으로 이전한 후 2018년 문재인 정부의 여당 대표는 122개 공공기관을 지방으로 옮기겠다고 발표하였다. 이른바 '공공기관 이전 시즌2'를 선언했지만, 이후 진행되지는 않았다. 노무현 정부에서 대규모 추진한 공공기관 지방 이전 정책이

이후에 추진되지 못하고 반쪽짜리 정책으로 남아 있는 것은 매우 아쉽다. 그사이에 지방인재의 수도권 유출 현상이 지속되고 있다. 지방소멸 속도는 더 빨리지고 있어 위기감은 더욱 높아지고 있다.

2025년 6월부터 시작된 이재명 정부가 국가균형발전을 중요한 아젠다로 설정한 것은 적절하다. '2차 공공기관 이전 등 균형성장 거점 육성'이 국정 과제로 확정되어 기대되는 바도 크다. 이 국정 과제의 주요 내용에 의하면, 2차 이전 대상 공공기관 전수조사를 2025년 하반기에 실시하고 연구와 공론화를 거쳐 공공기관 이전 원칙·일정 등 로드맵을 2026년에 수립하기로 되어 있다. 2027년부터 공공기관을 신속하게 지방으로 이전하겠다고 한다. 이 계획이 속도감 있게 진행되어 지방인재 유출과 지역소멸의 길을 지역 발전의 길로 바꾸는 전환점이 되길 기대한다.

기업도 지방인재 양성에 나서야: 손흥민 이적료 일부, 모교로 간 까닭?

그동안 지방의 우수 인재들은 1차와 2차에 걸쳐 수도권으로 이동해 왔다. 대기업 본사를 비롯하여 좋은 일자리들이 수도권에 몰려 있다 보니 지방의 우수 인재들은 고향을 떠나 서울을 중심으로 하는 수도권으로 갈 수밖에 없었을 것이다. 개인으로서는 서울로 가서 '서울 사람'이 되는 것이 최상의 선택이겠지만, 지방 입장에서는 고생해서 키워 서울에다 바치는 꼴이다. 그렇다고 지방 우수 인재를 활용하는 기업들이 고맙다는 생각으로 지방인재 양성에 자금을 투입하고 있다는 소식은 들리지 않는다.

우리의 대기업들은 FIFA의 연대기여금(solidarity contribution) 제도에서 배워야 한다. FIFA는 축구 생태계의 공정성과 유소년 육성의 지속성을 위해 연대기여금을 2001년부터 도입했다. 연대기여금이란 축구 선수 이적 시 그 선수의 유소년 시절에 지도하고 양성한 클럽(학교 포함)에 지급하는 보상금이다. 선수가 국제 이적할 때 영입하는 구단에서 선수 이적료의 5%를 연대기여금으로 별도 책정하여 그 선수가 만 12세부터 23세까지 뛰었던 모든 클럽에 나눠 주는 제도이다. 연대기여금 제도의 목적은 다음 두 가지이다. 첫째는 유소년 클럽들도 우수한 선수를 배출하면 보상을 받아 추가 투자와 운영이 가능하게 만들기 위해서다. 둘째는 대형 클럽 위주로만 자금이 몰리는 현상을 완화하고 축구 생태계 전체의 선순환을 유도하기 위해서이다.

2005년 박지성 선수가 맨유에 입단하면서 당시 이적료의 5%였던 약 3억 5,500만 원을 그의 모교와 전 소속팀이었던 교토 퍼플 상가가 나눠 가졌다. 모교 입장에서는 하늘에서 떨어진 거금을 받은 것이다. 인적자본론의 관점에서 보면 지극히 당연한 일이다. 인적자본 축적 결과로 나오는 수익을 배분할 경우 축적 과정에 기여한 정도에 따라 배부되어야 하기 때문이다.

손흥민 선수가 2025년 8월에 영국 토트넘에서 미국 LAFC로 이적했을 때 이적료는 2,650만 달러로 알려졌다. 연대기여금은 132.5만 달러로 18억 원대에 이른다. 손흥민 선수가 유소년 선수로 뛰었던 초중등학교 등에 이 금액이 FIFA가 정한 기준에 따라 배분된다. 그리고 이적 당시 축구부가 없어졌을 경우에는 대학축구협회가 수령해서 유소년 선수 양성을 위해 사용한다. 손흥민 선수가 레버쿠젠에서 토트넘으로 이적했을 때에도 이들 학교 등은 연대기여금을 받았다.[28] 2023년 나폴리 구단에서 바이에른 뮌헨으로 이적한 김민재 선수는 이적료가 5,000만 유로로 알려져 연대기여금 크기도 엄청났다. 그리고 김민재 선수의 이적으로 국내 7개 팀이 연대기여금을 받았다고 한다. 수원공업고등학교는 약 10억 6,500만 원, 연세대학교와 가야초등학교의 경우 각각 5억 원과 1억 5,000만 원이 넘는 연대기여금을 받은 걸로 알려져 있다. 이들 학교는 김민재 선수가 나폴리팀으로 이적했을 때도 상당한 금액을 받은 적이 있다.[29]

FIFA의 연대기여금 제도는 우수 인재들을 채용하는 기업들에 대해서도 적용될 수 있고, 적용되어야 한다. 대기업들은 우수 인재를 양성한 학교와 지역에 '양성해 줘서 고맙다는 표시'와 '앞으로도 더 우수하고 더 많은 인재를 양성해 달라는 부탁의 표시'로 학교와 지역에 연대기여금을 지급해야 한다. 특히 어려운 여건에서 양성한 우수 인재들을 기업이나 기관에 공급하고 있는 지방대학과 지방에 대해서는 활용하는 측에서 대규모의 재원 지원이 필요하다. 지방인재를 활용하는 기업과 국가기관에서 '지방인재기금' 제도를 통해 지방인재 투자에 기여해야 한다.

동시에 대기업도 정부의 공공기관 지방 이전 정책과 보조를 맞춰 본사, 자회사, 연구소 등을 지방으로 이전하는 방안을 적극 추진할 필요가 있다. 그동안 조세제도와 각종 행정 지원에도 불구하고 대기업의 지방 이전은 효과를 보지 못했다. 그러나 수도권 일극주의의 심화로 많은 지방들은 소멸위기로 가고 있는 반면에 수도권은 인적, 물적 자원의 포화로 각종 비용이 급증하고 있다. '지

[그림 8-8] 부산 지역 대졸자의 전공별 취업 권역

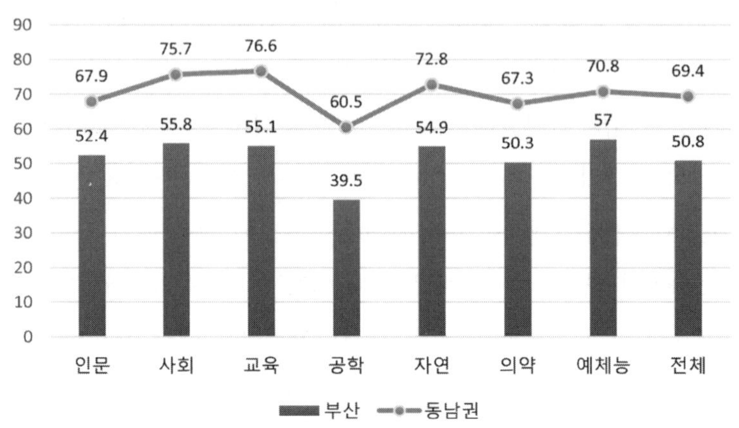

주: 분석대상은 4년제 대졸자, 40세 미만, 횡단면 가중치 사용
자료: GOMS2017~2019(3년 평균)

방의 인재가 지방에서 공부하고 일하고 행복하게 사는 사회'를 만드는 것은 개인과 국가는 물론이고 기업들에게도 지속가능한 발전을 하게 하는 것이다. 인식의 전환과 제도의 급격한 변화가 요구되는 시점이다.

한편 지역 내 기업들과 대학 등 인력양성기관 간의 협력도 더 긴밀해야 한다. 지난 수십 년 동안 산학협력이 화두가 되어 적지 않은 진전이 있긴 했다. 그러나 여전히 지역 내 인력양성과 활용 측면에서 미스매치가 심각한 상황에 있다. 2024년에 나는 박주상 박사, 문영만 박사와 함께 「부산 지역 대졸자의 전공별 체류 실태와 특성」이라는 글을 발표한 적이 있다.[30]

그동안 지방인재 유출에 관한 연구는 주로 총규모를 중심으로 진행되었다. 이 글은 전공별 체류와 이동실태를 중심으로 보다 심층 분석한 데 차이가 있다. GOMS의 최근 3년 자료를 활용한 결과, 전공별로 지역 내 체류와 유출률에 적지 않은 차이가 있다는 점이 확인되었다. 부산 지역 대졸자 중 공학계열 졸업자의 부산 체류 비율은 39.5%로 매우 낮았다. 채용 지역을 동남권으로 넓혀도 60.5%로 다른 계열 졸업자보다 낮았다. 부산 지역 공학계열 졸업자 10명 중 4명은 부산에, 2명은 울산과 경남 지역에서 일자리를 얻었다. 나머지는 수도권을 포함해서 다른 지역으로 유출되었다. 공학계열에서도 전기/전자 전공 졸업자 중 부산 지역에서 일자리를 얻은 비중은 31.9%에 불과하였다. 10명 중 7명이 부산 이외 지역으로 유출된 것이다. 부산 지역 산업체가 필요로 하는 인력의 내용과 대학이 양성하는 인력의 내용 간에 심각한 미스매치가 존재하고 있다. 인력 미스매치를 완화하기 위해 대학의 노력도 필요하지만 산업체의 노력도 절실히 요구된다. 지방인재의 유출을 걱정하는 것을 넘어서서 보다 구체적인 지원방안 마련이 필요하다.

매력 있는 지방 만들기 프로젝트와 병행해야

부산발전연구원의 「2023 부산청년패널조사 결과보고서」에 의하면, 현재 부산에 거주하는 청년 중 부산을 떠날 의사가 있다고 답변한 비중은 64.8%였다. 부산 청년 3명 중 약 2명이 다른 지역으로 이동하고 싶어 하는 것이다. 그리고 부산을 떠날 의사가 있다고 답변한 청년 중 72.5%가 '일자리와 관련된 이유'라고 답변하였다. 부산 청년 유출의 가장 큰 이유는 일자리라는 것이 명확

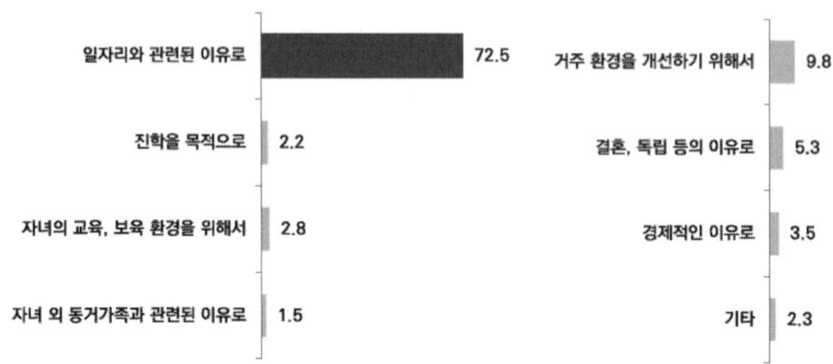

[그림 8-9] 부산을 떠날 의사/떠나려는 이유

자료: 부산발전연구원(2024), 「2023 부산청년패널조사 결과보고서」

하다. 두 번째 이유는 '거주 환경을 개선하기 위해서'로 9.8%였고, '결혼, 독립 등의 이유로'가 5.3%로 그다음 순서였다. '경제적인 이유' 3.5%, '자녀의 교육, 보육 환경을 위해서' 2.8%, '진학을 목적으로'는 2.2%로 매우 낮았다. 결론적으로 부산청년들은 주로 일자리 때문에 부산을 떠나려 하고 있다. 이 점은 다른 지방 청년들에게도 공통적일 것이다.

지방에 더 많은 일자리, 더 좋은 일자리를 만들지 않고서는 지방청년의 수도권 유출을 막을 방법이 없다. 그런 점에서 공공기관의 지방 이전, 대기업 등 기업의 지방 이전, 그리고 지방에 좋은 기업 만들기 프로젝트는 매우 중요하다. 이와 동시에 지방의 문화, 교육환경 등 정주여건 전반을 향상시키는 것도 필요하다. 이른바 지방을 매력 있는 곳으로 만드는 종합적 계획이 마련, 시행되어야 한다. 일자리와 함께 지방에 강남스타일을 넘어서는 문화가 만들어지고, 우수한 주거환경과 교육환경이 제공될 때 지방은 소멸의

길에서 발전의 길로 전환될 수 있다. '지방에서 공부하고 일하고
행복하게 사는 사회'를 기대해 본다.

제9장

청년은 이제 고용취약계층, 특단의 한시 대책도 필요하다

고령층보다 더 낮은 청년층 고용률

2025년 8월의 15~29세 청년층 고용률은 45.1%로 60세 이상의 고령층 고용률 47.9%보다 낮았다. 사실상 공식적 노동시장에서 은퇴한 고령층의 고용률이 노동시장 초기 진입자이고 미래의 노동시장 중핵 역할을 해야 할 청년층 고용률보다 높은 것은 특이한 현상이다. 그리고 개인이나 국가적으로도 매우 우울한 소식이다. 특히 청년층에게는 암울한 현실과 미래를 경험하게 하는 것이다. 장래 한국경제에 매우 위험한 신호이기도 하다. 지금의 청년층은 한국 역사상 처음으로 자식이 부모보다 더 가난하게 되는 세대라는 예상이 맞을 수 있다는 생각이 든다.

생산가능인구 대비 취업자 수로 계산되는 고용률은 노동시장의 상황을 나타내는 대표적인 지표이다. 그런 고용률에서 청년층이 고령층보다 더 낮았던 것은 매우 특수적 상황에서 일시적으로 나타기도 했다. 그렇지만 이번처럼 지속되고 있는 것은 사실상 처

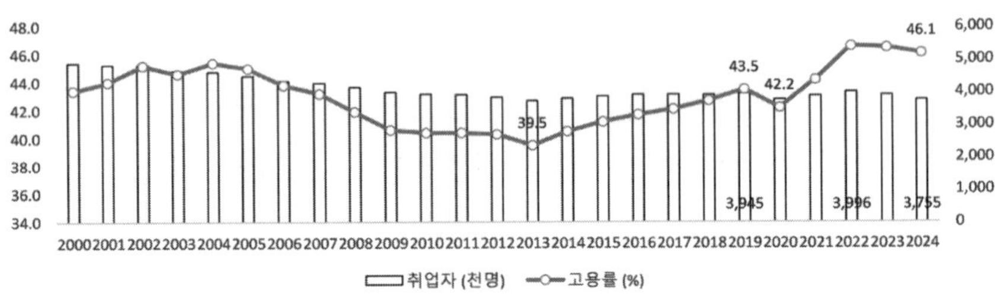

[그림 9-1] 청년층(15~29세) 고용률 및 취업률 추이(단위: %, 천 명)

주: (좌축) 고용률, (우축) 취업자 수
자료: 경제활동인구조사 원자료. 김유빈(2025),
「청년 입직지연 및 취약계층 현황과 정책개선 방안」에서 인용

음이다. 2025년 2월에 청년층과 고령층의 고용률이 동일한 수치를 보였다. 3월부터 역전되더니 이후 양자 간의 격차가 더 커지고 있는 형국이다. 현재 전망으로는 이 역전 상황이 지속될 가능성이 높다.

한국노동연구원의 김유빈 박사는 지난 수십 년 동안의 청년고용 흐름과 최근의 동향을 매우 잘 정리하고 있다. 내가 아는 한 김유빈 박사는 오랫동안 청년고용 주제에 집중하여 많은 데이터와 과학적 분석을 해 온 대표적 연구자이다. 아래에서 설명하는 청년고용에 관한 내용은 김유빈 박사의 글도 적극 활용한 것임을 밝혀둔다. 흔쾌히 동의해 준 김유빈 박사에게 고마움을 전한다.[17]

우리나라에서 청년고용 문제가 대두된 것은 1990년대 초부터였다. 특히 IMF 경제위기를 계기로 청년취업자의 감소는 장기간 나타났다. IMF 경제위기 이후 전체 취업자는 증가하였지만 청년층 취업자 수는 감소되는 추세가 지속되었다. 다행히 지속적인 감소 추세를 보였던 청년고용률은 2014년 이후 증가 추세로 전환되었다. 2013년 청년고용률은 39.5%로 청년고용은 최악의 상황을 맞고 있었다. 2014년부터 약간씩 회복하기도 했지만 청년 일자리 상황이 나쁜 것은 여전하였다.

이를 반영하여 그 즈음에 방송 언론에서도 청년 일자리 문제를 주요 이슈로 다루었다. 당시 나는 부산KBS와 부산MBC의 시사토론프로에서 청년일자리에 관해 토론했고 지역신문사에 여러 편의 청년일자리 칼럼을 쓰기도 했다. 전국 단위에서도 청년일자리 이슈는 중요했다. 2015년 KBS 생방송 심야토론에 이 주제로 패널 출연한 것만 해도 2회였다. 2015년 3월, 〈청년실업률 사상최고, 대책은 없나?〉, 8월 〈특집 일자리 대토론, 청년의 물음에 답하다〉가 그것이다. 특히 8월 심야토론에서는 경제부총리와 고용노동부장관도 패널로 참가했다. 경제부총리와 고용노동부장관이 동시 참여한 것만 봐도 당시 청년일자리 상황이 얼마나 나빴는지 알 수 있다. 심야토론이 생방송으로 하다 보니 자정이 넘어 끝나 부산에서 사는 나로서는 난감했던 기억이 지금도 생생하다.

청년고용률의 하락, 청년인구의 감소

청년고용률은 2013년을 최저점으로 해서 이후 증가 추세를 보이다가 코로나19의 영향으로 2020년 감소하였지만 이후 2년 연속 증가했다. 그러다가 2022년 이후 지금까지 감소 추세를 보이고 있다. 한편 코로나19 이후 전체 취업자는 증가하고 있는 반면에 청년취업자수는 2023년부터 감소 중에 있는 것도 매우 우려스럽다. 청년고용률은 40% 중반대를 기록하고 있다. OECD 평균이 50%

중반, 일본과 독일이 60%를 넘는 것과 비교하면 낮은 상태에서 정체하고 있다.

청년인구는 통계 작성 이후 줄곧 증가 추세를 보였는데 1988년을 정점으로 지금까지 하락하고 있으며 앞으로도 지속될 추세다. 2024년 15~29세 청년인구는 약 865만 명 수준이다. 2040년에는 564만 명, 2050년 416만 명 수준으로 감소할 것으로 전망되고 있다. 전체 인구 대비 청년인구 비중은 1988년 31.2%였는데 2024년 16.7%로 거의 절반으로 떨어졌다. 2040년에 가면 11.3%로 급감할 것으로 예상된다. 현재도 장래에도 핵심 근로 연령층이어야 할 청년인구의 감소는 국가경쟁력에서도 치명적인 약점으로 작용할 것이다.

청년인구의 감소는 인구효과에 의한 취업자 감소로 연결될 수밖에 없다. 인구효과에 경기효과까지 겹치고 또한 이미 채용시장에서 확고히 자리 잡은 기업의 경력직 선호 현상까지 결합되고 있다. 이로 인해 지금의 청년들은 일자리를 얻는 데 큰 어려움을 겪고 있다.

김유빈 박사는 2022년 이후 청년고용의 중요한 특성을 청년고용 감소, 청년일자리의 질적 악화, 청년세대 내 일자리 격차 심화에서 찾고 있다. 청년고용 감소도 우려스럽지만 청년일자리의 질적 악화 추세도 매우 우려스럽다. 2024년 20대의 비정규직 취업자가 1,461천 명으로 1년 전에 비해 3.8만 명 증가하였다. 그리고 임금근로자 대비 비정규직 비중은 43.1%로 2003년 이후 최대 수치를 기록하였다. 전체 인구의 비정규직 비중 38.3%를 크게 상회하였다. '청년세대 내 일자리 격차 심화'라는 김유빈 박사의 지적도 매우 흥미롭다. 청년인구 감소에도 불구하고 청년 중 쉬었음 인구와 구직활동을 하지 않는 비구직 니트(NEET, Not in Education, Employment or Training) 등이 증가 추세를 보이고 있다. 좋은 일자리를 가지고 있는 청년들도 있지만 유휴 청년인구가 증가하고 있어 청년세대 내 일자리 격차가 심화되고 있다. 청년세대와 중고령 세대 간에 존재하는 세대 격차와 함께 청년세대 내 일자리 격차도 우려스럽지 않을 수 없다.

그냥 쉰다는 청년들

예전에 비해 중요도 비중은 좀 낮아졌지만 여전히 노동시장 현황을 보여주는 지표인 실업률을 보자. 청년실업률은 2024년 기준 6% 수준으로 코로나19 이후 하락 추세를 나타내고 있다. 그러나 사실상 실업자이지만 구직 단념으로 비경제활동인구로 넘어간 청년들이 많아 실업률이 낮아지고 있다는 통계착시에 주의를 해야 한다. 실업자가 되려면 조사대상 1주간에 수입 있는 일을 1시간도 하지 않았고, 지난 4주 동안 구직활동을 해야 하며 일자리가 생겼을 경우 바로 취업 가능해야 하는 등 상당히 까다로운 조건을 충족해야 한다. 예컨대 구직할 생각은 가지고 있지만 경기가 좋지 않아 구직해도 일자리를 구할 가능성이 적어 지난 4주 내에 구직활동을 하지 않고 있을 경우에는 실업자가 아니라 비경제활동인구로 분류된다. 비경제활동인구로 분류된 청년들은 이런 유형일 가능성이 매우 높다. 사실상 실업자라 할 수 있다. 그래서 정부에서도 비경제활동인구를 세분화하여 고용보조지표를 만들고 있다.

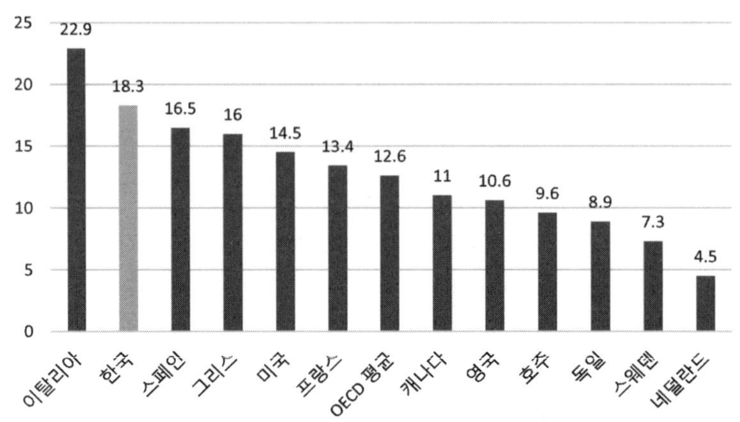

자료: OECD, OECD Data Archive, 2022; 통계청, 「경제활동인구조사」 원자료, 2022년; 김유빈 외(2024), 『청년고용 사각지대 연구』, 한국노동연구원, p.12에서 인용

최근 청년층의 비경제활동인구에서 '쉬었음'의 인구가 50만 명을 초과하고 있다. 청년고용은 실업률로 본 통계치보다 더욱 어려운 상황에 있다. '쉬었다'는 청년인구는 시기에 따라 약간의 상승과 하락을 반복하고 있다. 2023년에는 30만 명대, 2024년에는 40만 명대를 기록하다 2025년에는 50만 명을 초과해 청년고용 문제의 악화를 확인할 수 있다. 청년인구가 감소하고 있는 것과는 대조적이다.

OECD 자료에서 2022년 우리나라의 청년니트 비중은 18.3%로 22.9%를 기록한 이탈리아에 이어 두 번째로 높았다. OECD 평균은 12.6%였다. 그런데 이후에 '쉬었다'는 청년 숫자가 더욱 증가하고 있어 청년고용정책을 최우선 과제로 격상해야 함을 보여 준다.

한국고용정보원은 2024년 12월부터 2025년 1월까지 장기 '쉬었음' 청년 실태조사를 실시하였다.[18] 구직급여 수급이나 직업훈련 수료 후 1년 이상~3년 미만 미취업 청년 15~34세 3,189명을 대상으로 조사하였다. 그동안의 거시적 데이터로는 확인하기 어려운 구체적 실태를 보여준 조사로서 청년고용대책의 실효성을 높이는 데 크게 기여할 것으로 판단된다.

이 조사 결과에 의하면 일 경험이 없을수록, 미취업 기간이 길수록, 과거 일자리가 저임금·저숙련·불안정할수록 '쉬었음' 상태로 남아 있는 비중이 높았다. 쉬었음을 택한 사유는 적합한 일자리 부족(38.1%)과 교육·자기계발(35.0%)이 가장 많았다. 번아웃(27.7%)과 심리적·정신적 문제(25.0%)라고 답변한 비중도 높았다. 그리고 '쉬었음' 상태가 불안하다고 답변한 비율이 77.2%로 이는 빠른 시일 내에 '쉬었음' 상태를 벗어나게 하는 것이 중요함을 보여준다.

『한국의 청년 고용』을 통해 청년고용문제의 해법을 내놓다

청년고용정책의 주무부처인 고용노동부는 물론이고 관계 부처 합동으로 청년고용정책을 발표한 것만 해도 지난 30여 년에 걸쳐 수십 차례에 이른다. 청년고용을 위한 종합 정책을 발표하지 않은 정부는 없었다. 이는 그만큼 청년고용 문제가 심각하고 많은 노력에도 불구하고 충분한 효과를 얻지 못했다는 반증이기도 하다.

나는 지난 20여 년간 정부의 각종 청년고용정책 구상에 직간접적으로 참여했다. 방송이나 신문을 통해서도 문제의 심각성과 함께 내 나름의 대안들을 내놓기도 했다. 그중에서도 가장 기억에 남는 모임은 2010년대 중반 몇 년 동안 참여했던 '청년고용포럼' 이었다. '청년고용포럼'의 운영 예산은 고용노동부에서 지원했지 만 대학교, 연구기관, 고용노동부 관계자들이 참가한 청년고용정 책 연구모임이었다. 포럼의 회원들은 정기적인 모임을 통해 청년 고용정책에 관한 이론, 실증분석, 정책을 논의하고 때로는 현장의 목소리를 듣기도 하였다. 또한 단순한 학습 모임 형태를 넘어 시 행되어야 할 정책을 제안하고 당시 시행되고 있던 정책에 대해 의 견도 개진하였다.

청년고용포럼의 좌장으로 수년간 참여한 경험은 지금도 소중 하고 고맙게 생각하고 있다. 매월 1회씩 정기모임을 가진 포럼의 2015년 결과물들을 보다 광범위한 이해관계자들과 공유하기로 했다. 그래서 나온 책이 2016년 초에 출판된 『한국의 청년 고용』 (푸른사상)이었다.

『한국의 청년 고용』의 구성과 집필에서 우리는 몇 가지 핵심적 원칙을 고수했다. "청년고용정책에 관한 주요 이슈는 가능한 최대 한 많이 다뤄보는 것, 문제의 심각성을 독자와 함께 공유하기 위 해 현 실태를 정확히 보여주는 것, 담론에 그치지 말고 정책과제 까지 제시하는 것"이었다.[19] 이러한 원칙하에 이 책의 주요 내용을 다음과 같이 구성하였다. 청년고용정책의 현황과 한계 그리고 개 선 방향, 일자리 미스매치 해소를 위한 노동시장 장벽 넘기, 일 경 험을 통한 청년고용 자신감 찾기, 고질적 청년고용문제 해소를 위 한 체질 개선 전략, 청년고용 확대를 위한 틈새시장 찾기. 당시의 주제와 내용은 10여 년이 지난 지금도 여전히 유용하다고 생각한 다. 당시의 해법을 지금 상황에 발전적으로 적용한다면 보다 실효성 있는 대책이 될 것이다.

나는 그 책의 도입 부분에서 「청년에게 좋은 일자리, 많은 일자리 제공을 지향하며」이라는 글을 썼다. 그 글의 마지막 몇 개 문장은 과거에도, 당시에도, 그 이후로도 계속 나의 신념으로 가지고 있는 내용이다. 지금 쓰고 있는 이 책의 근간에도 관통되고 있는 믿음이다.

청년고용문제는 고용노동부 등 정부 부처에 의해서만 해결될 수는 없고, 이해관계자들 모두 합심해야만 해결의 실마리를 찾을 수 있다. 중앙부처와 지방자치단체가 협력해야 하고, 산업체-학계-연구기관-정부가 합심해야 하고, 대기업이 중소기업과 상생해야 하며, 중장년 세대와 청년 세대가 함께해야 지난한 청년고용문제를 해결할 수 있다. 이 책이 '청년들에게 좋은 일자리, 많은 일자리를 제공'하는 데 일조했으면 하는 바람이다.

_『한국의 청년 고용』, p.25.

2016년 초에 출판된 『한국의 청년 고용』은 과분한 평가를 받았다. 이 책은 문재인 더불어민주당 전 대표가 추석에 읽은 다섯 권의 책 중 한 권으로 보도되면서 더 많은 독자들이 읽게 되는 계기가 만들어졌다. 박근혜 정부 핵심정책 담당자들의 책꽂이에 있었다는 얘기를 직접 듣기도 했다. 이로써 청년고용문제 해결에는 진보와 보수가 따로 없다는 것을 확인할 수 있었다. 그리고 2016년 '청년고용포럼' 결과물은 2017년 초에 『한국의 청년 고용 II』(화산미디어)라는 제목으로 출판되었다. 『한국의 청년 고용』 시즌2라고 보면 된다. 여기에서는 청년일자리 사업 통합·연계와 거버넌스, 청년 일자리창출 전략과 과제, 청년 취업역량 강화, 청년 일자리 전달체계 혁신 방안, 청년 고용촉진 생태계 조성이라는 대주제 하에 세부 과제들을 제시하였다. 『한국의 청년 고용 Ⅱ』는 전년에 출간된 『한국의 청년 고용』과 별개의 책이라기보다는 연결편이었다. 청년고용과 관련하여 전편에서 다루지 못한 주제들이 이 편에 실려 있기도 하였다. 유사한 이슈라 하더라도 더욱 현장적인 내용을 담고 있다. 현재의 청년고용문제 해결에 관심 있는 정부관계자와 연구자 등에게 두 권의 『한국의 청년 고용』을 읽길 권한다.

나는 시즌2의 서문에서 다음과 같은 제안을 했다. "정부는 청년고용문제 해결에 국가의 명운을 걸어야 한다. 2017년은 새로운 대통령이 탄생하는 해이다. 이번 대통령은 일자리 대통령, 특히 청년 일자리 대통령이 되어 청년고용문제 해결을 최우선 정책 어젠더로 설정하도록 해야 한다. 대통령을 중심으로 한 정부가 앞으로 5년만 청년 고용난 해결에 국가의 명운을 건다면, 그리고 청년 일자리와 관련된 이해관계자들과 진정으로 협력한다면 지금과 같은 최악의 청년고용문제는 해결될 수 있다는 것이 우리의 생각이다." 그러나 안타깝게도 지금 이 시점, 청년고용 상황은 더욱 좋지 않다.

청와대에서 「청년일자리 정책제언」을 발표하다

문재인 대통령은 2018년 1월 25일에 청와대에서 청년 일자리 점검회의를 개최하였다. 문재인 대통령을 포함해 청와대 관계자와 관련 정부부처 장관 등이 참여한 이 회의에서는 모두 네 명이 발표했다. 이용섭 일자리위원회 부위원장이 '청년일자리정책 추진현황', 서울대 조영태 교수가 '인구로 읽는 청년일자리', 배규식 한국노동연구원장이 '청년일자리 현황과 정책과제 평가' 그리고 내가 '청년일자리 정책제언'을 주제로 발표했다.

나는 정책의 기본 방향, 추진방향 그리고 추진 과제를 중심으로 나의 생각을 제시하였다. 그 회의에서 내가 제안한 핵심적인 내용 몇 개를 소개하고자 한다. 먼저 정책은 '지속가능한 일자리 창출'과 '특단의 한시적 일자리 창출'이라는 투 트랙으로 추진되어야 한다. 물론 지속가능한 일자리 창출에 역점을 두어야 한다. 그러나 청년고용 상황이 너무 좋지 않을 때는 특단의 한시적 일자리 창출을 통해 청년의 일자리 소외 및 심리적 불안에 대처하지 않으면 안 된다. 그리고 추진방향으로는 협력·참여에 기초한 정책 형성, 현장·지역발 청년일자리 창출, 민간과 정부 역할의 적절한 조화라는 세 가지 방향을 제시하였다.

이러한 정책의 기본 방향과 추진방향에 입각해서 나는 다섯 개의 지속가능한 일자리 창출방안, 세 개의 특단의 한시 대책을 제안하였다. 지속가능한 일자리 창출방안은 대기업 신입사원 근로시간 단축을 통한 일자리 나누기 권장, 지역 차원에서 다양한 형태의 원하청 업체 간 격차 완화·상생모델 창출, 산업단지를 청년 친화형으로 리모델링, 해외진출 기업의 일자리 발굴 및 연계, 지역인재–지역대학–지역대학을 위한 '트리플 윈(triple-win) 사업'이었다.

지역 차원에서 다양한 형태의 원하청 업체 간 격차 완화·상생

모델 창출을 위해 '지역 원하청업체 격차 완화위원회' 구성을 제안하였다. 이 위원회에는 지역의 원하청업체, 지역의 노조 대표 및 원하청업체 노조, 지방자치단체, 지방고용노동청, 지방중소벤처기업청 등 이해관계자들이 참여한다. 바텀-업(Bottom up)으로 현장맞춤형 격차 완화를 추진할 필요가 있다. 산업단지를 청년친화형으로 리모델링하기 위해서는 창업, 제조혁신, 정주·편의 시설을 골고루 갖춘 산업단지로 리모델링해야 한다. 경공업 위주의 구로공업단지를 서울디지털산업단지로 재편한 것에서 아이디어를 얻었다. 그리고 도심에서 떨어진 산업단지는 차량 지원을 포함하여 교통·시설 인프라를 강화하고, 노후 산업단지는 청년친화적 산업단지로 개조해야 한다. '트리플 윈 사업'은 지역 우수 고교 졸업생을 지역대학에 입학하도록 유도하기 위해 등록금 등 생활비 지원, 지역 공공기관 혹은 지역 좋은 민간기업 취업 연계를 시키는 사업이다.

특단의 한시 대책으로 다문화가정 학생들을 위한 학업 및 생활 지도, 사회적 기업·협동조합·시민단체 채용 지원 사업, 현역장병 대상 취업·창업 지원 대폭 강화를 제안하였다. 취업률이 낮은 인문사회, 자연, 예체능 계열 대졸자가 다문화 학생을 위해 학업 및 생활 지도하는 사업이 필요하다. 우리 사회에는 다문화가정이 점점 늘어나고 있으나 이들에 대한 맞춤형 지원이 부족한 실정이다. 이 문제를 해결하면서 동시에 청년들이 안정적인 직장으로의 이동을 원활히 하고 공동체적 사고를 높이기 위해 이 사업은 매우 의미 있다. 대통령 주재의 청년대책 회의라 추상적인 제안보다 구체적인 수치도 필요해서 내 나름대로 인원과 예산을 추정하여 초안을 만들었다.

그런데 이 사업의 중요성에 동감했는지 당시 일자리수석실에서 규모를 더욱 키우는 것이 어떻겠는지 의견을 줬다. 당연히 나는 전적으로 동의했다. 2018년 초의 임금 수준을 고려하여 나는 연봉 2천만 원 상한, 개인별 2년 지원제도를 제안했다. 이 부분은 그대로 유지했지만 참여인원 규모는 내가 처음에 제안한 것보다 많이 확대되었다. 최종적으로 당시 다문화가정 학생 중 초·중학생 99,053명의 30%를 대상으로 청년 1인당 10명 내외의 다문화가정 학생을 담당하도록 했다. 연간 예산을 최대 600억 원 투입하여 3,000명의 청년을 채용하는 것이었다.

청년들의 사회적 기업, 협동조합, 시민단체 채용을 지원하는 사업도 필요하다. 청년에게 취업 및 창업 경험을 제공하고 시민단체의 역량 강화와 청년들의 사회 참여 기회를 확대하는 사업이다. '함께하는 사회' 만들기에 기여한다는 생각으로 지원기간 최대 2년, 1,000명의 청년 채용을 제안하였다.

현역장병 대상으로 취업 및 창업 지원을 대폭 강화해야 한다는 제안도 하였다. 청년장병들의 최대 고민은 전역 후 진로문제이고 당시 매년 전역하는 25만 명 중 약 7만 명의 장병이 취업시장에 신규 진입한다는 통계가 있었다. 전역을 앞둔 현역병 대상으로 청년장병 진로관리DB를 구축하고 직업훈련 및 취업프로그램을 실시할 필요가 있었다. 그리고 부대에 전문상담관을 배치하여 진로 및 취업 컨설팅을 실시하고 우량기업을 발굴하여 AI 활용 등 매칭 시스템을 효율화할 것을 제안하였다. 2018년 초 당시에 AI 매칭시스템 논의가 시작되고 있었다. 이러한 청년 대상 한시적 고용 대책은 발표 당시에도 필요했다. 지금과 같이 청년고용 상황이 악화되고 있는 시점에는 더욱더 필요할 것이다.

만약 지금 이 주제로 발표할 것을 다시 제안받는다면, 당시 제안한 주요 방안들은 거의 그대로 넣을 것이다. 그때 제안한 방안들이 지금도 여전히 유효하다는 게 내 생각이다. 다만 꼭 추가하고 싶은 것이 있다. 미래 산업을 선도하는 창업에 많은 청년들이 도전적으로 참여할 수 있도록 지원하는 정책사업이다. 특히 '실패를 해도 괜찮게 만드는 지원사업'이 반드시 필요하다.

여기에 추가하여 한국노동연구원 김유빈 박사가 최근 제안한 내용에 주목할 필요가 있다. 김유빈 박사는 2025년 9월에 발표한 「청년일자리 현황과 정책전환 방향」에서 청년일자리 정책 전환 방향을 제시하고 있는데 다음 네 가지가 주목된다.

첫째, 고용장려금 개편 및 실효 제고가 필요하다. 이를 위해 기업 인건비 지원 방식의 고용장려금을 근로자 지원 고용장려금으로 개편할 필요가 있다. 기업 지원은 고용 직접 지원보다는 기업 경쟁력 강화 및 재무경영 지원정책(R&D, 중소기업 지원정책 등)을 통해 양질의 일자리 창출을 유도하는 방향으로 개편하도록 한다.

둘째, 정보 비대칭성을 완화해야 한다. 기업이 근로조건, 복지혜택, 조직문화, 직원만족도 등 일자리정보를 공시하도록 재정, 세제, 조달 인센티브 등을 부여한다. 이를 통해 기업 스스로 근로조건을 개선하는 자정적 노력을 유도할 필요가 있다. 그리고 중앙정부는 기업 근로환경 및 조직문화 파악을 위한 실태조사를 정기적으로 실시하도록 한다.

셋째, 취업취약계층 지원정책의 유연성을 높여야 한다. 청년취약계층 지원은 일회성 참여만으로는 정책욕구를 충분히 채워지지 못하는 경우도 발생한다. 취업취약계층 지원사업에 한해 재참여 기회를 부여하는 등 사업운영의 유연성을 확보하도록 한다.

넷째, 지역청년 일자리 창출을 더욱 적극적으로 지원해야 한다. 김유빈 박사는 청년의 수도권 집중이 청년 내 취업경쟁을 가열시키고, 노동시장 진입을 지연해 유휴인력을 양산하는 주요 원인이라고 보고 있다. 지역인재의 수도권 유출이 지역은 물론이고 수도권에 있는 청년에게도 큰 부담이라는 것이다. 지역청년을 위한 일자리 창출을 지원해야 하는 또 다른 이유이기도 하다.

　나의 정책 경험을 모아 언젠가 단행본으로 내야겠다는 생각은 오래전부터 갖고 있었다. 그러나 지금까지 주저했던 것은 두 가지 이유 때문이었다. 하나는 아직도 대학에 근무하고 있어서 교육과 연구도 해야 하고 여전히 정책 참여 기회가 있어 차분하게 정리할 시간을 갖지 못했다는 것이다. 또 하나의 이유는 그동안 정책 경험을 담은 책들이 대부분 대통령이나 장관직 등 이른바 최고위직에 계셨던 분들의 몫이었는데, 그렇지 않은 내가 참여하는 것이 과연 적절한가에 있었다.

　2023년 말 한국직업능력연구원장직을 마치고 대학으로 복귀한 후 첫 번째 이유는 해결되었다. 그러나 두 번째 이유는 여전히 장벽으로 남아 있었다. 그러다가 1년 이상의 시간이 지났고, 교수 생활도 얼마 남지 않았다고 생각하니 필요성이 조금 더 커졌다. 그리고 나름 핑계도 만들었다. 축구에서 공격수와 수비수도 필요하지만 링커 역할이 매우 중요하다고…. 최고위직을 경험하지는 못했지만 중위 수준의 정책 경험도 했고, 정책이 집행되는 지역현장도 경험했으니 이를 정리하는 것도 의미 있지 않느냐는 생각이 들면서 용기가 생겼다.

이후 이 책의 내용을 어떻게 구성할지에 대해 생각해 봤다. 딱딱할 수밖에 없는 정책 이야기를 최대한 부드럽게 풀어보자, 학술전문서를 지향하기보다는 가급적 대중서를 만들어보자는 원칙을 가지고 시작했다. 처음엔 정책을 소개하되 그 과정에서 경험한 에피소드에 더 많은 비중을 두려고 계획했다. 즉 정책 내용보다는 에피소드 즉 이야기에 방점을 둘까 했다. 그러나 직업병을 어떻게 할 수가 없어 결국 정책 에피소드는 줄이는 대신 정책 경험과 향후 방안에 많은 분량을 두는 쪽으로 정리되었다. 글을 마무리하고 보니 정책을 만드는 과정에서 경험한 에피소드를 많이 삭제한 것이 여전히 아쉽지만, 이 부분은 향후 다른 자리에서 얘기할 기회가 있을 것이라는 기대를 가지고 아쉬움을 달래 본다.

이 책이 나오기까지 많은 분들의 도움이 있었다. 먼저 부경대학교로 왔을 때부터 현재까지 다양한 식견과 연구 자극을 주신 경제학과 교수님들께 감사드린다. 30여 년 동안 중앙과 부산 지역에서 정책개발과 실행을 함께해 왔던 고용노동부, 교육부, 부산시 공무원들의 도움도 잊을 수 없다. 정책 현장을 경험하게 해 줬을 뿐만 아니라 현장감 있는 정책을 이해하는 데 큰 도움을 주셨다.

지방인재의 유출 실태를 파악할 수 있는 데이터를 발견하고 같이 기뻐했고 함께 연구했던 분들이 계신다. 경성대학교 김종한 교수님, 박성익 교수님, 조장식 교수님이다. 이분들과 수십 년 동안 한결같이 멋진 팀워크로 연구할 수 있었던 것을 고맙게 생각한다. 일본 호세이대학교 우종원 교수님은 공동연구를 하면서 만났는데, 이제는 인생 친구로서 함께하고 있다. 탁월한 연구능력에 깊은 인간미까지 갖춘 분이다. 방송을 통해 김장하 장학생이란 걸 알고 나니 만난 적 없는 김장하 선생을 다시 한번 생각하게 만든다. 연구와 인생 행로에서 많은 조언을 해 준 우종원 교수님께 감사드린다. 연구과정과 집필과정에서 좋은 자료를 제공해 준 한국고용정보원의 이상호 박사, 한국노동연구원의 김유빈 박사, 그리고 한국지역고용학회 회원들에게도 고마움을 전한다.

이제 부경대학교 교수 생활도 얼마 남지 않았다고 생각하니 문득 30년 전 첫 출근 장면이 떠오른다. 건물 한 켠을 도배할 정도로 큰 크기의 플래카드에는 직접 쓴 글자로 "류장수 교수님, 반갑으예, 저희들도 열심히 할게예"라는 문구가 적혀 있었다. 내가 어떤 교수인지도 모르는 상황에서 이렇게 따뜻하게 환영을 해 준 학생들. 수업시간에는 근본적이고 날카로운 질문으로 당연하다고 생각했던 것을 다시 고민하게 만들어 준 제자들. '따뜻한 마음과 냉철한 두뇌'를 지닌 부경대학교 경제학과 제자들을 사랑한다.

인생의 선생님으로서 그리고 학문의 스승으로서 많은 가르침을 주신 고 배무기 교수님께 깊이 감사드린다. 정책보좌관으로 내가 모셨던 김신일 부총리님께도 감사드린다. 내가 도와드린 것보다 더 많은 가르침을 주신 분이다. 두 분으로부터 받은 은혜는 영원히 잊을 수가 없다.

산지니 출판사와는 이번이 두 번째 책이다. 이 책의 주제 중 하나인 지역불균형 문제는 산지니 출판사와도 관련이 깊다. 수도권 일극주의가 출판업계에서도 그대로 관철되었을 텐데 20년 이상 지역에서 출판을 해 온 산지니 출판사가 참 대단하다는 생각이 든다. 지난번 『대학과 청년』 출판 때처럼 이번에도 강수걸 대표님은 흔쾌히 책을 만들어 주셨다. 권경옥 편집장님, 강나래 편집팀장님,

이선화 편집자님은 멋진 기획과 세밀한 편집으로 이 책이 독자들에게 더욱 가까이 다가갈 수 있도록 최선을 다 하셨다. 이분들에게 깊은 감사를 드린다.

고마움을 표하고는 싶은데 용기를 무척 필요하게 만드는 사람들이 있다. 가족이다. 나보다도 더 연구를 하고 싶어 했고 그래서 결혼 후에도 학업을 이어가다 출산과 육아로 중도에 학업을 포기한 아내 김민정에게 미안하다는 얘기를 전하고 싶다. 내가 박사논문을 쓸 때나 중요한 글을 발표할 때 사전에 냉정하게 의견을 제시하고 보완해 준 데 대해 감사함을 표하고 싶다. 그리고 "돈과 명예보다는 본인이 하고 싶은 일을 하는 게 가장 행복한 것"이라는 엄마의 가르침을 잘 실천하며 살고 있는 두 딸 연미, 연진에게 응원을 보낸다.

마지막으로, 어려운 여건 속에서도 교육불평등과 지역불균형을 해소하기 위해 고민과 대안을 찾고 있는 이 시대의 모든 분들에게 경의를 표한다.

미주

1   ""정규직 전환, 현장서 보니 현실 벽 높아"", 〈동아일보〉, 2017.09.20.

2   한국산업인력공단, 『월간 HRD 동향』, Vol.27, 2018년 6월호 커버스토리.

3   KDI(2017), 「교육불평등에 대한 실증분석과 정책방향」. 교육부
      (2019.11.07.), 「고교 서열화 해소 및 일반고 교육역량 강화 방안」, p.2에
      서 인용.

4   교육부(2019.11.07.), 「고교 서열화 해소 및 일반고 교육역량 강화 방안」,
      p.3.

5   통계청(2025.08.28.), 「2025년 2/4분기 가계동향조사 결과」, p.10.

6   이수현 외(2024.12.), 『지난 10년간 한국인의 역량은 어떻게 변화했는
      가?-OECD 국제성인역량조사(PIAAC) 2주기 보고서』, pp.56~58.

7   일부는 김종한·박성익(2025), 『지역인재정책』, 문우사, pp.94~95 참조.

8   한국보건사회연구원(2025), 『국민중심 의료개혁 추진방안 연구』, 〈아시
      아투데이〉 2025.08.21. 기사에서 인용.

9   이상호(2024.06.), 「지방소멸위기, 장소와 사람을 연결하는 지역일자리
      전략」, 한국지역고용학회 학술대회 발표문.

10   강동우(2023), 「일자리 분포의 지역격차: 수도권과 비수도권 간 비교를
      중심으로」, 한국노동연구원, 『월간 노동리뷰』 2023년 11월호.

11   교육인적자원부(2007.10.29.), 「수월성 제고를 위한 고등학교 운영 개선
      및 체제 개편 방안」 참조.

12   최준렬(2017.08.03.), "[이슈&대안]학교 다양화 300. 그 허와 실", 〈에듀

인뉴스〉 참조.

13 대통령 발언록(2007.07.27.), 「제1회 국가인적자원위 회의 주재」, 노무현
    사료관.

14 교육인적자원부 내부자료(2007.05.30.), 「인적자원정책의 현황과 향후과
    제-인적자원정책본부 설치를 중심으로」; 정책뉴스 특별기획팀(2007.11.5.),
    「실록 교육정책사 4부-인적자원개발 정책 시스템이 자리잡기까지」.

15 교육부 인재양성정책과(2024.02.), 「인재정책 체계화를 위한 2024 인재
    양성전략회의 추진 계획(안)」.

16 정책뉴스 특별기획팀(2007.11.05.), 「실록 교육정책사 4부-인적자원개발
    정책 시스템이 자리잡기까지」.

17 김유빈(2025), 「청년일자리 현황과 정책전환 방향」, 김유빈(2025), 「청년
    입직지연 및 취약계층 현황과 정책개선 방안」 등.

18 한국고용정보원(2025), 「쉬었음 청년 실태조사」, 2025년 청년고용포럼 1
    차 회의 보도자료.

19 류장수·박철우·이영민(2016), 『한국의 청년 고용』, 푸른사상, p.23.

20 상세한 내용은 대통령 자문 교육인적자원정책위원회(2002.11.14.), 「21세
    기 지식강국을 주도할 국가인적자원개발 정책보고서Ⅲ」 참조.

21 정재호·류장수 외(2018), 『지역인적자원개발위원회 5년의 성과와 과
    제』, 한국산업인력공단, pp.27~28.

22 정재호 외(2024), 『지역인적자원개발위원회 10년의 성과와 과제』, 한국
    직업능력연구원, p.20.

23 동남권 공약작업T/F(2012.08), 「문재인의 동남광역권 구상」.

24 이 내용은 류장수 외(2006.11.), 『지역발전을 위한 고등교육기관의 역할』
    참고.

25 통계청(2025.09.17.), 「최근 20년간 수도권 인구이동-청년층(19~34세)과
    중장년층(40~64세)을 중심으로」.

26 이상호(2024.06), 「지방소멸2024: 광역대도시로 확산하는 소멸위험」,
    『지역산업과 고용』 Vol.12.

27 류장수·조장식(2018.12.),「이전 공공기관의 지역인재 채용 실태와 채용 결정요인 연구」,『지역사회연구』제26권 제4호, p.46.

28 김창금(2015.09.03.), "FIFA의 이적료 파생상품 '연대 기여금' 효과 '짭잘'",〈한겨레〉.

29 임정우(2023.07.19.), "수원공고·전북… 김민재 뮌헨행에 韓 7개 팀 함박웃음",〈매일경제〉

30 류장수·박주상·문영만(2024),「부산 지역 대졸자의 전공별 체류 실태와 특성 분석」, 한국지역사회학회,『지역사회연구』제32권 제3호.

강동우(2023), 「일자리 분포의 지역격차: 수도권과 비수도권 간 비교를 중심으로」, 한국노동연구원, 『월간 노동리뷰』 2023년 11월호

고용노동부(2013.07.), 「지역·산업 맞춤형 인력양성체계 구축방안」

고용노동부(2021.11.), 「지역인적자원개발위원회 사무국 개편방안」

교육과학기술부(2010.12.), 「대학 특성화 및 산학협력 강화를 위한 가고 싶은 지방대학 만들기」

교육부 인재양성정책과(2024.2.), 「인재정책 체계화를 위한 2024 인재양성전략회의 추진 계획(안)」

교육부(2013.10.), 「일반고 교육역량 강화 방안 확정 발표(안)」

교육부(2019.11.07.), 「고교 서열화 해소 및 일반고 교육역량 강화 방안」

교육부(2023.12.27.), 「미래 사회를 대비하는 2028 대학입시제도 개편 확정안」 보도자료

교육부·한국교육개발원(2025.9.9.), 「'경제협력개발기구(OECD) 교육지표 2025' 결과 발표」 보도자료

교육인적자원부 내부자료(2007.5.30.), 「인적자원정책의 현황과 향후과제-인적자원정책본부 설치를 중심으로」

교육인적자원부(2007.10.29.), 「수월성 제고를 위한 고등학교 운영 개선 및 체제 개편 방안」 보도자료

국회예산정책처(2024.9), 「2024 정기국회·국정감사 공공기관 현황과 이슈 I」

김병욱 의원 대표발의(2023.1.17.), 「국가인재양성 기본법안」

김영달(2025), 「고용보조지표를 활용한 청년고용 현황」, 한국고용정보원, 『고용동향브리프』 2025년 1월호

김유빈 외(2024), 『청년고용 사각지대 연구』, 한국노동연구원

김유빈(2025), 「청년일자리 현황과 정책전환 방향」, 『청년고용과 지역정주를 위한 실행전략 포럼』 발표자료집.

김유빈(2025), 「청년 입직지연 및 취약계층 현황과 정책개선 방안」

김종영(2021), 『서울대 10개 만들기』, 살림터

김종한·박성익(2025), 『지역인재정책』, 문우사

대통령 발언록(2007.7.27.), 「제1회 국가인적자원위 회의 주재」, 노무현사료관

대통령 자문 교육인적자원정책위원회(2002.11.14.), 「21세기 지식강국을 주도할 국가인적자원개발 정책보고서Ⅲ」

대한민국 정책브리핑(www.korea.kr), 2007.7.4.

〈동아일보〉, 2025년 8월 31일 자 기사, "대학생도 당황하는 '7세 영어고시'...A4 2장 영어에세이 요구도"

류장수(2003), 「지방대학 졸업생의 노동시장 이행 실태와 성과 분석 –수도권 대학 졸업생과의 비교」, 『산업노동연구』 제9권 제1호

류장수 외(2006.11), 『지역발전을 위한 고등교육기관의 역할』, 한국학술진흥재단

류장수 외(2007), 『균형발전 정책교본-누리사업』, 국가균형발전위원회

류장수 외(2016), 『한국의 청년 고용』, 푸른사상

류장수 외(2017), 『한국의 청년 고용Ⅱ』, 화산미디어

류장수(2013), 「지역인적자원개발 거버넌스 구축 사례 및 쟁점」, 지역인적자원개발위원회 워크숍 발표문

류장수(2019), 『대학과 청년』, 산지니

류장수·박주상·문영만(2024), 「부산 지역 대졸자의 전공별 체류 실태와 특성 분석」, 한국지역사회학회, 『지역사회연구』 제32권 제3호

류장수·조장식(2018.12.), 「이전 공공기관의 지역인재 채용 실태와 채용 결정요인 연구」, 『지역사회연구』 제26권 제4호

부산발전연구원(2024), 「2023 부산청년패널조사 결과보고서」

서울대학교(2025.2.6. 등), 「서울대학교 정시모집 선발 결과 보도자료」 각년도

유튜브 채널 '지식저장소' 자료

이상호(2024.6), 「지방소멸2024: 광역대도시로 확산하는 소멸위험」, 『지역산업과 고용』 Vol.12.

이상호(2024.6), 「지방소멸위기, 장소와 사람을 연결하는 지역일자리 전략」, 한국지역고용학회 학술대회 발표문

이수현 외(2024.12), 『지난 10년간 한국인의 역량은 어떻게 변화했는가?-OECD 국제성인역량조사(PIAAC) 2주기 보고서』

정재호 외(2024), 『지역인적자원개발위원회 10년의 성과와 과제』, 한국직업능력연구원

정재호·류장수 외(2018), 『지역인적자원개발위원회 5년의 성과와 과제』, 한국산업인력공단

정책뉴스 특별기획팀(2007.11.5.), 「실록 교육정책사 4부-인적자원개발 정책 시스템이 자리잡기까지」

〈조선일보〉, 1979년 12월 29일 자 기사(6면), "예시성적으로 본 대학별 합격 가능선"

〈중앙일보〉, 1976년 8월 2일 자 기사(7면), "76년도 대학신입생 | 대학·학과별 예시성적판명"

최준렬(2017.8.3.), "〔이슈&대안〕학교 다양화 300. 그 허와 실", 〈에듀인뉴스〉

최해인(2025.8.21.), 『지방대학 육성정책 평가』, 국회예산정책처

통계청(2025.9.17.), 「최근 20년간 수도권 인구이동-청년층(19~34세)과 중장년층(40~64세)을 중심으로」

하연섭·류장수 외(2013.8), 『고등교육 재정지원사업 현황 분석 및 추진계획 수립 연구』, 한국대학교육협의회

한국고용정보원(2025), 「쉬었음 청년 실태조사」, 2025년 청년고용포럼 1차 회의 보도자료

한국고용정보원, 「대졸자직업이동경로조사(GOMS)」 각 년도

한국교육개발원, 『교육통계연보』(https://kess.kedi.re.kr/)

Chris Duke, Henry Etzkowitz, Fumi Kitagawa and Byung-Shik Rhee(2006), *Supporting the contribution of Higher Education Institutions to Regional Development-Peer Review Report: Busan*

OECD, DB, http://www.oecd.org.

교육불평등과 지역불균형
교육인재정책에 길을 묻다

초판 1쇄 발행 2026년 3월 25일

지은이 류장수
펴낸이 강수걸
편집 이선화 강나래 오해은 이소영 이혜정 박재화 이채연
디자인 권문경 조은비
펴낸곳 산지니
등록 2005년 2월 7일 제333-3370000251002005000001호
주소 부산시 해운대구 수영강변대로 140 BCC 626호
전화 051-504-7070 | 팩스 051-507-7543
홈페이지 www.sanzinibook.com
전자우편 sanzini@sanzinibook.com
블로그 sanzinibook.tistory.com

ISBN 979-11-6861-605-9 03370